AtV

Günter Agde, geb. 1939, Theater- und Filmwissenschaftler, lebt in Berlin.

Buchveröffentlichungen: Kämpfer. Biographie eines Films und seiner Macher. Flimmernde Versprechen. Geschichte des deutschen Werbefilms im Kino seit 1897.

Herausgeber der im Aufbau Taschenbuch Verlag erschienenen Bände Sachsenhausen bei Berlin. Speziallager Nr. 7. 1945–1950. Kassiber, Dokumente und Studien; Erwin Geschonneck, Meine unruhigen Jahre; Kahlschlag. Das 11. Plenum des ZK der SED 1965.

Carl-Hans Graf von Hardenberg, Ururgroßneffe des bedeutenden preußischen Reformers und Staatskanzlers Karl August Fürst von Hardenberg, hat nach seinem Abschied von der Armee im Jahr 1921 die Standesherrschaft Neuhardenberg übernommen und sich als Deutschnationaler erfolgreich in der Kommunalpolitik engagiert. Er verweigert sich früh der von den Nationalsozialisten gesuchten Allianz mit dem Adel und legt nach der Machtergreifung Hitlers seine öffentlichen Ämter nieder, um nicht der NSDAP beitreten zu müssen. Zu Beginn des Zweiten Weltkriegs wird er zur Wehrmacht eingezogen und im Herbst 1940 persönlicher Adjutant von Generalfeldmarschall von Bock, dem Oberbefehlshaber der Heeresgruppe B. Im Sommer 1942 kehrt Carl-Hans Graf von Hardenberg auf den Familiensitz zurück. Nach dem Scheitern des Attentats auf Hitler am 20. Juli 1944 wird er von der Gestapo verhaftet und in das KZ Sachsenhausen verbracht. Schloss Neuhardenberg wird von den Nationalsozialisten beschlagnahmt. Die Enteignung bleibt durch die demokratische Bodenreform faktisch bestehen, die Familie Hardenberg muß den Ort verlassen, der 1949 in Marxwalde umbenannt wird.

Erst 1993/94 erhalten die Erben das Schloß zurück. Die Felder werden an eine Genossenschaft verpachtet und die Komturei Lietzen Gebhard von Hardenberg, einem Großneffen, übertragen. 1997 verkaufen sie die Liegenschaften an den Deutschen Sparkassen- und Giroverband, der das historisch wertvolle klassizistische Schlossensemble umfassend saniert und hier ein Zentrum für Konferenzen, Kunst und Kultur, Wissenschaft und Wirtschaftsethik einrichtet. Betreiber ist heute die Stiftung Schloss Neuhardenberg GmbH, deren Alleingesellschafter der Deutsche Sparkassen- und Giroverband ist.

Carl-Hans Graf von Hardenberg

Ein deutsches Schicksal im Widerstand

Herausgegeben
von Günter Agde

Aufbau Taschenbuch Verlag

Erweiterte Neuausgabe

Mit 45 Fotos

ISBN 3-7466-8107-3

1. Auflage 2004

Einbandgestaltung Preuße & Hülpüsch Grafik Design
unter Verwendung eines Fotos aus dem Privatarchiv
der Familie Hardenberg
Druck und Binden Druckerei C. H. Beck, Nördlingen
Printed in Germany

www.aufbau-taschenbuch.de

Inhalt

C.A. FÜRST VON HARDENBERG

Ein Mann seltener Art. Eine Annäherung

In Deutschlands Hauptstadt Berlin tragen seit Jahrzehnten eine repräsentative Hauptstraße und ein zentraler Platz den Namen Hardenberg. Die bronzene Büste des Namensträgers auf „seinem" Platz zeigt sich derzeit freilich verstellt mit Kiosken der buntesten Touristenart. Und ob das renommierte Berliner Café gleichen Namens mit jenem Hardenberg direkt zu tun hat, bleibt dahingestellt.

Der große Name geht auf den bislang berühmtesten Träger zurück, auf den Fürsten Karl August von Hardenberg (1750–1822). Er diente Preußen als Minister und Staatskanzler und gehörte zu jenen nicht eben zahlreichen Deutschen, die ihr Leben lang Staatstreue und Dienst am Vaterland mit kritischer Disziplin und flexibler Aufrichtigkeit verbanden. Und im weitesten Sinne mit Geist und Kultur, immerhin hat er Schinkel und Lenné auf seinem Besitz in Neuhardenberg und Berlin arbeiten lassen. Und ein Epikureer war er allemal.

Bekannt sind – und sie fehlen in keinem Schulbuch – seine Bemühungen um Reformen des preußischen Staates, die er – zusammen mit dem Freiherrn vom Stein – vorschlug, ausprobierte und schließlich durchsetzte. Diese Reformen waren nach den Befreiungskriegen 1812/13 notwendig geworden, sollte der preußische Staat nach dieser schwersten Erschütterung seit Friedrichs II. Tod erhalten bleiben. Es gibt genügend Historiker, die

die Stein-Hardenbergschen Reformen als eine der grundsätzlichen Voraussetzungen für Bismarcks spätere Reichseinigung von 1870/71 ansehen.

Dieser Fürst Hardenberg wußte sich in der langen, ehrenvollen Tradition des jahrhundertealten deutschen Adelsgeschlechts derer von Hardenberg. Auch die Nachkommen des Fürsten trugen den Geist des Hardenbergischen Geschlechts weiter.

Einer von ihnen, Carl-Hans Graf von Hardenberg (1891–1958), dem dieses Buch gewidmet ist, fügte vor nunmehr 50 Jahren dem Streben und Denken seiner Ahnen eine neue Farbe, eine unerwartete Wendung, etwas Unerhörtes hinzu – und dies in zweifacher Weise: er beteiligte sich am Versuch des Tyrannenmords, und er wollte sich – nach Mißglücken dieses Versuchs – das Leben nehmen.

Graf Hardenberg wollte – zusammen mit anderen deutschen Offizieren – Hitler stürzen. Der bekannteste dieser Versuche war das Attentat vom 20. Juli 1944. Graf Hardenberg sollte – und wollte! – nach Gelingen des Attentats Oberpräsident von Berlin und Brandenburg werden, also nichts Geringeres als – nach heutigem Verständnis – Ministerpräsident. Die Beteiligung an dem Attentat war für ihn – wie für die anderen – mit einer tiefgreifenden Auseinandersetzung um seinen Fahnen- und Treueeid verbunden. Staatstreue, manifestiert im Eid, galt ihm und den Hardenbergs überhaupt viel. Nun wollte er ihn kraft Einsicht brechen. Wie kam solche Einsicht zustande, durch wen, unter welchen Umständen?

Und Hand an sich zu legen, sich das Leben eigenhändig zu nehmen – wer darf das? Weshalb? Genügt als Grund die Lebensfurcht eines starken Mannes, unter bestialischer Folter Freunde verraten zu können? Darf man das? Sollte man nicht Folter auf sich nehmen?

Rund 1 1/2 Jahre nach dem Attentat und 1/2 Jahr

nach dem II. Weltkrieg setzt sich der leidgeprüfte, nicht sehr gesunde Mittfünfziger, glücklich verheiratet und Vater von fünf Kindern, vor ein weißes, leeres Blatt Papier und schreibt hintereinanderweg auf, wie und weshalb er zu diesen beiden unerhörten Taten seines Lebens gekommen ist. Hardenbergs Erinnerungen bildeten den Anstoß und das Zentrum für dieses Buch.

Der Schreiber ist ehrlich wie nur sonst jemand. Im Prozeß des Schreibens versucht er, Klarheit zu gewinnen. Entstanden ist so ein aufrichtiges, schlichtes, kostbares Stück Prosa, keine Literatur, keine Kunst, aber ein deutsches Dokument von Rang, Zeugnis eines Mannes eigener Art in diesem wilden Jahrhundert. Der Text belegt zudem die nicht selbstverständliche Gabe des Verfassers, eines Gutsherrn, Militärs und Adligen, dessen Sache das Schreiben nicht war, seine Beobachtungen sachlich, faßbar und klar zu formulieren. Der Text spricht für sich.

Günstige Umstände bescheren einen Glücksfall in Form eines Komplementär-Textes: Gräfin Renate Hardenberg, geb. von der Schulenburg (1888–1959), seit 1914 mit Carl-Hans Hardenberg verheiratet, hat ihrerseits aufgeschrieben, was alles sie zeitgleich unternommen hat, um ihrem bedrängten, gefährdeten Mann zu helfen oder wenigstens ihm Erleichterung in der NS-KZ-Zeit zu verschaffen und die Familie zu schützen. Auch dies ein kostbarer Text.

Beider Auskünfte fügen sich auf erstaunliche Weise ineinander. Man findet darin etwas menschlich Seltenes: die Erfüllung, die Geborgenheit einer langen, guten Ehe in der Auskunft eines jeden einzelnen und dies im Prüfstand einer schweren Sinn- und Lebenskrise. Da fügt sich zueinander und ineinander, was der eine tut und der andere nicht weiß und was beide wissen und tun.

Diese Dokumente waren private, intime Verständigungs-Texte, bestenfalls als informierende Mitteilungen für die Kinder und nahen Freunde gedacht, aber niemals zur Veröffentlichung vorgesehen. Die strikte Ehrlichkeit der privaten Mitteilung, die Authentizität der individuellen Erinnerung wird zum unbestechlichen Dokument. Öffentlich gemacht, lösen sie sich vom Intimen, Familiären ab und werden zum Ereignis und zum Zeugnis über dieses Jahrhundert. Wer sollte besser und genauer darüber berichten als diejenigen, die die Prüfungen wirklich erlebt und bestanden haben? Ihr Zeugnis berichtet nur von ihrem Tun, die subjektive Sicht ist ihre Stärke. Andere mögen anderes erinnern und berichten.

Die Kinder der beiden Hardenbergs stimmten zu, den schwierigen Schritt aus dem Privat-Familiären in die Öffentlichkeit zu tun und diese Texte zu publizieren. Dafür ist ihnen herzlich und gern zu danken. Ihre Zustimmung ist ein Beweis des Vertrauens und der Stärke in die Mündigkeit des Lesers und zeugt zugleich von einer besonderen Geste der bleibenden Zuneigung den Eltern gegenüber.

Das gilt auch für die Genehmigung zur Veröffentlichung der ausgewählten Briefe, denn auch Briefe sind Mitteilungen privatester Natur. Dabei bieten diese Briefe an, Farben und Charakterseiten der beiden Hardenbergs kennenzulernen und in sich aufzunehmen, die bei ihren Auskünften über den 20. Juli 1944 und seine Folgen – einen weiß Gott ernsten Gegenstand – begreiflicherweise nicht aufscheinen: Humor, Witz, Schlagfertigkeit, mitmenschliche Sorge der weitesten Art, Naturliebe, tätige Pflege lebenslanger Freundschaft. Man spüre dem Tonfall dieser Briefe nach.

Geht man mit seinen Gedanken durch alle diese Texte, so begegnet man – über die Mitteilung hinaus – mancherlei Bemerkenswertem.

Etwa: die gläubigen Christen Hardenberg praktizieren Christentum in ihrer Gemeinde Neuhardenberg mit allen praktischen Folgerungen, die der Patron der Gemeinde, der Hardenberg war, zu absolvieren hatte. Er nimmt Aufgaben auf sich, die diesen Praktizismus über das formale Amt hinaus mit Leben ausfüllen. Und weiter: evangelisches Christentum und Gläubigkeit vermitteln sich den Hardenbergs unmittelbar über die Bibel und diese in der sprachgewaltigen Übertragung durch Martin Luther. Nicht zufällig scheint mir denn auch zu sein, daß dieser Martin Luther – über seine sprachgestalterische Leistung hinaus – den beiden Hardenbergs zu einer wichtigen Leit-Figur ihres Denkens in den 30er, 40er Jahren wird. Seine Haltung, als er die deutsche protestantische Reformation begründet, gehört für sie zu den Lebens-Pfeilern, an die man sich erinnern, an die man sich halten kann, die Kraft und Sinn geben. Luthers aufrechter Protestantismus ging für beide über seine religionsstiftende Rolle hinaus und wurde zur Charakterfrage. Eifrige Philologen könnten gewiß mühelos herausfinden, daß mancherlei Rede- bzw. Schreibwendungen der Hardenbergs direkt auf Luthersche Formulierungskraft zurückgehen. Nicht zufällig führten dann diese Werte zu Ernst Moritz Arndt, einem eher plebejischen Zeitgenossen und zugleich Antipoden ihres großen Vorfahren, des Staatskanzlers. Oder: Die Liebe und Anhänglichkeit, die die Hardenbergs zeitlebens zu ihrer Heimat, zu Dorf und Besitz Neuhardenberg im Oderbruch bewahrten, war auch immer Ausdruck von Kultur. Der Ort blieb ihnen verbunden mit Schinkel und Lenné und dem klassizistischen Charakter der Bauten dort, mit wertvoller Bibliothek und geistvoller Gastfreundschaft, mit Höflichkeit, guten Manieren und Respekt gegenüber jedermann.

Demgegenüber: Früh erkennen beide Hardenbergs

das Verbrecherische des Hitler-Regimes. Graf Hardenbergs lakonische Mitteilungen über die Verbrechen an Juden und sowjetischen Kriegsgefangenen signalisieren Endpunkte eines langen Anschauungs- und Erkenntnisprozesses. Es ist gewiß so, daß der Graf darüber am ersten und dringlichsten mit seiner Frau gesprochen hat. In seinen Erinnerungen überdeckt er die Ausführlichkeit seiner Gewissensnot. Seine Frau hat diese Not mit ihm empfunden und gefühlt. Beider Christentum, ihr Standesethos, ihre nationale Gesinnung finden keinen anderen Ausweg, als in Hitler die Verkörperung des Bösen schlechthin im Sinne des Antichristen, des Teufels, zu sehen. Diese Verlagerung von Schuld und Verstrikkung, die Abstraktion von sozialen, imperialen Bestrebungen des deutschen Faschismus auf ihren Exponenten helfen ihnen, dem Ungeheuerlichen beizukommen, es faßbar zu machen und damit ihm zu begegnen. Dies teilen sie – wie man aus der Literatur über die Opposition gegen Hitler erfahren kann – mit anderen ihres Standes und ihrer Erfahrung. Für Graf Hardenberg ist dies denn auch der plausibelste Grund für das Attentat: das Böse, der Teufel, muß vernichtet werden. Diese Rechtfertigung – wenn sie denn eine solche ist – ist seine – und nur seine – Begründung für die Teilhabe am Versuch des Tyrannenmords. Die extreme Verschärfung des Konfliktes zwischen Pflicht und Neigung, zwischen Staatsräson und Gewissen (sprich christlichem Ethos) unter den Bedingungen eines faschistischen Eroberungskrieges und des Massenmords bringt ihm nur die befreiende Tat, den Mord, das Attentat, als wirkliche Lösung. Eine Dramatik klassischen Zuschnitts. Bemerkens- und bedenkenswert dabei bleibt, daß gerade Hardenberg diese Aktion als Voraussetzung und Fundament dafür ansieht, daß nach vollbrachter (und gelungener!) Tat das deutsche Volk als Ganzes seinen weiteren Weg selbst bestimmen solle. Hardenberg sinniert dann nicht, ob diese weitere Selbstbestimmung plebiszitärer Art zu jenem Zeitpunkt neue Unwägbarkeiten bringen könnte. Er konzentriert sich auf die Tat, die ihn genug Kraft und Überwindung kostet. Er tut das Seine, ein Mann seltener Art.

Die Erinnerungen von Zeitgenossen und Weggefährten der Hardenbergs flankieren die Selbstaussagen und vermögen, Persönlichkeit und Charakter der beiden durch andere Sichten besser begreifbar, noch sinnlicher und mit dem Blick von der Seite noch menschlicher zu machen. Auch dies spricht für die Nachwirkung der Hardenbergs bis ins Heute, daß alle Beiträger gern und ohne Umstände ihre Stimme beisteuerten.

Eine Quellensammlung und ein Lesebuch also – voller Bezüglichkeiten der einzelnen Teile untereinander. Das Mosaik eines deutschen Schicksals.

März 1994

Nach zehn Jahren

Die Erinnerungen der beiden Grafen Hardenberg – 1994 als Erstveröffentlichung im Aufbau Taschenbuch Verlag erschienen – bekamen ihren angemessenen Platz in der Fülle der Publikationen, die zum 50. Jahrestag des Attentatsversuches auf Hitler vom 20. Juli 1944 publiziert worden sind. Sie haben ihre Leser gefunden und gingen als Quellensammlung in die Forschung ein.

Seither hat sich am Wert dieser Texte nichts geändert, im heimatlichen Umfeld der beiden Verfasser jedoch sehr viel. Vor zehn Jahren war in Neuhardenberg noch alles offen. Auf viele Fragen gab es nur kurzlebige Antworten, und Perspektiven lagen im Unklaren. Um den grundlegenden Veränderungen kompetent Ausdruck zu geben, hat der Herausgeber zwei Texte von neuen Mitgestaltern des geschichtsträchtigen Ortes und Besitzes aufgenommen und die eigenen eingekürzt. Eine willkommene Fortsetzung der Annäherung …

Dezember 2003 Günter Agde

I. Dokumente

Carl-Hans Graf von Hardenberg
Personalien

Ich, Carl-Hans Graf von Hardenberg, bin am 22. 10. 1891 in Glogau, Prov. Schlesien, geboren. Nach dem Abiturexamen wurde ich Offizier und habe den Krieg 1914/18 an der Front mitgemacht. Nach meiner dritten Verwundung im Frühjahr 1918 nahm ich den Abschied und lernte Land- und Forstwirtschaft sowie das Bankwesen. Im Jahr 1921 übernahm ich die Verwaltung von Neuhardenberg, Provinz Brandenburg. Neben meiner landwirtschaftlichen Tätigkeit habe ich mich der Kommunalverwaltung meines Heimatkreises gewidmet.

Im Jahre 1933 schied ich aus allen Ämtern aus, da ich mich weigerte, der NSDAP oder einer ihrer Gliederungen beizutreten.

Bei Beginn des Krieges 1939 wurde ich als Major d. R. Kommandeur eines Ersatztruppenteiles. Im Herbst 1940 wurde ich persönlicher Adjutant des Oberbefehlshabers der Heeresgruppe B, Generalfeldmarschall von Bock. Als der Feldmarschall im Sommer 1942 verabschiedet wurde, ging ich mit ihm nach Berlin. Nach meiner Verhaftung durch die Gestapo bin ich im Herbst 1944 als Oberstleutnant d. R. aus dem Heere ausgestoßen worden.

Im Verlauf des französischen Feldzuges wurden sich die Männer, die schon immer im Nationalsozialismus den Ruin des deutschen Volkes gesehen hatten, klar, daß gehandelt werden müßte, da die verantwortlichen

Persönlichkeiten in Staat, Heer und Partei wider besseres Wissen nicht gewillt und fähig waren, Widerstand entgegenzusetzen. Von Herbst 1942 an sind zielbewußt aufrechte Männer gesucht und in wichtige Stellungen des Heeres als Chefs oder Adjutanten eingesetzt worden. Eine Bearbeitung aller militärischen Führer setzte ein. Nach meiner Rückkehr nach Berlin wurde ich als Oberpräsident von Berlin und der Provinz Brandenburg vorgesehen und habe die Bearbeitung dieses Spezialgebietes übernommen. In Neuhardenberg – 70 km von Berlin – hat ein großer Teil der den 20. Juli vorbereitenden Besprechungen stattgefunden, da hier die Überwachung durch die Gestapo schwieriger war als in Berlin.

Nach meiner Verhaftung schoß ich mich 2 mal mit der Pistole durch die Brust und wurde in den Barackenbau des Konzentrationslagers Oranienburg-Sachsenhausen als Staatsgefangener eingeliefert. Die Gestapo hatte 4 mal die Todesstrafe beantragt. Zu einer Verhandlung vor dem Volksgerichtshof ist es wegen des russischen Einmarsches nicht mehr gekommen.

Carl-Hans Graf von Hardenberg
Lebenslauf und Ergänzungen zum Fragebogen „Opfer des Faschismus“

Nach dreimaliger schwerer Verwundung im Weltkriege war ich als Landwirt in Neuhardenberg, Kr. Lebus, tätig. Neben meiner landwirtschaftlichen Tätigkeit habe ich mich in der Kommunalverwaltung meines Heimatkreises betätigt. Im Januar 1933 schied ich aus allen Ämtern aus, weil ich mich weigerte, der NSDAP oder einer ihrer Gliederungen beizutreten. In der Erkenntnis, daß die verbrecherischen Methoden des Nationalsozialismus zum Untergang des deutschen Volkes führen mußten, haben ich und meine Freunde schon damals den illegalen zielbewussten Kampf begonnen.

Da die Bearbeitung der führenden Persönlichkeiten in Partei, Staat und Heer zu keinerlei Erfolgen führte, haben wir im Frühjahr 1940 den Entschluß gefaßt, durch Gewaltanwendung Hitler zu beseitigen. Mehrere Attentate sind mißglückt, andere durch widrige Umstände nicht zur Ausführung gekommen. Am 25. 7. 1944 wurde ich zusammen mit meinem Schwager, Oberst von Schilling, mit dem ich zusammengearbeitet hatte, in Neuhardenberg verhaftet. Da mir die Methoden der Gestapo bekannt waren und ich nicht in ihre Hände fallen wollte, habe ich mich zweimal in die Brust geschossen und die Pulsadern aufgeschnitten. Ich wurde in die Krankenabteilung des Konzentrationslagers Oranienburg-Sachsenhausen eingeliefert und trotz monatelanger schwerster Krankheit durch die Gestapo immer wieder stundenlang vernommen. Hierbei wurde mir mitgeteilt, daß die Anklage vor dem Volksgerichtshof mit dem Antrag auf vierfache Todesstrafe eingereicht sei. Zu der Verhandlung ist es wegen des Einmarsches der Roten Armee nicht mehr gekommen.

Infolge der ausgestandenen Leiden in Sachsenhausen bin ich heute noch schwer krank und laut ärztlichem Attest für die nächsten drei Monate nicht arbeitsfähig.

Meine Tochter Reinhild ist zusammen mit mir verhaftet worden und hat in Moabit bis Weihnachten 1944 gesessen. Sie war 21 Jahre alt und als meine Sekretärin in alle illegale Arbeit eingeweiht.

Carl-Hans Graf von Hardenberg
„Das Wohl des Volkes verlangt den vollen Einsatz von uns.“
Erinnerungen an den 20. Juli 1944

Silvester 1945

Das dritte Reich trat im Jahre 1933 seinen Weg an von der Gruft der großen Preußenkönige, Friedrich Wilhelms I. und Friedrich des Großen. Hiermit sollte dem deutschen Volk und dem Ausland vor Augen geführt werden die gradlinige Fortsetzung des preußisch – deutschen Weges im Gewande des zwanzigsten Jahrhunderts. Das Programm sah vor die Einschaltung von pflichtbewußten, dem Vaterland dienenden Menschen, die Überbrückung der leidigen Klassenkämpfe, die Zerschlagung des undeutschen Kommunismus, die Beseitigung der Arbeitslosigkeit (6 Millionen Arbeitslose) und die Wiederherstellung des deutschen Ansehens im Rahmen europäischer Zusammenarbeit. Nicht eine *einzelne* Partei oder ein *einzelner* Berufsstand ging freudig an die Mitarbeit, die Deutschland und damit Mitteleuropa aus der Not emporführen sollte, sondern alle Parteien und alle Stände. Auch aus dem Ausland (z. B. England) wurden Stimmen laut, die ehrliches Verständnis zeigten. Aber noch niemals in der Geschichte der Völker ist ein so großes Kapital an Vertrauen ruchloser verwirtschaftet worden. Ein Führungsanspruch, berechtigt bei der unseligen Neigung der deutschen Menschen zur Zersplitterung, artete mehr und mehr in einen Terror ohne Grenzen aus.

Am 30. Juni 1934 wurde neben einzelnen Schuldigen eine große Zahl ehrenwerter Menschen, nur weil sie politisch unbequem waren, ermordet.[1] Unter ihnen der bisherige Reichskanzler und Reichswehrminister von Schleicher. Ein Gerichtsverfahren, auch hinterher, fand nicht statt. Die Armee hat dieses ebenso stillschweigend geschluckt wie einige Jahre später die Diffamierung des Oberbefehlshabers des Heeres, des in Krieg und Frieden hervorragend bewährten Generaloberst Freiherrn von Fritsch. Ein von diesem daraufhin angestrengtes Ehrengerichtsverfahren stellte die für 400 Mark erkaufte meineidige Aussage eines Polizeispitzels fest. Eine Rehabilitierung erfolgte nicht. Hiermit war dem Heere das Rückgrat gebrochen. Seine unerreichte Tapferkeit, seine vorbildliche Pflichterfüllung, auf die die ganze Welt anerkennend blickte, haben es nicht davor bewahrt, daß ihm fortlaufend in verstärktem Maße zugemutet wurde, Handlungen gutzuheißen, die mit der Ehrauffassung früherer Zeiten unvereinbar waren (Erschießung der gefangenen russischen Kommissare, Raub von Privateigentum, Massenmorde an Juden, Polen und Zivilrussen durch SS im Operations- und rückwärtigen Heeresgebiet.) Das überlieferte Eintreten des Offiziers für seine Untergebenen wurde systematisch herausgezüchtet. Der Kadavergehorsam, früher nur ein Schlagwort antimilitaristischer Kreise, wurde zur Mode. Ruhm, aber nicht Ehre, wurde gepriesen.

Gleich nach der Machtübernahme hatte Adolf Hitler die Kommandierenden Generale um sich versammelt und ihnen gesagt, daß er nur in einem erneuten Waffengange die Möglichkeit sähe, die Not zu bannen, und er – im Gegensatz zu dem, was er öffentlich sagen müsse – so stark und so schnell aufrüsten werde, daß kein Staat in Europa Deutschland widerstehen könne. Er würde einen „Blitzkrieg" in noch niemals dagewesenem Ausmaße führen. Er brach 1939 den Krieg mit Polen vom Zaun und war überzeugt, daß die Großmächte ebensowenig wie beim Einmarsch in Österreich und der Tschechei einschreiten würden. Doch nachdem er das Wort, das er den andern Staaten im Namen des deutschen Volkes gegeben hatte, in wiederholtem Maße gebrochen hatte, traten England und Frankreich zum Kampfe an. Mit Rußland schloß er einen Bündnisvertrag, den er dann zu gegebener Stunde brechen wird.

Die überlieferte Tapferkeit der Truppen, insonderheit der Infanterie und Panzerwaffe, beendete die Feldzüge in Polen und Frankreich in kürzester Zeit. Nach dem Waffenstillstand in Compiègne wurden bereits Abordnungen aller Regimenter nach Paris zur großen Siegesparade zusammengezogen. Doch England versagte sich trotz weitgehender Angebote, da es an das deutsche Wort nicht mehr glauben wollte.

Daraufhin beschloß Adolf Hitler im September des Jahres 1940, Rußland im nächsten Frühjahr zu überfallen; die Linie Leningrad (einschl.), Moskau (einschl.), Stalingrad (einschl.) zu gewinnen und mit Panzerraids bis über den Ural vorzustoßen, um die östlich davon erstandene neue russische Industrie zu zerschlagen. Das Antreten im Frühjahr 1941 verzögerte sich durch den Balkanfeldzug, so daß der Vormarsch erst Ende Juni angetreten werden konnte, an demselben Tage, an dem 1812 Napoléon I. den Njemen überschritt[2]. Die großen Kesselschlachten, ein Erfolg ebenso der genialen Führung wie der beispiellos tapferen Truppe, gehören der Geschichte an. Aber die Hunderttausende von kriegsgefangenen russischen Soldaten wurden nicht versorgt, sondern kamen zu 40–50 % um angesichts der eigenen Bevölkerung. Marschkolonnen von mehreren Kilometern Länge wurden bewacht von 10–20 Landesschützen, die am Ende marschierten und jeden mit der Maschinenpistole niederschossen, der nicht mitkam. Die Rollbahnen lagen voll von toten Russen, die nicht beerdigt wurden, sondern über deren Körper die deutschen Panzer nach Osten rollten. Nicht die Härte des Krieges zwang hierzu, sondern die von oberster Stelle vorliegenden Befehle, entsprungen aus einem Geiste religionsloser Überheblichkeit.

Trotz vollkommen mangelnder Winterausrüstung wurde der Vormarsch in dem Schnee und Eis des russischen Winters bis Weihnachten 1941 fortgesetzt. Die Verluste an Erfrierungen überschritten bei weitem die blutigen Verluste und gingen in die Hunderttausende. Hier ging der Nimbus der Unbesiegbarkeit des deutschen Soldaten verlustig und wurde – von dem russischen Gegner sich angeeignet.

Seit der Jahreswende 1941/42 wurde es weiteren militärischen Kreisen klar, daß der Krieg verloren sei. Die Verluste überstiegen um ein Vielfaches die Neueinstellungen des heimatlichen Mannschaftsersatzes, ganz abgesehen von wesentlich höheren Blutopfern des Offizierskorps. Wie in personeller Hinsicht war es auch in materieller. Der Ersatz, besonders an Flugzeugen und Panzern, konnte mit den Verlusten nicht Schritt halten. Auch wurde das Material, da es an allen Rohstoffen fehlte, zusehends schlechter. Wer warnend seine Stimme erhob, wurde als Volksschädling gebrandmarkt, wurde „liquidiert“, wie der neue Ausdruck für Ermordung lautete, oder verschwand in einem der furchtbaren Konzentrationslager, aus denen es nur selten ein Freikommen gab.

Im Frühjahr 1942 mußten die deutschen Armeen erneut im Osten zu einer Offensive größeren Ausmaßes antreten. Gleichzeitig sollte auf Befehl des „Führers“, der damals propagandistisch als „größter Feldherr aller Zeiten“ herausgestellt wurde, sowohl der Kaukasus genommen wie die Wolga bei Stalingrad erreicht werden. Um eine Offensive solchen Ausmaßes starten zu können, war es notwendig, die Flanken mit verbündeten Truppen, Italienern, Rumänen und Ungarn, zu besetzen. Diese Schwäche nutzte der Russe geschickt aus, durchbrach, als die deutsche Offensive sich Stalingrad näherte, die gefährdeten langen Flanken und schloß die gesamte 6. Armee ein. Wiederholte Anträge des Oberbefehlshabers der Armee mit Zustimmung sämtlicher Kommandierender Generale, die Umzingelung nach rückwärts zu durchbrechen, solange die Durchbruchstelle nur 20 km Tiefe betrüge, wurden von Hitler schroff abgelehnt. Göring versicherte im Führerhauptquartier großsprecherisch, die Luftwaffe *garantiere* die Versorgung der eingeschlossenen Armee. Neben schwersten blutigen Verlusten blieben 90 000 Gefangene in der Hand des Feindes. Die allmählich eintreffende Post der gefangengenommenen deutschen Soldaten durfte auf persönlichen Befehl Hitlers den Frauen und Eltern nicht zugestellt werden. Sie wurde verbrannt, damit das Volk weiter betrogen werden konnte. Wenige Monate später erfolgte der Zusammenbruch der deutschen Afrikaarmee. Dieser wurde dem deutschen Volke von Goebbels und seinem Propagandaministerium in seiner Bedeutung fast völlig verschwiegen. Von nun an sollte die Schilderung einzelner unerhörter Heldentaten, wie sie der deutsche Soldat bis zum bitteren Ende immer wieder vollbrachte, hinwegtäuschen über die verzweifelte strategische Lage.

Wie sah es demgegenüber in der Heimat aus? Jegliche Opposition war von der Naziregierung schon gleich nach der Machtübernahme restlos ausgeschaltet worden. Presse und Rundfunk wurden einheitlich gesteuert. „Recht ist, was dem Volke nützt“ war die neue, sehr gefährliche Parole. Dem „Volke nützen“ aber tat nur die kritiklose, hörige Einfügung in die Parteityrannis. Dabei ging es allen Ständen und Berufen des Volkes, rein materiell gesehen, recht gut. Die wirtschaftliche Not, so schien es dem einzelnen, der keinen tieferen Einblick in die Zusammenhänge hatte, war durch das „*Genie* des *Führers*" gebannt! Stärker, immer stärker wurde dies dem Hirn des Bürgers und Arbeiters von einer skrupellosen, aber sehr geschickten Propaganda eingehämmert. Der Deutsche, unpolitisch von Natur und in seiner Vergangenheit gewohnt, von Fürsten und Kirche bevormundet zu werden, gab seine großen Organisations- und Arbeitskräfte leider zu willig der neuen Führung hin. Er ahnte nicht das verbrecherische Treiben der Parteibonzen hinter den Kulissen, und wenn gelegentlich einzelne Nachrichten zu ihm vordrangen, so ließ sein überlieferter Autoritätsglauben ernste Sorgen nicht aufkommen.

Der Oberbürgermeister Goerdeler und die Generalobersten Beck und Freiherr von Hammerstein, kluge und verantwortungsbewußte Persönlichkeiten, hatten schon vor Beginn des Krieges klar erkannt, daß der Weg, den Hitler sich zu gehen anschickte, das deutsche Volk ins Verderben führen würde. Mit Goerdeler, der sich mit seltenem Mute zu seiner Auffassung bekannte, verband mich langjährige Bekanntschaft. Beck und Hammerstein waren viel in meinem Hause gewesen; wir hatten oft in ernsten, sorgenvollen Gesprächen unsere Ansichten ausgetauscht. Gelegentlich eines Scharfschießens der Fahnenjunkerabteilung auf dem Truppenübungsplatz Döberitz im September 1939 fragte mich der damalige stellvertretende Kommandierende General des III. Armee-Korps, General Freiherr von Dalwigk, um meine Auffassung zur politischen Lage. Ich habe ihm auf Grund meiner Kenntnisse in offenen Worten gesagt, daß, auch wenn wir voraussichtlich noch große Siege in der nächsten Zeit erringen würden, der Krieg für uns nicht gewonnen werden könne. Unsere

Unterhaltung schloß mit dem Hinweis meinerseits, daß er als Befehlshaber von Berlin und Brandenburg sich in Zukunft seiner großen Verantwortung bewußt sein müsse und es alles darauf ankäme, daß seine Dienststelle in den kommenden Schicksalsstunden sich härter zeige als im Jahre 1918.

Während des stürmischen Vormarsches in Frankreich im Jahre 1940 waren es nur wenige, die sich nicht täuschen ließen. An ihre Spitze schob sich mehr und mehr der damalige Oberstleutnant Henning von Tresckow, gleich stark an Geist und Charakter. Er nahm sich später am 21. Juli 1944, nach Mißglücken des Attentats vom Tage vorher, als General und Chef einer Armee in vorderer Front das Leben, um den nun unaufhaltsamen Untergang unseres Volkes nicht zu überleben.

Es war ein warmer Sommerabend des Jahres 1941, als Tresckow mit mir eine lange Besprechung hatte an den Ufern der Beresina, jener Stelle, wo noch die Pfeiler herausragten von der Brücke, die einst den Untergang der stolzen französischen Armee im Jahre 1812 gesehen hatte. Es hatte sich gezeigt, daß der bisher beschrittene Weg des Versuches der Einflußnahme auf die zur Führung berufenen Persönlichkeiten zu keinem Erfolge führte. War es die stark ausgeprägte suggestive Kraft Adolf Hitlers, war es die bei aller Tapferkeit gegenüber dem äußeren Feinde schon von Bismarck festgestellte, vollkommen mangelnde Zivilcourage, niemand fand sich, der kraft seiner Stellung versuchte, sich gegen befohlene Verbrechen und militärischen Wahnsinn aufzulehnen. Je mehr Hitler dieses merkte, um so hemmungsloser wurde er in seinen Zumutungen, um so mehr umkleidete er sich mit seiner „Gottähnlichkeit“.

Die Schwierigkeit der Aufgabe war uns voll bewußt. Es galt, zu aktiven revolutionären Taten zu schreiten, d. h. mit allem zu brechen, was uns von den Vätern gelehrt und was mit der Ehre eines preußisch-deutschen Soldaten verbunden war. Besitz, Familie, eigene und Standesehre mußten in die Waagschale geworfen werden, wenn dieser Weg beschritten werden sollte. War es notwendig? War es richtig? War es zu vereinbaren mit den ethischen und christlichen Gesetzen, denen wir unterstanden? Wir schieden, als bereits der Sternenhimmel die russische Weite überdeckte, mit dem Versprechen, mit uns selber über diese Frage ins reine zu kommen.

Wer heute mit sicherem Urteil feststellen zu müssen glaubt, daß Ehrgeiz, Ruhmsucht oder der Wunsch, sich der kommenden Katastrophe zu entziehen, die Männer damals geleitet hat, der weiß nichts von den Gewissensbissen und seelischen Qualen, mit denen jeder für sich allein fertig werden mußte. Und was war, wenn uns der Erfolg nicht beschieden sein sollte? War dann nicht der ganze Einsatz vergeblich und nur ein Verbrechen? Es dauerte Tage und Wochen, in denen diese Gedankengänge immer wieder abgesprochen wurden, bis im neuen Quartier in Smolensk der Entschluß gefaßt wurde: Wir müssen handeln. Das Wohl des Volkes verlangt den vollen Einsatz von uns. Auch im Falle des Mißglückens muß der Welt gezeigt werden, daß es in dieser Zeit Männer gegeben hat, die, wie der Grabstein von Marwitz in Friedersdorf sagt, Ungnade wählten, wo Gehorsam nicht Ehre einbrachte.[3]

Zunächst galt es, Verbindung aufzunehmen mit dem zivilen Kreis um Goerdeler und mit der Abteilung Abwehr im OKW unter Admiral Canaris und Oberst Oster. Zwei besonders mutige und kluge Männer standen hierfür zur Verfügung, der Oberleutnant d. R. Friedrich Graf von der Schulenburg, ein Sohn des Chefs der Heeresgruppe Kronprinz im Weltkriege, und der Rechtsanwalt und Oberleutnant d. R. Fabian von Schlabrendorff. Schulenburg war in jugendlicher Begeisterung zur Partei gegangen, war Landrat in Ostpreußen, Vizepräsident des Polizeipräsidiums in Berlin gewesen und war Vizeoberpräsident von Schlesien. Trotz seiner hohen Zivilstellung führte er, selber zu Fuß, seinen Infanterie-Zug Tausende von Kilometern durch die russischen Steppen. Sein auf Grund seiner großen Begabung erfolgter schneller Aufstieg machte ihn nicht blind für die Fehler des dritten Reiches. Er wurde aus einem Saulus ein Paulus und hat sich in fanatischem Einsatz zur Verfügung gestellt. Schlabrendorff, der Ordonnanzoffizier beim Oberstleutnant von Tresckow war, gewann mehr und mehr Einfluß. Von kristallklarem Verstande und unbedingter Verschwiegenheit – dabei ein guter Kamerad und Gesellschafter –, war er für seine vielseitigen Aufgaben als Kurier und selbständiger Verhandler besonders geeignet. Ferner galt es, Fühlung zu nehmen mit allen führenden Militärs beim OKW und OKH sowie den Oberbefehlshabern der Heeresgruppen und Armeen.

Allgemein wurde von den höchsten militärischen Vorgesetzten geschimpft in Gegenwart von jüngeren Offizieren und Mannschaften. Dies war auch in der alten Armee der Fall, jedoch mit dem sehr großen Unterschied, daß damals kein Vorgesetzter geduldet hätte, ihm offen Gedanken des Umsturzes zuzumuten. Schon die ersten Besprechungen, die wir mit den einzelnen Feldmarschällen und Generalobersten hatten, zeigten, daß kein einzigster von ihnen gegen einen von uns gewillt war einzuschreiten. Fast alle haben sie mit dem Gedanken gespielt, seine Notwendigkeit anerkannt, ihre Bereitwilligkeit geäußert mitzumachen, wenn – ein anderer die Verantwortung übernehme.

So flog ich im Januar 1942 zu einem benachbarten Heeresgruppen-Oberbefehlshaber, aß mit ihm und seinem Chef des Stabes allein zu Abend und hatte anschließend eine lange Besprechung der Lage. Beide Herren waren in allen Punkten mit mir einig: stetig zunehmender Mangel an personellem und materiellem Ersatz, Nachlassen der Schlagkraft der Divisionen, dagegen immer stärkere Zumutungen des Führerhauptquartiers, einwandfreie Verbrechen nicht nur zu dulden, sondern sogar selber auszuführen. Als ich hieraus die Schlußfolgerung zog: Das Heer muß unter seinen militärischen Führern zur revolutionären Tat schreiten, bemerkte der Feldmarschall unter Zustimmung seines Chefs: „Für solche Worte müßte ich Sie verhaften lassen." Ein plötzlicher Entschluß ließ mich unbemerkt die auf dem Tisch liegende Klingel benutzen, und auf die bei Eintreten der Ordonnanz gestellten Frage, was dies zu bedeuten habe, erwiderte ich: „Herr Feldmarschall wollten einen Befehl erteilen." Mit einem verlegenen Lächeln wurde über die Sache hinweggegangen. Der Zweck war nur, wie wir öfters feststellen mußten, im Falle, daß etwas herauskäme, sagen zu können: „Ich habe damals gesagt, ich würde ihn verhaften lassen." Dies galt es zu verhindern. Ein anderer Oberbefehlshaber schrie Tresckow und mich an: „Wenn Sie den Führer ermorden wollen, so nur über meine Leiche" und – verhandelte nach 10 Tagen wieder weiter.

Erfolgreiche militärische Operationen warfen unsere Arbeit um Wochen zurück. Politische Zusammenhänge wurden nicht gesehen und, wenn sie ungünstig waren, als „Schwarzseherei" gebrandmarkt. Bedingungsloser Optimismus, eine hocheinzuschätzende Eigenschaft des Frontsoldaten, wurde zum Rüstzeug der oberen Führung. Der schwere Schlag, den die völlige Vernichtung der 6. Armee bei Stalingrad bedeutete, öffnete vielen Soldaten, aber auch Zivilisten, die Augen. Der Arbeiter, politisch klar fühlend und unverbildet denkend, glaubte seit diesen Tagen der Jahreswende 1942/43 nicht mehr an einen Endsieg. Er mußte schweigen und sich ducken unter Arbeiterführern, die sein Vertrauen niemals besessen hatten.

Im Sommer 1942 hatte der Feldmarschall, dessen persönlicher Adjutant ich war[4], die Heeresgruppe abgegeben und war nach Berlin gegangen, wo er „zur Verfügung des Führers“ blieb. Ich konnte von dieser Zeit ab in Neuhardenberg wohnen und zu dem sehr wenigen Dienst im Auto nach Berlin hereinfahren. In dieser Zeit wurde mir mitgeteilt, daß ich wählen könnte, ob ich nach der Machtübernahme das Staatssekretariat der Landwirtschaft oder das Oberpräsidium der Provinz Brandenburg und der Stadt Berlin übernehmen wollte. Ich entschied mich für die letztere Aufgabe, um meiner Heimatprovinz, die ich durch jahrelange Arbeit genau kannte, dienen zu können. Doch auch dieses wollte ich nur vorübergehend machen, da Menschen, denen das Schicksal eine solche revolutionäre Aufgabe übergeben hatte, m. E. nach dem Gelingen Platz machen mußten, um dem Volke die Entscheidung zurückzugeben, bei wem die Führung liegen solle. Auch gibt es auf dieser Welt nicht Schöneres als die Verwaltung des eigenen von den Vätern überkommenen Besitzes.

Meine Tätigkeit in der Heimat erlaubte mir, mich in weitgehendem Maße mit der in Aussicht genommenen Aufgabe vertraut zu machen und die erforderlichen Vorbereitungen zu treffen. In enger Zusammenarbeit mit Fritz Schulenburg[5], der unter Leuschner als Innenminister zum Staatssekretär des Inneren vorgesehen war, fanden Sitzungen und Besprechungen im Polizeipräsidium Berlin mit dem Polizeipräsidenten und dessen Stellvertreter, mit dem Chef des stellvertretenden Kommandierenden Generals, mit den Regierungsräten und Landräten statt. Die beiden letzteren Behördenvertreter waren, um den Kreis nicht unnötig zu erweitern und die Persönlichkeiten nicht unnötig zu belasten, nicht eingeweiht. Mit ihnen wurde alles nur „theoretisch" durchgesprochen. Besonders dankbar gedenke ich der vielen klugen Ratschläge des hervorragenden Landrates von Lebus, Kreutzberger. Als juristischer Berater für die notwendigen Sofortmaßnahmen gegen die Schuldigen des Naziregimes wurde mir der Vorsitzende der Berliner Anwaltskammer, Herr Rechtsanwalt Neubert, zugewiesen. In einer stundenlangen Besprechung wurden die Richtlinien auf diesem Gebiet festgelegt. Später, als ich im Konzentrationslager saß und meine Frau endlich Sprecherlaubnis erhalten hatte, teilte sie mir in Gegenwart des beaufsichtigenden Gestapobeamten mit, daß sie als Offizialverteidiger für den in Aussicht stehenden Prozeß des Volksgerichtshofes Herrn Rechtsanwalt Neubert gewonnen hätte. Dieser habe ihr gesagt, daß er mich kenne und grüßen ließe. Erst nachts in der Baracke wurde mir klar, woher die Bekanntschaft stammte. Ich hoffe, daß er an meiner Verschwiegenheit nicht gezweifelt hat.

Eine große Schwierigkeit stellte die Festsetzung der richtigen Zeit des Attentats dar. Einerseits mußte das deutsche Volk reif sein, d. h. durch die militärischen Mißerfolge in seinem Naziwahn erschüttert sein, andererseits durfte der Termin nicht zu spät gewählt werden, wenn überhaupt noch etwas gerettet werden sollte. Der sehr kluge Generaloberst Freiherr von Hammerstein, der trotz seiner schweren Erkrankung – er starb noch vor dem 20. Juli 1944 – eng mit Generaloberst Beck zusammenarbeitete, vertrat die Auffassung, daß unbedingt von einem Attentat abgesehen werden müßte, da der Deutsche politisch derartig wenig begabt sei, daß er die Notwendigkeit *nie* einsehen werde, wenn er nicht den bitteren Kelch bis zur Neige tränke. Er würde vielmehr immer behaupten, daß der Ehrgeiz das Genie Hitler umgebracht hätte. Wir haben diese Auffassung ernst erwogen und ihre Richtigkeit nicht leugnen können. Wenn wir ihr schließlich doch nicht gefolgt sind, so aus der Überlegung heraus, daß es Pflicht derer sei, die klar sahen, die deutsche Jugend nicht weiter sinnlos sterben zu lassen und der Vernichtung an deutschen Städten und Kunstbauten Einhalt zu bieten. Was wiegt hiergegen die Frage, ob die wenigen Menschen, die zum Opfergang bereit waren, später Anerkennung fanden?

Seit Stalingrad haben immer wieder Attentatsversuche stattgefunden. Sie scheiterten jedesmal an irgendwelchen „Zufälligkeiten". Seit dem Zusammenbruch des Hitlerstaates kann man immer wieder die Auffassung vertreten finden, es habe den Beteiligten an Opferbereitschaft gefehlt, sich selbst bei einem Attentat zusammen mit Hitler zu opfern, um das Gelingen zu gewährleisten. Daß dieses nicht geschah, lag nicht nur daran, daß diese Herren Kritiker sich damals leider nicht zur Verfügung stellten, sondern daß es in keiner Weise genügte, Hitler zu töten, wenn nicht gleichzeitig alles militärisch so weit vorbereitet war, daß die Macht im Staate in die Hand genommen wurde. Im anderen Falle hätten Himmler und Goebbels das verbrecherische Erbe angetreten. Im übrigen hatten *alle* mir bekannten Mitglieder des engeren Kreises sich zu einer solchen Tat angeboten. Auch darf nicht vergessen werden, daß die Angst vor der „Liebe" des Volkes, das ja nach dem letzten Wahlergebnis zu über 99 % hinter Hitler stand, immer weniger Menschen erlaubte, in seine Nähe zu kommen. Ein dreifacher Sicherheitsgürtel umgab das Führerhauptquartier[6], das er selber nur selten und dann ganz überraschend verließ.

Im Frühjahr 1943, einem der letzten Male, als Hitler zur Front flog, hatten Tresckow und Schlabrendorff beschlossen, eine hochbrisante Sprengbombe beim Abflug von der Heeresgruppe Mitte in das Flugzeug Hitlers zu legen. Immer wieder war die Bombe auf den Dnjeprwiesen bei Smolensk ausprobiert worden, und jedesmal hatte die Zündung auf die Sekunde genau gearbeitet. Tresckow reichte die Aktentasche mit der Bombe kurz nach dem Einsteigen Hitlers und seiner Begleiter, ehe die Türe des startbereiten Flugzeuges geschlossen wurde, herein. Dann startete die „Condor". Alles war bereit, die Macht, sobald die Maschine als überfällig gemeldet wurde, zu ergreifen. Doch zur festgesetzten Zeit landete die Maschine im Hauptquartier. Schlabrendorff flog sofort mit einer Ju hinterher und holte die Aktentasche in der Arbeitsstube des Offiziers, an den sie gesandt war, ab.[7] Dieser hatte infolge großer Arbeitslast bis dahin nicht Zeit gehabt, sie zu öffnen.

Im Sommer 1943 ließ sich Tresckow zur Vertretung des Chefs des Stabes des Befehlshabers des Ersatzheeres kommandieren, um an dieser wichtigsten Stelle die Arbeit vorwärtszutreiben. Er erreichte, daß nach 3 Monaten in diese Stelle der Oberst Graf Stauffenberg versetzt wurde. Stauffenberg war in Afrika schwer verwundet worden, hatte ein Auge und einen Arm verloren sowie mehrere Finger der anderen Hand. Er war das Vorbild eines klugen und tapferen deutschen Offiziers, der stets die Sache über die Person stellte. Dabei war er ein gläubiger katholischer Christ, der wochenlang mit sich gekämpft hatte, ob er es vor Gott und seinem Gewissen verantworten könnte, einen solchen Schritt zu tun.

Der Befehlshaber des Ersatzheeres, Generaloberst Fromm, war undurchsichtig und zu keiner klaren Stellungnahme zu bekommen. So mußte Stauffenberg alles auf eigene Schultern nehmen. Ich habe in dem letzten Dreivierteljahr in Berlin und Neuhardenberg mit ihm zusammengearbeitet und wurde immer wieder beeindruckt von seiner „antiken Größe", mit der er alle Sorgen und Bedenken an seiner Person beiseiteschob und in vollem Bewußtsein den Opfergang ging. Männer wie Stauffenberg und Tresckow und all die anderen, die ihr Leben zur Befreiung ihres Volkes geopfert haben, haben ihre Namen unauslöschlich in die deutsche Geschichte eingemeißelt. Ob von rechts oder links kommend, verband sie eine geradezu religiöse Begeisterung, alles Trennende zu überbrücken und sich die Hände zu reichen im Dienst am Volk und Vaterland. Es wird und muß die Stunde kommen, wo den deutschen Parteien sich die Augen öffnen und sie ablassen von der jetzt wieder aufkommenden Selbstzerfleischung und sie erkennen, daß der Aufbau des Vaterlandes nur möglich ist, wenn wir alle zusammenstehen. Den Nationalsozialismus zu bekämpfen und – seine Methoden der Vergewaltigung Andersdenkender und des Terrors anzuwenden, ist nicht der Weg, der in die Zukunft führt.

Die fortschreitende Arbeit ergab, daß zwar die militärischen Führer nicht gewillt waren, gegen uns einzuschreiten, daß aber auch nur wenige, wie Witzleben, Beck, Hoepner, Rommel und Stülpnagel, bereit waren, sich persönlich einzusetzen. Immer wieder, seit Herbst 1943, wurden Pläne ausgearbeitet und Termine angesetzt, doch die Tyrannis wurde so rigoros ausgeübt, daß es lange nicht gelang, zum Handeln zu kommen. Stauffenberg war der einzigste, der auf Grund seiner Stellung Zutritt zum Bunker Hitlers hatte. Er mußte daher selber zur Tat schreiten, andererseits war er nach geglücktem Attentat unentbehrlich, um den Apparat anlaufen zu lassen, da die Stellungnahme Fromms unklar blieb.

Aufregende Wochen und Monate vergingen, in denen wir uns immer wieder in der Bendlerstraße in Berlin versammelten, da der Tag zur Ausführung des Attentats bestimmt war. Entweder fiel jedoch der Vortrag, bei dem gehandelt werden sollte, in letzter Stunde aus, oder

Himmler, der gleichzeitig miterledigt werden sollte, war nicht erschienen. Später wurde auf diese letztere Bedingung verzichtet, da die Zeit immer weiter vorwärtsschritt und der Kreis der Eingeweihten immer größer wurde. Die Notwendigkeit, einen nur möglichst kleinen Kreis einzuweihen, fand ihre Grenze in den letzten Wochen vor der Tat. Es mußte mindestens *eine* Persönlichkeit bei jeder Dienststelle gewonnen werden, die die Gewähr bot, daß ohne Zögern gehandelt würde. Je mehr aber der Kreis über die engeren Mitarbeiter hinauswuchs, um so gefährlicher wurde die Gefahr des Verrates, weniger aus schlechter Gesinnung als vielmehr wegen der unseligen Schwatzhaftigkeit und Eitelkeit. Wenn trotzdem die Gestapo nicht einschreiten konnte, so nur deswegen, weil jeder die Sorge hatte, sich selber die Schlinge um den Hals zu legen. Nachdem ein Termin am 15. Juli 1944 wieder erfolglos verlaufen war, schieden wir aus Berlin mit dem Entschluß, in den allernächsten Tagen zum Handeln zu kommen, da sonst auf ein Gelingen nicht mehr zu rechnen sei.

Die wenigen Überlebenden werden die Wochen des Wartens, wo die Nerven bis zum Zerreißen gespannt waren, nicht vergessen. Jeder einzelne erlebte Momente, wo er glaubte, es wäre verraten. So gingen Tresckow, Stauffenberg und die tapfere Margarethe von Oven, die die Aufrufe an das Volk und Heer auf der Schreibmaschine geschrieben hatte, eines Tages in Berlin auf der Straße, die Aufrufe in einer Aktentasche bei sich, als ein Überfallkommando von rückwärts heranjagte, dicht vor ihnen rechts heranfuhr und abstoppte. Die Beamten sprangen herunter, als die drei das Haus gerade erreicht hatten, und – sperrten das Haus ab, ohne sich um sie zu kümmern. Da hat auch diesen drei tapferen Menschen, wie sie hinterher berichteten, das Herz fast stillgestanden. Ein anderes Mal sandte mir Stauffenberg einen Offizier mit dem Entwurf der ersten Befehle zur Stellungnahme. Durch ein Versehen waren die Schriftstücke, als wir am Nachmittag des Tages im Auto weggefahren waren, offen auf dem Tisch liegengeblieben. Meine Frau hatte sie gefunden und verschlossen, da sie, wie sie uns sagte, sie nicht für eine geeignete allgemeine Lektüre hielt.

Am 19. Juli erhielt ich durch einen Geheimcode mittags die Mitteilung, daß der nächste Tag für das Attentat festgesetzt sei. Meine Tochter Wonte[8], die als Sekretärin von mir, außer meiner Frau, seit Monaten eingeweiht sein mußte, brachte mir die Nachricht in den Garten. Hoffentlich ist es diesmal nicht wieder vergeblich, war der Gedanke, der uns bewegte. Zu oft war ich nach Berlin geeilt und abends ohne Ergebnis zurückgekehrt. Aber ich wußte, daß dieses Mal das Attentat zur Ausführung kommen mußte, wenn es anders nicht verraten werden würde. Es hat sich dann auch herausgestellt, daß an diesem Tage schon der Haftbefehl gegen Dr. Goerdeler unterschrieben war.

Ein Weg in den alten Park ließ mich noch einmal den Schritt, der vor uns lag, durchdenken. Hier war ich so oft mit Stauffenberg gegangen, um die Klärung der Probleme zu suchen. Wir waren Offiziere und hatten den Fahneneid geschworen. Ich selber war in der strengen Potsdamer Schule aufgewachsen,[9] die ein Vorbild war für die ganze preußisch-deutsche Armee. Nur wer selber getragen wurde von diesem Gedankengut, kann ermessen, was es bedeutete, den Schritt, der vor uns lag, zu tun. Hinzu kam, daß bei der Ausführung des Attentats, wie es nunmehr beabsichtigt war, auch Unschuldige ihr Leben lassen mußten. Ich erinnere mich einer eingehenden Aussprache über diesen Punkt mit meinem alten Freunde Kurt Plettenberg, der eine Weile stumm neben mir gegangen war und dann stehenblieb und sagte: „Nein, es hilft nichts, auch wenn Du selber dabei mitsterben müßtest, ich würde es tun, der Dienst am Volke muß uns mehr gelten als unsere Freundschaft."

Auch die Frage, ob eine solche Tat vom Standpunkt eines Christen zu vertreten sei, hat uns immer wieder beschäftigt. Die Mehrzahl von uns stand auf dem Standpunkt des positiven Christentums evangelischer oder katholischer Konfession. Wir konnten nicht leugnen, daß sowohl vom militärischen wie vom religiösen Standpunkt der Schritt nicht zu verteidigen sei und daß wir *doch* zur Ausführung schreiten *mußten*. Daß wir von irdischen Richtern verurteilt werden mußten, auch bei Gelingen der Tat, wußten wir und nahmen wir in Kauf. Am Stuhle Gottes hofften wir auf einen milden Richter, der in das Herz der Menschen sehen konnte.

Doch eines war uns unumstößlich klar: niemals durfte ein Handeln, zu dem wir uns durchrangen, Gemeingut werden des Volkes. Wehe der Jugend, die glaubt, das Recht zu solchen Schritten sich nehmen zu dürfen! Gehorsam ist der Grundpfeiler, auf dem das Staatswesen aufgebaut sein muß. Aber das eine möge unser Volk aus dieser Vergangenheit lernen, daß es nicht damit getan ist, in einer Tapferkeit, die ihresgleichen in der Welt kaum findet, dem äußeren Feind entgegenzutreten, sondern daß wir uns zu einer „Zivilcourage" erziehen müssen, die bei allem Gehorsam uns nichts tun läßt gegen das Gewissen im Inneren.

Jeder Baum und jeder Strauch im Park erinnerten mich an das Ringen und Suchen der letzten Monate. Nun war die Stunde des Handelns gekommen. Alle Zweifel waren abgeschüttelt. Ich fühlte mich als Soldat, der nach langem Warten endlich das Signal zum Sturmangriff ertönen hörte. Als ich nach Hause zurückkehrte, war der Oberst Jäger vom Infanterie-Regiment 8 in Frankfurt a. O., Ritterkreuzträger, von Berlin gekommen, um letzte Dinge abzusprechen. Er blieb zum Abend; wir schieden mit dem Versprechen, uns am nächsten Morgen um 8 Uhr in der Bendlerstraße in Berlin zu treffen. Jäger war das Muster eines Offiziers von größter Tapferkeit und unbeirrt in der Verfolgung des als richtig erkannten Weges.

Am Morgen des 20. Juli fuhr ich mit meinem Kraftwagen um 7 Uhr nach Berlin. Der Abschied von zu Hause unterschied sich in nichts von all den früheren. Meine Familie, seit Monaten an die Spannungen und Aufregungen gewöhnt, zeigte eine Haltung, derer ich immer dankbar gedenken werde und die mich mit großer Kraft erfüllte. In Berlin war der engere Stab versammelt. Da ich für eine zivile Tätigkeit vorgesehen war, hatte ich in den ersten Stunden keine Aufgabe. Ich wollte nur mit den Freunden in dieser Schicksalsstunde vereint sein. In der Bendlerstraße traf ich zunächst die prachtvollen Jungens vom Infanterie-Regiment 9, Georg-Sigismund von Oppen, Sohn eines alten Freundes und Regimentskameraden, Ewald Heinrich von Kleist, den Sohn des aufrechten Kleist-Schmenzin, Friedrich Karl Klausing, einen der besten Potsdamer Offiziere, und den Sohn des verstorbenen Generaloberst Freiherrn von Hammerstein. Sie alle hatten sich als Ordonnanz-Offiziere und Kuriere zur Verfügung gestellt. Stauffenberg war mit seinem Mitarbeiter, dem Oberleutnant von Haeften, ins Führerhauptquartier geflogen; mit ihrer Rückkehr war erst gegen 1 Uhr mittags zu rechnen.

Ich fuhr noch einmal zur Erledigung laufender Adjutantengeschäfte auf das Büro des Generalfeldmarschalls von Bock in der Kaiserallee. Der Feldmarschall selber war seit einigen Wochen in Ostpreußen auf dem Besitz seiner Frau. Zehn Tage vorher war ich zu ihm gefahren und hatte ihm mitgeteilt, daß in allernächster Zeit gegen dieses System gehandelt werden würde. Er kenne meine Auffassung, ich müsse ihm mitteilen, daß ich beteiligt sein würde; seine, des Feldmarschalls Person, sei natürlich in keiner Weise belastet. Dieses Bekenntnis war ich ihm schuldig, hatte er mir doch, obwohl politisch in keiner Weise meiner Auffassung, stets gestattet, meine Auffassung unumwunden zu äußern. Ja, oft hatte ich das Gefühl, daß er eine gegnerische Auffassung direkt suchte, ohne – sich allerdings selber dazu durchringen zu können.

Gegen 12 Uhr mittags fuhr ich erneut zur Bendlerstraße. Hier hatte sich noch nichts geändert, immer noch wartete alles auf einen Fernspruch aus dem Hauptquartier oder auf das Eintreffen der Flugmaschine mit Graf Stauffenberg. Um nicht unnötig Zeit durch Warten zu verlieren, erledigte ich noch einige andere Arbeiten in der Stadt. Als ich nach 1 Uhr mich wieder einfand, begrüßte mich Fritzi Schulenburg mit der Mitteilung, daß das Attentat zur Ausführung gekommen sei und man eine starke Explosion gehört habe. Näheres sei noch nicht bekannt. Stauffenberg, der soeben eingetroffen sei, wäre mit Haeften beim Generaloberst Fromm.[10] Dieser war, wie oben schon gesagt, in der letzten Zeit vollkommen undurchsichtig gewesen. Ich selber hatte ihn vor einem halben Jahr das letzte Mal gesehen und ihm damals gesagt, daß die gutgesinnten Menschen aller Stände ihre Blicke auf ihn richteten in der Hoffnung, daß er, wenn die Stunde reif sei, handeln würde. Er sei einer der wenigen, die kraft ihrer Stellung die Lage übersehen und handeln könnten. Fromm hatte nicht zugestimmt, aber auch nicht ganz abgelehnt. Seit jener Besprechung hatte ich mich anderen Aufgaben zu widmen und ihn nicht wiedergesehen.

Wie verlief nun die Unterredung Stauffenberg – Fromm? Stauffenberg meldete dem Generaloberst, daß er soeben aus dem Führerhauptquartier käme. Er habe dort nach seinem Vortrag eine Bombe zur Explosion gebracht. Diese habe sofort nach seinem Verlassen der Baracke gezündet. Er sei ohne Aufenthalt dort abgeflogen und nur noch mit großen Schwierigkeiten aus dem dreifachen Sperrgebiet herausgekommen. Er nähme an, daß Hitler tot sei; aber auch, wenn dies nicht der Fall sei, müsse sofort die Macht ergriffen werden. Alle Befehle seien vorbereitet. Eine neue Reichsregierung unter Dr. Goerdeler sei gebildet, der Generaloberst Beck – dieser hatte vor Jahren sein Amt als Chef der Operationsabteilung (Generalstab) zur Verfügung gestellt und auf Stellung und Ehren verzichtet, weil er den Krieg, auf den Hitler lossteuerte, für ein nationales Verbrechen ansah – sei bereit, sich an die Spitze der Freiheitsbewegung zu stellen. Fromm, der in den Tagen vorher seine Zustimmung zu gewissen vorbereitenden Maßnahmen erteilt hatte, verweigerte seine Mitarbeit und griff nach der Pistole, um Stauffenberg niederzuschießen. Haeften sprang vor seinen Chef, richtete seine Pistole auf Fromm und erklärte, sofort zu schießen, falls der Generaloberst die Waffe zöge. Fromm fügte sich. Stauffenberg wies ihn an, sein Arbeitszimmer nicht zu verlassen, und stellte vor die beiden Türen je einen Offiziersposten. Ebenso geschah es mit dem General von Kortzfleisch, der als stellvertretender Kommandierender General des III. Armee-Korps fernmündlich in die Bendlerstraße gerufen war und sich gleichfalls versagte. Später, am Nachmittag, bat er, freigelassen zu werden, mit der in dieser Schicksalsstunde des Vaterlandes für einen aktiven General eigenartigen Begründung: Er wolle militärisch und politisch nichts tun, sondern *nur* seinen Garten bebauen.

Unterdessen trafen der Generalfeldmarschall von Witzleben aus Seese im Kreis Calau, wo er bei seinem

Adjutanten, dem Major Graf zu Lynar, wohnte, mit diesem sowie der Generaloberst Hoepner ein. Langsam sickerte das Gerücht durch, daß Hitler nicht tot, sondern nur verwundet sei; doch die führenden Männer, Witzleben, Beck, Olbricht und Stauffenberg, erkannten, daß es ein Zurück nicht mehr gäbe, sondern daß der einmal beschrittene Weg weiter verfolgt werden müsse.

Mir wurde ein Dienstwagen zur Verfügung gestellt, um mich in Verfolg der mir erteilten Aufgabe davon zu überzeugen, ob beim Generalkommando für Berlin und Brandenburg alles vorschriftsmäßig verliefe. Der Ausnahmezustand war erklärt, der Kommandierende General – an Stelle des Generals von Kortzfleisch war der Befehlshaber der Wehrersatzinspektion Berlin, General von Thüngen, getreten – hatte die vollziehende Gewalt.

Unser Vertrauensmann war der prachtvolle Major von Oertzen. Er war von einer Heeresgruppe des Ostens dem Generalkommando in Berlin zugeteilt, um dort die für den Umsturz besonders wichtige generalstabsmäßige Arbeit zu erledigen. Die Verhältnisse waren besonders schwierig, da auch der Chef des Generalstabes eben gewechselt hatte (an Stelle des Generals von Rost war der General Herfurth getreten), so daß niemand da war, der Oertzen aus eigener Erfahrung heraus unterstützen konnte. Als ich beim Generalkommando eintraf, wurde dort mit beispielhafter Ruhe gearbeitet. Oertzen hatte in seiner vorbildlichen Pflichttreue sich still eingeschaltet und versicherte mir, daß keine Hilfe notwendig sei und ich Stauffenberg versichern könnte, daß man seine Pflicht täte. Er bat nur, daß ich ihn abends nochmals unterrichten möchte über den weiteren Fortgang in der Bendlerstraße.

Als ich dorthin zurückkam, war der Bendlerblock, d. h. die zum Oberkommando der Wehrmacht und Oberkommando des Heeres gehörenden Gebäude, durch eine starke Wache abgesperrt. Zutritt erhielten nur diejenigen von uns, die im Besitz einer von Stauffenberg vorher ausgestellten Einlaßkarte waren.

Im Zimmer des Generals Olbricht fand gerade eine militärische Lagebesprechung statt, so daß ich mich nur bei Schulenburg und Klausing unterrichten konnte. Es waren gewisse Schwierigkeiten eingetreten, deren man aber glaubte Herr zu werden. Die Tatsache, daß Hitler nicht tot sei, drang langsam weiter durch. Die Meinungen gingen auseinander, ob dies den Tatsachen entspräche oder ob es von Goebbels aus Propagandagründen in die Welt gesetzt sei. Die zur Absperrung des Regierungsviertels beorderten Truppen waren eingetroffen und hatten mit ihren Panzern nach eingelaufenen Meldungen den Ring geschlossen. Es kam, darüber war sich alles einig, darauf an, daß unbedingt alle Maßnahmen weiterliefen.

Von einem großen Teil der Wehrkreiskommandos liefen die Meldungen ein über planmäßigen Verlauf, allerdings kamen auch jetzt bereits Nachrichten durch, die von Schwierigkeiten sprachen, da Hitler nicht tot sei und sich uneingeweihte Offiziere an ihren Fahneneid gebunden hielten. Wir haben denen gegenüber, die ohne Kenntnis des politischen Geschehens vom soldatischen Standpunkt aus treu zu ihrem Fahneneid standen, immer hohe Achtung gezollt. Das Ausland wird niemals verstehen, daß der soldatische Mensch, wie er in der preußisch-deutschen Geschichte gewachsen war, deswegen vollkommen unpolitisch war und sein konnte, weil sich die obersten Kriegsherren seiner Vergangenheit stets leiten ließen von der Fürsorge und heißen Liebe zu ihrem Volk und von großem Verantwortungsbewußtsein der gesamten Menschheit gegenüber. Verbrechen, wie sie Hitler zur Erreichung seiner imperialistischen Ziele für notwendig und berechtigt hielt, waren bisher unbekannt.

Auch Hitler verstand es meisterhaft, als geborener Schauspieler, all sein Tun den Soldaten gegenüber zu umkleiden mit dem Mantel militärischer Notwendigkeiten und in scheinbaren Einklang mit militärischer Ehrauffassung zu bringen. Die deutsche Jugend, die bereit war, genau wie die anderer Länder, ihre Pflicht zu erfüllen und ihr Leben für ihr Vaterland hinzugeben, war politisch sicher kritiklos, aber in keiner Weise verseucht von nationalsozialistischem Verbrechertum. Unsere Ablehnung galt nur den ewig Halben, die nach beiden Seiten „richtig liegen“ wollten. Trotz der langsam kritischer werdenden Lage war im Ministerium keinerlei Schwäche festzustellen. Im Gegenteil, ich wurde gebeten, sofort wieder das Generalkommando mündlich zu unterrichten und Sorge zu tragen, daß dort der beschrittene Weg weiter verfolgt würde. Also zurück zur Hohenzollernallee, wo Oertzen, ganz allein auf sich gestellt, keinerlei Stützung bedurfte. Ruhig und klar sah er den Schwierigkeiten, die kommen würden, ins Auge und versicherte, daß er seinen Posten nicht lebend verlassen würde. Er hat zu seinem Wort gestanden und sich, als in der Nacht es klar wurde, daß der Umsturz mißglückt sei, mit einer Handgranate das Leben genommen.[11] Eine starke Persönlichkeit, die noch jung an Jahren die Erfüllung des Lebens in diesem Opfergange gefunden hatte.

Ich verließ das Generalkommando um 9 Uhr abends mit der Verabredung, in der Frühe des nächsten Morgen zurück zu sein. Der Dienstwagen brachte mich in meine Wohnung am Pariser Platz. Als ich im daneben gelegenen Hotel Adlon zu Abend aß, erhielt ich ein Extrablatt der Deutschen Allgemeinen Zeitung mit dem Bericht über das Attentat. Dieses Blatt war, vermutlich aus Zufall, mit einem schwarzen Rand umgeben.[12] Die Leute von den Nachbartischen stürzten von ihren Plätzen und baten, einsehen zu dürfen, in der Vermutung und unverkennbaren Hoffnung, daß Hitler tot sei.

Was ereignete sich nun in den Nachtstunden? Das Wachbataillon war befehlsmäßig am Rande des Tiergartens und in den anderen Straßen um das Regierungsviertel aufmarschiert. Nachdem die Befehle ausgeführt waren, trat eine kurze Ruhepause ein, in der der Kommandeur des Wachbataillons, Major Remer, mit seinen Offizieren des Stabes sich in der Nähe des Brandenburger Tores unterhielt. Es wurde festgestellt, daß Hitler gar nicht tot sein solle und die ganze Unternehmung daher nicht zu verantworten sei. Ein Offizier des Stabes sagte daraufhin, er wäre ja im Propagandaministerium tätig und wüßte, daß Goebbels dort drüben in seiner Wohnung sei; er schlüge vor, daß der Kommandeur mit ihm dorthin ginge, um sich über die Lage zu unterrichten. Dieser ging darauf ein. Goebbels, gewandter Propagandist und persönlich wie immer tapfer – das bescheinigten später im KZ auch alle Kommunisten –, verlor in keiner Weise den Kopf, rief das Führerhauptquartier an und verlangte, daß Hitler selber zu dem Kommandeur spräche. Dies wurde auch erreicht. Hitler fragte, ob Remer seine Stimme erkenne, erklärte die Tat als die verbrecherische Handlung einer kleinen, ehrgeizigen Generalstabsclique und befahl, getreu dem Fahneneid sofort abzurücken. Dies geschah.

Remer war, was bei seiner wichtigen Stellung ein Fehler war, nicht voll eingeweiht. Seine Zuverlässigkeit war umstritten, und es war nicht gelungen, da uns das Personalamt nicht zur Verfügung stand, den Posten anders zu besetzen. Goebbels hat am nächsten Tage diesen Vorfall propagandistisch stark ausgenutzt und erreicht, daß Remer, der ein persönlich tapferer Mann war, sofort zum Oberst befördert wurde.

Noch in der Nacht war der Kommandant von Berlin,

General von Hase, zu Goebbels gefahren, um dessen Aufmerksamkeit abzulenken und ihm zu versichern, daß nichts Unrechtes geschähe. Goebbels hielt ihn auf und ließ ihn festnehmen. Hase war eine vornehme, gerade Persönlichkeit, ihm fehlte jedoch ein Tropfen revolutionäres Blut. Anstatt sich einen Stoßtrupp zu nehmen, Goebbels niederzuschießen oder mindestens verhaften zu lassen, um damit auch endlich die unbedingt notwendige Einflußnahme auf die großen Sender von Berlin zu erhalten, glaubte er, auch so zum Ziele zu kommen.

Es ist später oft gesagt worden und nicht mit Unrecht, Offiziere eigneten sich nicht zu rücksichtslosem revolutionärem Vorgehen. Ihre Erziehung und die jahrhundertealte Überlieferung wiesen sie allerdings andere Wege. Wir haben es aber abgelehnt nach reiflicher Überlegung, uns „gedingter Täter" zu bedienen und selber im Hintergrunde zu bleiben. Die Tat, die zu begehen uns bestimmt war, um unser Volk von seiner Mitschuld zu befreien, die Tat, die Männer aller Stände zum ersten Male vereinigt hatte: diese Tat mußte als Opfer von uns selber getragen werden.

Kehren wir zurück zur Bendlerstraße. Auch hier hatte die Tatsache, daß Hitler lebte, die durch das Radio bekannt geworden war, bei der großen Zahl vorher nicht eingeweihter Generalstabsoffiziere Bedenken hervorgerufen. Diese taten sich zusammen, was bei dem großen Gebäudekomplex nicht schwierig war, bewaffneten sich in der Tasche mit ihren Dienstpistolen und drängten unauffällig auf den Korridoren gegen das Allgemeine Heeresamt vor, wo die Leitung in den Räumen des General Olbricht ihr Hauptquartier aufgeschlagen hatte. Es gelang ihnen, die dort arbeitenden Offiziere in ihren Stuben zu vereinzeln und den Generaloberst Fromm zu befreien.

Nachdem sie die Gewalt an sich gerissen hatten, versuchte der Generaloberst Beck sich zu erschießen, verletzte sich aber nur schwer und wurde von Fromm niedergeschossen.[13] Dieser gab dann Befehl, Olbricht, Stauffenberg, seinen Mitarbeiter Oberst Mertz von Quirnheim sowie seinen treuen Adjutanten Haeften sofort im Hofe der Bendlerstraße zu erschießen. Diese Männer sind gestorben, wie sie gelebt haben; für sie bedeutete der Tod auf dem Sandhaufen nichts Ehrloses, sondern Erfüllung einer vaterländischen Pflicht. Ihr Tod wird Beispiel sein kommenden Geschlechtern! Sie rechneten nicht auf Dank, nicht auf Anerkennung; sie hatten das Liebste und Höchste geopfert, das sie besaßen. Sie waren durchdrungen, berufen zu sein zum Werkzeug Gottes gegen die Herrschaft des Antichristen.

Die schwüle Nacht hatte mich kaum schlafen lassen. Die Gedanken jagten im Kopf. Die Untätigkeit, zu der ich durch meine erst später einsetzende zivile Tätigkeit verurteilt war, lastete schwer auf mir. Sehr früh erhob ich mich und ging schon bald nach 7 Uhr zu Fuß in die Bendlerstraße. Im Tiergarten sah man überall die Spuren der am Tage vorher aufgefahrenen Panzer. Doch die Panzer selber waren fort. In die Bendlerstraße ergoß sich ein Strom von SS-Autos, Mannschaftswagen und Fahrzeugen hoher SS-Offiziere. Der Zutritt zum Gebäude war gesperrt. Der letzte Zweifel wich: der Umsturz war mißglückt.

Meinen Handkoffer, den ich am Tage vorher beim Portier des Hauses abgegeben hatte und der mit Namen und voller Anschrift versehen war, holte ich ab. Mochten sie den Namen feststellen, mir war alles gleich. Ein Nichtgelingen, das wußten wir seit Monaten, bedeutete den Tod für uns alle. Das konnte uns nicht schrecken, damit hatten wir in der Zeit der Vorbereitung immer rechnen müssen. Wir waren gewillt, in diesem Falle freiwillig aus dem Leben zu scheiden, obwohl wir uns bewußt waren, daß dies vom Standpunkt eines Christen zu verurteilen war. Doch die Ethik der Standesehre verlangte es gebieterisch. Die Methoden mittelalterlicher Folterung, die die Gestapo schon bei einer größeren Zahl von unseren Freunden, die vor dem 20. Juli verhaftet worden waren, angewandt hatte, ließen die Gefahr offen, daß einem doch aus körperlicher Schwäche ein Name erpreßt würde. Dieses Verrates wollte keiner schuldig werden.

Ich ging zu Fuß zu meinem Büro in der Kaiserallee und schrieb einen letzten Brief an meine Frau. Sie hatte starken Herzens monate- und jahrelang alle Gefahren und Aufregungen unseres revolutionären Lebens geteilt, hatte mich nie gehemmt, obwohl sie vom ersten Tage an fühlte, daß auch unser so glückliches Familienleben geopfert werden mußte in dieser furchtbaren vaterländischen Not. Sie war stets bereit, alles zu opfern, im Interesse der Wiedergewinnung preußischer Ehre. *Sie* hatte uns verstanden, dessen konnte ich gewiß sein. Ich legte die Feder hin, und während ich den Brief schloß, bewegte mich die Frage, wohl zum ersten Mal: Was werden die Menschen sagen? Werden sie meine Frau und Kinder nun kränken? Im Angesicht des Todes verlor selbst diese Frage ihre Bedeutung. Nur das Urteil zweier Menschen war mir nicht gleichgültig: Was sagt dein alter Kriegskommandeur aus dem Weltkriege[14], dem ich neben dem Elternhause alles zu verdanken hatte, und was wird einst dein eigener Junge sagen[15]?

Da kommt der Stabsfeldwebel herein und meldet, daß der Major Graf Lynar, der Adjutant des Generalfeldmarschalls von Witzleben, am Fernsprecher sei. Ich gehe an den Apparat und erfahre, daß Witzleben und er im Kreis Calau sind, wohin sie gestern nacht gefahren seien. Also hatten sie die Bendlerstraße kurz vor dem Umsturz verlassen. Das Gespräch hatte mir gezeigt, daß die Gestapo bisher keine Schritte unternommen hatte; ich beschloß daher, nach Neuhardenberg zu fahren und das Weitere abzuwarten. Gleich darauf rief der Generalfeldmarschall von Bock aus Ostpreußen an und beschwerte sich bei mir in den kräftigsten Ausdrücken, daß ihm durch den Wehrkreiskommandeur in Ostpreußen auf Befehl Keitels verboten worden sei, seinen Wohnsitz dort zu verlassen. Das Gespräch ist bestimmt abgehört worden, und darauf war es auch berechnet. Mittags fuhr ich gänzlich unangefochten nach Neuhardenberg. Auf dem Bahnhof holten mich Lalla[16] und Wonte ab. Meine Frau war, so schwer es ihr wurde, zu Hause geblieben, um nicht Aufmerksamkeit zu erregen. Trotz der Nachrichten, die das Radio in der Nacht und am Morgen durchgegeben hatte, hoffte meine Familie noch immer, daß nicht alles verloren sei. Ich mußte ihr diese letzte Hoffnung rauben. Meine Verhaftung stand sicher bevor; es war nur die Frage wann.

Unserer armen Wonte mußte ich die traurige Nachricht bestätigen, daß Werner Haeften, mit dem sie verlobt war, auf dem Hof der Bendlerstraße erschossen worden war. Tapfer ertrug sie den schweren Schmerz. Werner Haeften war weit über sein Alter reif und besaß einen kristallklaren Verstand, der aber, wie ich es nur selten gefunden habe, in vollem Gleichgewicht stand mit einem unerhört anständigen Charakter. Er hatte, obwohl er militärisch Stauffenbergs Untergebener war, einen sehr großen und guten Einfluß auf seinen prachtvollen Chef ausgeübt. Wonte kann mit Recht sehr stolz auf sein Wirken im Sinne von Deutschlands Schicksalsgestaltung sein.

Es war Freitag, bis Montag war mir noch Frist gegeben. Tage und Stunden, die ich in vollen Zügen ausgekostet habe auf Ritten und Spaziergängen zu allen liebgewordenen Plätzen im Revier und auf den Gütern.

Am Sonntag kam Margarethe von Oven im Auto und teilte mir mit, daß Henning Tresckow als Armeechef am Tage nach dem Attentat „gefallen" sei.[17] Wir wußten beide ohne viel Worte Bescheid. Mit ihm war einer der Besten, der Tapfersten, aber auch der Begabtesten von uns geschieden. Sein Andenken wird unauslöschlich in der Seele aller derer weiterleben, die mit ihm zusammengearbeitet haben. Im Weltkrieg war er Fahnenjunker unter mir gewesen, jetzt erkannte ich ihn freudig als Führerpersönlichkeit an. Die Beerdigung sollte nach Rückführung der Leiche durch Flugzeug am Mittwoch, dem 26. Juli in Wartenberg, Kreis Königsberg, Neumark, stattfinden. Ich wollte selbstverständlich, falls ich noch frei war, hinfahren. Die Mehrzahl unserer Freunde war tot oder verhaftet.

Der einzigste aus unserem engeren Kreis, von dem ich wußte, daß er am Tage des Attentats unbeteiligt war, weil er dienstlich in Bückeburg zu tun hatte, war Kurt Freiherr von Plettenberg! Er kehrte übrigens erst nach meiner Verhaftung am Abend des 24. Juli nach Berlin zurück und fand offen auf seinem Schreibtisch die Bestellung eines Fernsprechanrufes: „Oberst Graf Stauffenberg bittet Baron Plettenberg, am 19. Juli 14 Uhr nachmittags mit ihm nach Neuhardenberg zu fahren." Die Gestapo hat dies niemals erfahren. Plettenberg wurde abgöttisch von seinen Mitarbeitern verehrt. Vor Verrat war er sicher. Ich habe später im Konzentrationslager bei den stundenlangen Vernehmungen durch die Beamten der Gestapo immer wieder mit stiller Freude festgestellt, daß Plettenberg noch frei war, und mußte dann doch, als ich in Potsdam nach meiner Befreiung ankam, erfahren, daß er infolge der Geschwätzigkeit eines Bekannten Anfang März 1945 noch verhaftet worden sei. Am 9. März wurde ihm eröffnet, daß er am folgenden Tage zur Erzwingung von Aussagen gefoltert werden sollte. Er wäre niemals zum Verräter geworden. Als ihn am nächsten Tage der Beamte in der Prinz-Albrecht-Straße 4 Treppen hoch in das Vernehmungszimmer geführt hatte, gab er ihm einen Kinnhaken, daß dieser lang hinschlug, öffnete das Fenster und sprang heraus. In seiner Zelle fand man einen Zettel, auf dem die Worte standen: „Ich hoffe auf einen milden Richter." Der war ihm gewiß. Es hat kaum einen edleren Menschen gegeben als Kurtel Plettenberg. Ich habe unendlich viel mit ihm verloren.

Montag, der 24. Juli abends. Am Tage war ich nochmals im Auto in Berlin gewesen. Meine Mitarbeiter auf dem Büro des Feldmarschalls hatte ich, um sie nicht zu gefährden, niemals eingeweiht; um sie brauchte ich mich nicht zu sorgen. Aber das Schicksal von Fräulein von Oven, die im Nebenzimmer beim Nachkommando der Heeresgruppe arbeitete, lastete schwer auf mir. Noch war jedoch alles in Ordnung. Zurück nach Neuhardenberg begleitete mich mein Schwager und alter Regimentskamerad Schilling von Canstatt, der nur wenige Tage bei uns bleiben wollte.

Wir hatten Abendbrot gegessen und wollten aufstehen, als meine Tochter Lalla durch die aufgehende Tür im Steinflur drei Männer stehen sah und fragte, was diese wohl wollten. Jetzt war die Stunde gekommen. Ich hatte meiner Frau vorher auf einsamem Spaziergang im heimatlichen Walde gesagt, daß ich mich der Verantwortung nicht feige entziehen wollte, daß ich mich von der Gestapo aber nicht verhaften lassen würde, um nicht Gefahr zu laufen, unter ihren Folterungen zum Verräter an meinen besten Freunden zu werden. Ich stand auf und ging heraus.

„Sind Sie Graf Hardenberg-Neuhardenberg?“ – „Ja.“ „Dann sind wir gezwungen, Sie zu verhaften.“ Ich erwiderte, daß ich zu ihrer Verfügung stände und mich nur von meiner Frau verabschieden wollte. Sie sollten einen Augenblick in die Bibliothek gehen. Dann ging ich in den Gartensaal zurück, umarmte meine auch in dieser für sie so schweren Stunde vorbildliche tapfere Frau und betrat, gefolgt von einem Beamten, die Bibliothek. Meinen Revolver hatte ich seit Jahren immer schußbereit bei mir. Ich wußte, daß alles darauf ankam, schnell zu handeln. Ich schoß mich zweimal hintereinander in die Brust. Einer der Beamten, der außen herum in die Bibliothek gegangen war, eröffnete darauf in großer Sorge, daß ihm meine Schüsse gelten, aus der kleinen Bibliothek nebenan das Feuer auf mich und sprang dabei nach jedem Schuß in Deckung hinter die Tür. So entbehrte auch diese Schicksalsstunde nicht großer Komik. Er hatte nur den Erfolg, seinen Kollegen hinter mir ins Knie geschossen zu haben. Ich sank auf einen Stuhl, der Beamte setzte sich daneben, und bevor ich die Besinnung verlor, fragte ich ihn: „Was machen Sie eigentlich?“ Und: „Überlassen Sie das doch mir.“ Er sagte voll äußerster Erregung: „Sie sind ja ein furchtbarer Mensch.“

Als ich wieder zu mir kam, war ich auf die Erde gelegt worden, und der junge Neuhardenberger Arzt untersuchte und verband mich. Währenddessen waren nebenan meine Tochter Wonte, mein Schwager und mein Vetter Bolly Schulenburg, der bei uns wohnte, verhaftet worden. Sie wurden noch um 23 Uhr abends nach Berlin ins Gefängnis Lehrter-Straße befördert. Wonte kam die letzten 6 Wochen ihrer Haft ins Frauen-Justiz-Gefängnis in der Kantstraße 79. Die beiden anderen blieben im Gefängnis Lehrter-Straße. „Schlimm waren dort nur die Wanzen“ sagte Wonte später. Schilling wurde nach 6 Wochen, während derer seine angegriffene Gesundheit schwer gelitten hatte, entlassen. Seine Aussagen waren klug und vornehm. Bolly Schulenburg, der ebenso unschuldig war, kam erst kurz vor dem Russeneinmarsch frei. Wonte wurde stundenlangen Verhören ausgesetzt. Sie war als meine Sekretärin seit Jahren in alles eingeweiht. Unglücklicherweise hatte die Gestapo einen Brief von ihr an Werner Haeften abgefangen, und man hoffte, durch sie mehr über ihn zu erfahren. Sie war mit Werner Haeften verlobt, wenn es auch noch nicht öffentlich war; seine starke, wehrhafte, heldische Seele hatte sie in ihren Bann geschlagen. Über ihre Lippen ist kein Wort gekommen, was Werner Haeften oder mich belastet hätte. Selbst die abgehärteten Gestapobeamten ließen mir gegenüber durchblicken, daß sie von ihrer Haltung tief beeindruckt wären. Kurz vor Weihnachten wurde sie endlich entlassen, da man bis dahin in der Untersuchung gegen mich keine Fortschritte gemacht hatte. Am Tage nach ihrer Entlassung[18] fuhr sie im Auto von Neuhardenberg nach Berlin und brachte einen Weihnachtsbaum und einige Geschenke ihren Mitgefangenen. Eine menschlich empfindende Anstaltsleiterin erlaubte ihr, eine christliche Andacht abzuhalten. Sie war mit vielen der Witwen der Männer zusammen, die das dritte Reich gerichtet hatte, und hat Freundschaften fürs Leben geschlossen.

In der Nacht vom 24. zum 25. Juli pflegten mich meine Frau und meine Tochter Lalla abwechselnd. Der Bauer Buchholz, Neuhardenberg, war als Hilfspolizist, da die Beamten abgekämpft waren, vor die Stube gestellt. Lalla erzählte, daß ihm dauernd die dicken Tränen in seinen großen Schnurrbart gerollt wären. Dankbar gedenke ich auch des Gendarmen Blume in Neuhardenberg, der sich von den Beamten nicht imponieren ließ, sondern erst sorgfältig ihre Ausweise prüfte, und auch die ganze Zeit nach der Verhaftung sich als aufrechter Mann – er war Reservist und politisch links stehender Maurer – gezeigt hat. Er besaß die Civilcourage, die vielen Höherstehenden ermangelte.

Am Morgen des 25. hatte meine Frau auf Verlangen des Neuhardenberger Arztes das Auto nach Berlin gesandt und den Professor Landrois vom Elisabeth-Krankenhaus kommen lassen. Dieser stellte fest, daß die beiden Schüsse, die schräg von unten nach oben geführt waren, zwischen den Rippen hindurchgegangen und den Herzbeutel nur gestreift hätten. Landrois war ein guter, alter Bekannter, der mich schon mehrfach an meinen Kriegsverletzungen operiert hatte. Nach der Untersuchung sagte er mir, es wäre ein SS-Auto da, das mich in ein Lazarett abtransportieren solle. Ich weigerte mich energisch und bat ihn um eine große Papierschere vom Schreibtisch mit den Worten: „Sie dürfen mich nicht hindern; ich weiß, was ich tun muß." Den schweren, inneren Kampf konnte man ihm ansehen, dann siegte der Mensch, der Freund, über den Arzt. „Helfer der Menschheit" zu sein hatte er beschworen. Diesem Schwur blieb er getreu. Ich bat ihn, meiner Frau beizustehen und mich allein zu lassen. Dann bohrte ich die Schere tief in jeden Schußkanal und begann, die Pulsadern zu öffnen. Bei meiner Schwäche und der Stumpfheit der Papierschere ein schweres Beginnen. Da kamen die Beamten mit der Bahre, sahen, was geschehen, und ließen die Verletzungen verbinden. Das einzigste, was der junge Arzt noch tun konnte, war, eine doppelte Dosis Morphium zu geben und zu seiner Entlastung eine leere Ampulle Tetanusserum hinzustellen.

Die Fahrt dauerte zwei bis drei Stunden. Ein kurzer Halt und Öffnen der Türen ließ mich ein Schild erkennen: Bernau. Jetzt war bestätigt, was ich erwartet: Unser Ziel war das berüchtigte Konzentrationslager Oranienburg – Sachsenhausen. Als der Wagen hielt, umstanden uns mehrere SS-Leute und eine große Zahl an Männern in blauweiß gestreiften Anzügen, der später allzu bekannten Sträflingskleidung. Man brachte mich in einen gut ausgestatteten Operationsraum. Einer der Männer flüsterte mir zu: „Nicht reden, *immer* schweigen, überall Spitzel." Dann drückte in einem unbewachten Augenblick mir einer einen Kuß auf die Stirn mit den Worten: „Ich weiß nicht, was war, aber wir danken alle." Ich war glücklich – bis ich nach einigen Tagen erfuhr, daß der Betreffende wegen § 175 (Reichsstrafgesetzbuch) seit Jahren im Lager war.

Die beiden Kugeln wurden unter der Haut herausgeschnitten und alles sorgfältig verbunden. Behandelnder Arzt war ein Häftling und sehr geschickter Chirurg aus Paris, Condère. Bestimmt kein Deutschenfreund, aber ein Mann, der Unterschiede machte in der Beurteilung. Er hat in den Monaten, wo ich im Krankenhaus war, vielen Menschen das Leben gerettet, besonders später bei den schweren Luftangriffen, wo er Nächte hindurch am Operationstisch stand. Dann kam ich in einen Raum, wo 22 Kranke, meist Operierte, lagen, in ein Bett, in dem kurz vorher der Oberst Wagner, früherer Kanzler des „Stahlhelm", gestorben war. Er hatte sich bei seiner Verhaftung aus dem Fenster gestürzt.

Auf Grund einer neuen Morphiumspritze schlief ich bis um 5 Uhr morgens, wo das gleichförmige, tägliche Leben im KZ begann. Ich lag zusammen mit Franzosen, Belgiern, Holländern, Dänen, Polen, Russen und Italienern. Eine bunte Schar aus aller Welt: Professoren, Ministerpräsidenten, katholische Universitätslehrer, Husarenoffiziere, Landwirte, Forstleute, Generäle, Handwerker, Seeleute; alles war vertreten. Dann viele deutsche politische Häftlinge sowie Berufsverbrecher. Die politischen trugen einen roten Winkel auf der Brust, die Berufsverbrecher einen grünen, der aber durch vieles

Schrubben allmählich weiß und dann mit rot bescheiden aufgefrischt wurde. Die Berufsverbrecher waren zunächst nette, hilfsbereite Menschen, die aber zu weich und zu schlapp für ein ordentliches Leben waren. Hinter dem Stacheldraht des Lagers konnten sie ihren Fehlern nicht frönen; ich bin aber überzeugt, daß sie in der Mehrzahl nach der Befreiung rückfällig werden. Sie gehören ebenso wie die Asocialen wieder in ein Lager.

Die deutschen politischen Häftlinge gehörten in der Mehrzahl den Linksparteien an. Ich habe sehr viele hervorragende Charaktere kennengelernt, mit denen mich Zeit meines Lebens Freundschaft verbinden wird. Ihnen verdanke ich auch eingehende Belehrungen, wie ich auszusagen hätte. Schon am nächsten Tag wurde ich im Krankenhaus ins „Behandlungszimmer", wie es zweideutig hieß, gefahren. Meine kommunistischen Bettnachbarn instruierten mich: „Reg Dich gar nicht auf, Carl, sondern nur die anderen; rede so wenig wie möglich bei heiklen Fragen, dagegen um so länger bei harmlosen. Verdächtige keinen Freund. Bekenne alles, worauf nicht Todesstrafe steht. Es ist egal, ob du lebenslängliches Zuchthaus oder ein halbes Jahr Gefängnis erhältst. Beides dauert genau so lange, wie das dritte Reich besteht. Nach 12–15 Minuten zeig Atembeschwerden, antworte immer langsamer und schließ die Augen."

Ihre Ratschläge waren gut und erprobt. Nach der Vernehmung saßen sie wieder auf meinem Bett und hörten mich ab. Mit fortschreitender Gesundung mußte ich mich immer längeren Vernehmungen gewachsen zeigen. Allmählich war man auch gefeit gegen Schmeicheleien und Drohungen in schnellem Wechsel. Das erste Verhör hatte begonnen mit der Bemerkung: „Ihr Haus steht auf einem christlichen Standpunkt. Sie haben in einem der besten Regimenter der alten Armee gestanden,

Sie werden sich doch also nicht der Lüge bedienen, sondern als Ehrenmann alles aussagen. Der Kurfürst von Brandenburg hat in Ostpreußen einst einen Kalckstein hinrichten lassen, und trotzdem hat dessen Name heute noch dort einen guten Klang." In den weiteren Vernehmungen wurden mir immer wieder Protokollunterschriften von Freunden gezeigt und dann behauptet, sie hätten mich schwer belastet. Was wußten diese Leute von der Tiefe der Freundschaft, die uns verband.

Allmählich lernte ich, aus den Fragen mir ein Bild zu machen über das, was sich draußen ereignete. Heini Lehndorff, dieser hervorragende Sohn der ostpreußischen Scholle, mit dem mich von der gemeinsamen Arbeit bei der Heeresgruppe her aufrichtige Freundschaft verband, war ihnen scheinbar erst entsprungen, nachher aber leider wieder eingebracht worden. Er war in den Jahren des Krieges in seltener Weise gereift, war aus dem sorgenlosen Offizier zu höchstem Verantwortungsbewußtsein herangewachsen. Er war ein ganzer Mann und starb als Held.

Fabian Schlabrendorff wurde besonders gehaßt, ein Zeichen, daß ihnen dieser kluge und zielbewußte Mann schwer zu schaffen machte. Er ist auf das schwerste gefoltert worden und hat nichts, aber auch gar nichts ausgesagt. Er mußte vom Volksgerichtshof, allerdings nachdem Herr Freisler, der „öffentliche Ankläger"[19], bei einem Bombenangriff ums Leben gekommen war, wegen „erwiesener Unschuld" freigesprochen werden. Bei dem Verlassen des Gerichtssaales wurde er im Auftrage Himmlers von der SS verhaftet mit der Begründung: dies sei ein Fehlurteil, er werde von der SS „liquidiert" werden. Ein Fehlurteil war es allerdings. Schlabrendorff gehörte zu den Treuesten und Tapfersten. Ich hätte niemals geglaubt, ihn wiederzusehen.

Als ich in das Konzentrationslager eingeliefert wurde, hatte ich nur ein zerschnittenes Nachthemd an und einen Schwamm sowie Kamm und Bürste mit. Alles andere wie Pantoffeln, Strümpfe, Taschentücher, Spiegel, Rasierzeug u.s.w. habe ich mir von hilfsbereiten Kameraden geborgt oder allmählich geschenkt erhalten. Mein Pfleger Paul Hofmann, Kommunist aus Burgstädt in Sachsen, war unübertrefflich. Er übte eine tadellose Disziplin im Saale aus und war Tag und Nacht auf den Beinen, um seinen Pflegebefohlenen zu helfen. Auch die SS, die täglich kam, konnte ihn nicht aus der Ruhe bringen. Er veranlaßte die Ausländer, von ihren Lebensmittelpaketen, die sie bekamen, abzugeben, und hat verstanden, denen, die hungerten, noch einen halben „Schlag" zuzuteilen. Auch eine „Kute" Brot hatte er immer in Reserve. Sonntags besuchten ihn seine Kumpels aus den andern Blöcken des Lagers. Alles sehr brauchbare deutsche Männer, die ihr Vaterland liebten und mit denen man im KZ offen und in Ruhe politische Ansichten austauschen konnte.

Nach einigen Tagen wurde ich derartig schlapp, daß die Aufsicht führenden SS-Ärzte Sorge bekamen, meine streng befohlene Wiederherstellung nicht zu erreichen. Ich wurde zunächst punktiert, um das geronnene Blut zu entfernen, und dann wurde eine Bluttransfusion gemacht, bei der man mir 1000 g Blut von einem Berufsverbrecher einpumpte. Er fühlte sich seitdem als mein „Adoptivvater" und hoffte, seine Auslagen auch von mir zurückerstattet zu erhalten. Im übrigen erhielt er für das „Blutspenden" 14 Tage doppelte Verpflegung. Später habe ich ihn aus den Augen verloren.

Ende Oktober erhielt ich endlich einen Handkoffer mit Kleidern und Wäsche. Das Wetter war nicht mehr dazu angetan, in zerschlissenen Pantoffeln herumzulaufen. Da ein Teil der jungen Beamten der Gestapo, sehr gegen ihren Wunsch, an die Front geschickt wurde, kam bei den Vernehmungen ab Oktober als Stenotypistin ein Mädchen mit. Für diese war das Betreten des Lagers verboten; daher mußten die Vernehmungen im Vorlager, wo die SS-Baracken standen, stattfinden. Wir tagten im Luftschutzkeller des SS-Offizierskasinos, der als „Klosterkeller" ausgebaut war: Überall an den Wänden große Malereien von Mönchen mit nackten Mädchen auf dem Schoß. Im allgemeinen wurde ich von dem SS-Hauptsturmführer Bartoll vernommen. Nur einmal, ziemlich im Anfang, erschien der Abteilungsleiter Bock, brüllte aber vom Fleck weg so stark, daß ich Ohnmacht nicht heucheln brauchte. Als er keinen Erfolg hatte, verließ er bald verärgert den Raum. Bartoll war im allgemeinen sachlich. Einige Male drohte er, „andere Methoden des Verhörs" anwenden zu müssen. Ich bin jedoch nie gefoltert worden im Gegensatz zu vielen Kameraden in Berlin in der Prinz-Albrecht-Straße. Dies wagte man entschieden nicht, solange ich im Krankenhaus des Konzentrationslagers liegen mußte, wo ein Zusammenkommen mit anderen Häftlingen nicht zu verhindern war.

Bartoll zeigte sich allmählich sehr unzufrieden, daß er bei den Vernehmungen keine Erfolge habe, und ließ deutlich durchblicken, daß ihm von seinen Vorgesetzten persönlich darüber Vorwürfe gemacht würden. Im Anfang kam er im dicken Auto, dann im kleinen Wagen, zusammen mit anderen Gestapobeamten, die in Sachsenhausen zu tun hatten, und schließlich ohne Auto mit der S-Bahn. Dies waren deutliche Anzeichen für fortschreitende Erschwernisse. Bis 1944 waren die SS und die Gestapo von allen Einschränkungen verschont geblieben.

Hauptpunkte meiner Vernehmung waren:

1. „Warum haben Sie versucht, sich das Leben zu nehmen?“ Dies war besonders belastend.
2. „Ein Zeuge hat ausgesagt, daß Stauffenberg alle wichtigen Fragen mit Ihnen besprochen habe.“
3. „Eine vorgefundene Liste bezeichnet Sie als zukünftigen Oberpräsidenten von Berlin und Brandenburg. Davon hatten Sie Kenntnis.“
4. „Warum waren Sie am 20. Juli dreimal in der Bendlerstraße?“
5. „Das Fremdenbuch von Neuhardenberg weist aus, daß der engere Kreis der Attentäter bei Ihnen ein- und ausgegangen ist.“

Ferner wurde ich eingehend nach allen führenden Persönlichkeiten des Heeres, der Verwaltung und der Wirtschaft ausgefragt. Besonderes Interesse fand, wer im „Gotha“ stand. Hier wurde nach den intimsten Einzelheiten gefragt.

Zu der ersten Frage hatte ich in der Nacht nach meiner Verwundung meiner Frau noch zuflüstern können, es wäre geschehen, da ich infolge Zuckerkrankheit hochgradig erregbar sei und eine Verhaftung für untragbar hielte. Um durch den in Wirklichkeit nur in ganz geringen Mengen vorhandenen Zucker im Konzentrationslager nicht Lügen gestraft zu werden, mußte ich dort vor jeder Untersuchung heimlich Zucker essen, um wenigstens etwas stärkere Erkrankung vorzutäuschen.

Zu Punkt 2 sagte ich aus, daß Stauffenberg durch seinen Adjutanten Haeften mir deswegen nach Neuhardenberg gebracht worden wäre, damit er sich von seiner großen Arbeitslast in der Natur etwas erholen könne. In Berlin sei ich nur mehrfach bei ihm gewesen in Fragen von Burschen- und Pferdegestellungen für meinen Feldmarschall. Auf letzteren Einwand erwiderte Bartoll einmal: „Sie müssen ja eine sehr unbedeutende Persönlichkeit gewesen sein." Ich konnte ihm dies nicht bestreiten.

Zu Punkt 3 habe ich ausgesagt, ich könnte nicht hindern, wenn mich andere auf eine Liste gesetzt hätten ohne meine Kenntnis. Im übrigen könne ich beweisen, daß ich mehrfach Abgeordnetenmandate und Staatsämter seit 1918 ausgeschlagen hätte, da ich in meiner Arbeit voll befriedigt sei. Hierauf wurde ich gefragt, ob ich ein Amt aber nicht angenommen hätte, wenn es mir angeboten worden wäre. Instinktiv antwortete ich, dies könnte ich nicht beantworten. Mir war damals noch nicht bewußt, daß die Nazis den „Annahmeparagraphen" eingeführt hatten, d. h. daß auch der verurteilt wurde, von dem „angenommen" werden könne, daß er etwas getan haben würde. Den Grafen Heini Dohna-Tolksdorff[20], der zum Oberpräsidenten von Ostpreußen vorgesehen war, hat man zum Strang verurteilt, weil er aus seiner vornehmen Einstellung heraus auf diese Frage geantwortet hatte: „Ich hätte das getan, was im Interesse meines Vaterlandes gelegen hätte."

Punkt 4 war leicht zu beantworten: ich wollte Stauffenberg dienstlich sprechen und konnte ihn wegen der Vorkommnisse nicht erreichen.

Sehr viel schwieriger war Punkt 5. Alle jüngeren Besucher von Neuhardenberg tat ich als Courmacher meiner Töchter ab. Meine Bemerkung: „Ich hasse jeden Schwiegersohn, ehe ich ihn kenne" lenkte die Aufmerksamkeit glücklicherweise auf längere Zeit ab.

Bartoll war ein Gemütsmensch. Eines Tages sagte er mitten in der Vernehmung, die gerade vollkommen friedlich verlief, er hätte zwar keinen schlechten Eindruck von mir, er müsse mir aber sagen, daß die Gestapo bis jetzt wegen 4 Paragraphen des Strafgesetzbuches, auf denen allen die Todesstrafe stehe, Anklage beim Volksgerichtshof erheben würde. Er war erstaunt, daß mich diese Tatsache nicht erschütterte. Da ich vollkommen überzeugt war, daß mich die Nazis, und zwar von ihrem Standpunkt aus mit Recht, verurteilen würden, konnte mich immer nur wieder in Erstaunen setzen, daß es ihnen nicht gelang, mich zu überführen.

Am 20. Juli hatte ich allein 4 – oder 5mal im Fahrtenbuch der Fahrbereitschaft des OKW meine Kraftwagenfahrten zwischen Bendlerstraße und Generalkommando quittiert. Anscheinend müssen diese Unterlagen von dem Fahrbereitschaftsleiter rechtzeitig vernichtet worden sein. Klausing hatte mir die von Stauffenberg ausgestellte Ausweiskarte Nr. 1 zum Betreten des Bendlerblocks ausgehändigt. Die Karte selber konnte ich am 21. Juli „auf dem Wege der Wasserspülung" vernichten. Aber die Liste war in die Hände der Gestapo gefallen, und Brummel Oppen[21] hatte – meinen Namen *nicht* eingetragen. Das Wichtigste war aber, daß alle Freunde unseres engeren Kreises, getreu der Abmachung, nicht einen Namen verraten haben, obwohl sie, wie zum Beispiel Fabian Schlabrendorff, aufs schwerste gefoltert worden waren. Der Herrgott hat das Gelingen der Tat nicht gewollt; er wollte, daß unser Volk den Kelch zur Neige austrank; an der Opferbereitschaft der Märtyrer hat es nicht gefehlt.

Vom Beginn des Jahres 1945 an änderte sich die Lage insofern, als der geordnete Gang der Vernehmungen unregelmäßig wurde, dafür aber die illegale Liquidierung im Lager in verstärktem Maße zunahm. Jede Nacht wurden einzelne Häftlinge aus den Baracken gerissen und durch Genickschuß getötet oder aufgehängt. Das Erhängen war überhaupt im Lager ein beliebter „Sport". Früh und abends mußten die Häftlinge (in wechselnder Stärke von 20 – 30 000 Mann) antreten zum

Appell. Hierbei wurden täglich oder fast jeden zweiten Tage 1–3 Leute in Gegenwart aller aufgehängt. Außerdem wurde hierbei die häufig verhängte Prügelstrafe vollzogen. Je nach Schwere des Falles oder vielmehr nach Laune der SS wurden 25 – 100 Schläge mit schwerer Lederpeitsche verhängt. Die Verurteilten wurden mit entblößter Sitzfläche über einen Bock geschnallt und mußten nach 25 Schlägen anschließend immer ins Revier getragen werden, um dort ausgeheilt und dann – weitergeschlagen zu werden.

Auch am Tage kam von Januar 1945 an die „grüne Minna" täglich ins Revier gefahren und holte ihre Opfer ab. So wurden kurz vor Schluß eines Tages auch Dohnànyi und Oberstleutnant von Boehmer geholt. Im März erhielten die Häftlingsärzte den Auftrag, eine Liste derjenigen Kranken aufzustellen, die voraussichtlich innerhalb von drei Monaten nicht gesund würden. Viele ließen sich auf diese Liste setzen, da sie hofften, bei einer möglichen Evakuierung in der Eisenbahn gefahren zu werden oder in Sachsenhausen zu bleiben. Allmählich sickerte durch, daß alle diese Häftlinge „vergast" werden sollten. Es war aber streng verboten, von der Liste einen Namen zu streichen. So wurden eines Tages von unseren 86 Mann in unserer Stube 53 Namen verlesen und in die Gaskammer geschickt, unter ihnen der alte Herr Späth von den Berliner Baumschulbetrieben. Sie haben alle ihr Schicksal vorher gewußt.

Von Anfang 1945 an war ich nicht mehr gewillt, mich abschlachten zu lassen. Meine Frau durfte mich ab November 1944 alle 4 Wochen besuchen[22]; es war ihr gelungen, obwohl immer ein SS-Mann unseren Unterhaltungen beiwohnte, mir einen Ausweis, Schmuckstücke zu Bestechungszwecken, Geld und ein Jagdmesser zuzustecken. Mein Freund, ein holländischer Husarenoffizier, der Blockältester war, hatte mit mir verabredet, daß er, sowie die Gestapo mich abholen würde (hierzu mußte sie vorher zu ihm gehen), mich durch einen Dritten warnen lassen würde; ich sollte dann aus dem Fenster klettern und zwischen elektrisch geladenem Draht und Baracke in ein zu diesem Zwecke aufgelassenes Kellerfenster in die Heizungsanlagen kriechen. Hier konnte man sich in den Kohlenbergen verstecken. Er wollte 14 Tage für Ernährung sorgen, und dann sollte ich mit einer Gruppe von 50 Norwegern, meist sehr großen Leuten, die noch bei Dunkelheit täglich zur Arbeit ausrückten, die Wache passieren und im Laufe des Tages die Sträflingskleidung ablegen und in darunter befindlichem Zivil die Arbeitsstätte verlassen. Diese Unternehmung, die mindestens 50 % Wahrscheinlichkeit für ihr Gelingen hatte, brauchte jedoch nicht zu steigen.

Eines Tages, im Februar 1945, kam ein Vertreter der ausländischen Häftlinge zu mir und teilte mir mit, seine Freunde hätten zu mir Vertrauen gefaßt und bäten mich, ihnen beizutreten, sie hätten 5000 Gewehre in dem erweiterten Bereich des Lagers und beabsichtigten, sich gegebenenfalls mit Gewalt zu befreien. Sie benötigen noch einen soldatischen Fachmann, um die Bewachungsmannschaften zu überwältigen. Das Lager bestand aus dem eigentlichen Häftlingslager, das mit einer drei Meter hohen Mauer umgeben war und innerhalb der Mauer ein elektrisch geladenes Drahthindernis von circa auch drei Meter Höhe hatte. Am Eingang lag das alles beherrschende Wachhaus. Hier fand unten die eingehende Kontrolle aller ein- und ausgehenden Personen statt. Im ersten Stockwerk war ein schweres Maschinengewehr aufgebaut, mit dem alle von da ausgehenden Lagerstraßen beherrscht wurden. Auf das übrige Drahthindernis waren 7 oder 9 Wachtürme mit leichten Maschinengewehren verteilt. Wachmannschaften waren erst deutsche SS-Leute und später Bewohner des Balkans in SS-Uniform. Je ein Oberscharführer war Führer eines „Blockes“, in dem normal 200, meist aber die 3–4fache Zahl von Häftlingen lag. In der Zeit der schweren feindlichen Bombenangriffe, in der viele Außenlager zerschlagen waren, lagen fast stets fünf Mann in zwei Betten, die in drei Etagen übereinander standen. Eine Befreiungstat wäre von Mitte April ab bestimmt von Erfolg gekrönt gewesen, denn auf seiten der SS war keinerlei Einsatzbereitschaft mehr vorhanden, es war nur erforderlich, daß einige Stoßtrupps gebildet wurden, die von ernstem Angriffswillen beseelt waren.

Da kam der Befehl, daß das Lager geräumt werden solle mittels Fußmarsch nach der Priegnitz und Mecklenburg. Jeder Mann erhielt ein Brot und eine halbe Dose Wurst, eine Ernährung, die später für 10 Tage reichen sollte. Es wurden Marschgruppen zusammengestellt; auf je 100 Mann kam immer ein SS-Mann mit Maschinenpistole. Diese erhielten den Befehl, jeden, der das Marschtempo nicht halten konnte, niederzuschießen. Auf diese Weise sind dann noch Tausende in den nächsten Tagen umgebracht worden. Ich selber hielt es nicht für richtig, mich an diesem Todesmarsch zu beteiligen, sondern versteckte mich während der kritischen Stunden und blieb dann, als alles abgerückt war, bei den zurückgelassenen Schwerverwundeten.

Am Morgen des 22. April waren die SS-Wachen verschwunden; wir waren im Lager allein; um 10 Uhr vormittags erschien ein einzelner russischer Soldat, ein Sohn der östlichen Steppe, und – wurde von den begeisterten ausländischen Häftlingen herzlich abgeküßt. Ich benutzte die neue Freiheit, um mit einigen Kameraden den äußeren Teil des Lagers in Augenschein zu nehmen. Dieser war gleichfalls noch mit einer hohen Mauer umgeben, hatte aber gepflegte Anlagen und die Unter-

Renate von der Schulenburg und Carl-Hans von Hardenberg heiraten 1914 und treten 1921 die Standesherrschaft Neuhardenberg an, der Besitz wird zu ihrer Heimat

Das Ehepaar hat fünf Kinder und begeht 1939 seine Silberhochzeit

Kinder- und Familienszenen aus den 20er Jahren in Neuhardenberg – mit Personal und Erzieherinnen

Die heile Welt der Kinder im Park

Graf Hardenberg vor dem Überfall der Deutschen Wehrmacht auf die Sowjetunion

Der Generalfeldmarschall und sein Adjutant: Fedor von Bock und Graf Hardenberg

Kameraden in Krieg und Widerstand: Henning von Tresckow und Graf Hardenberg

Die Bibliothek im Schloß Neuhardenberg

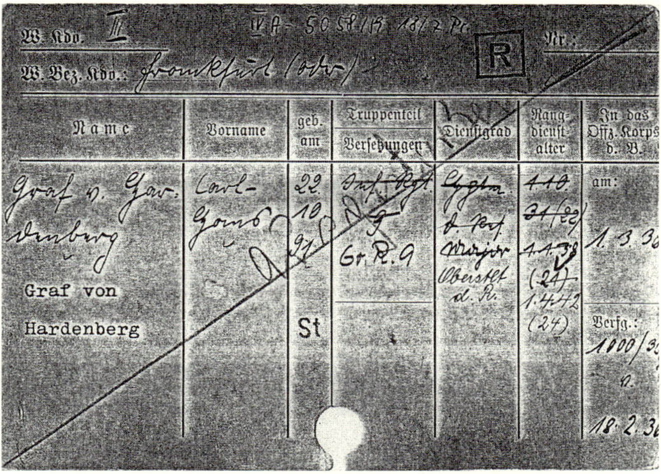
W. Kdo. II
W. Bez. Kdo.: Frankfurt (Oder) 2
R
Nr.:
Name
Vorname
geb. am
Truppenteil
Versetzungen
Dienstgrad
Rang-dienst-alter
In das Offz. Korps d. B.
Graf v. Hardenberg
Carl-Hans
22. 10. 97
Gr. R. 9
Major
Oberstlt d. R.
1.4.42
(24)
am:
1. 3. 36
Verfg.:
1000/36
v.
18. 2. 36
Graf von
Hardenberg
St

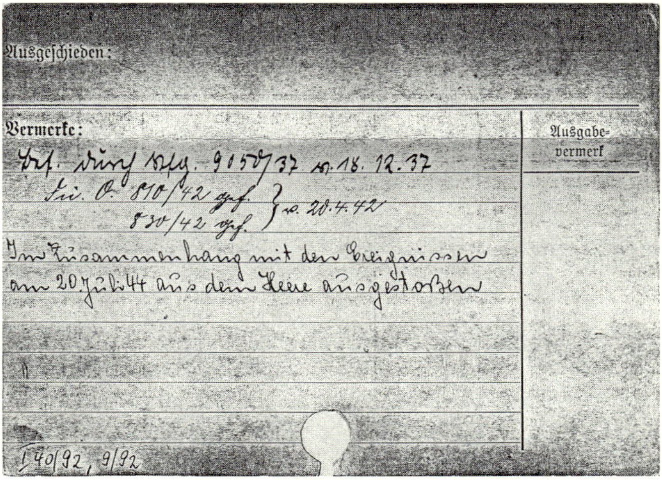
Ausgeschieden:
Vermerke:
Ausgabevermerk
v. 18. 12. 37
v. 20.4.42
Im Zusammenhang mit den Ereignissen
am 20 Juli 44 aus dem Heere ausgestoßen
I 40/92, 9/92

Die Wehrmachtsämter quittieren 1944 lakonisch Hardenbergs Einsatz für das Vaterland: ausgestoßen

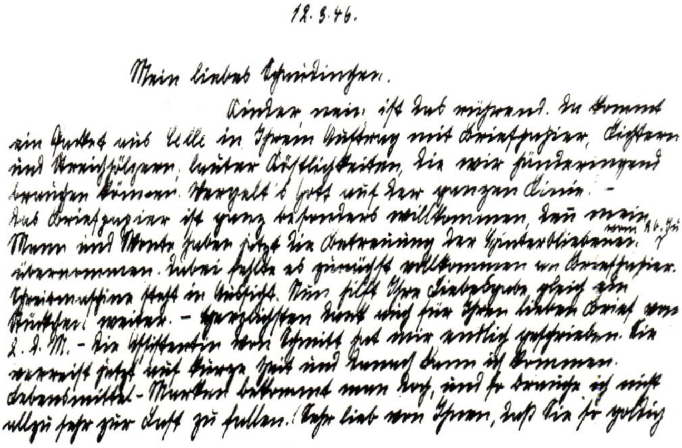

Auch Handschriften spiegeln Charaktere: links Renate Gräfin Hardenberg, rechts Graf Hardenberg

Dezember 1945

Das dritte Reich hat im Jahre 1933 seinen Weg an an der Gruft der großen Preußenkönige, Friedrich Wilhelm I und Friedrichs des Großen. Hiermit sollte dem deutschen Volk und dem Ausland vor Augen geführt werden die geradlinige Fortsetzung der preußisch-deutschen Wege im Gewande des zwanzigsten Jahrhunderts. Das Programm, [illegible] ~~mitgeführt von~~ pflichtbewußten, dem Vaterland dienenden Menschen ~~sofern~~ die Überwindung der bisherigen Klassenkämpfe, die Zerschlagung des deutschen Kommunismus, die Beseitigung der Arbeitslosigkeit (6 Millionen Arbeitslose) und die Wiederherstellung des deutschen Ansehens im Rahmen europäischer Zusammenarbeit. Nicht eine einzelne Partei oder ein einzelner Menschenstand zog freudig an die Mitarbeit, die Deutschland und damit Mitteleuropa aus der Not emporheben sollte, sondern alle Parteien und alle Stände. Auch mit dem Ausland (z.B. England) wurden Stimmen laut, die ehrliches Verständnis zeigten. Aber noch niemals in der Geschichte der Völker ist ein so großes Kapital an Vertrauen rücksichtsloser verwirtschaftet worden. Ein Führungsbereich, bestärkt bei der anfänglichen Neigung der deutschen Menschen zur Zersplitterung, artete mehr und mehr in einem Terror ohne Grenzen aus. Am 30. Juni 3[illegible]:

Das Ehepaar im Alter

Im Gedenken an den Widerstand auch im Alter verbunden: Fabian von Schlabrendorff und Graf Hardenberg

Letzte Heimkehr: im Kreis der Familie werden die Urnen auf dem Neuhardenberger Familienfriedhof beigesetzt

kunftsbaracken für die Verwaltung und die SS-Mannschaften. Hier befand sich aber auch das Krematorium sowie die Gaskammer und der Platz für die Liquidierungen. Ich wollte diese Stätten des Grauens selber sehen, um später Wahrheit und Dichtung unterscheiden zu können.

Das Krematorium mit vier Öfen, in denen die Leichen verbrannt wurden, war eine Notwendigkeit, da bei der großen Belegungsstärke des Lagers viele Häftlinge täglich eines „normalen“ Todes starben und Beerdigungen in der Zahl undurchführbar gewesen wären. Daneben lagen die Gaskammer und ein Raum zum Entkleiden. Den Häftlingen, die hier vergast werden sollten, wurde gesagt, daß sie entlaust werden sollten. Sie mußten sich im Entkleidungsraum nackt ausziehen und erhielten zur Täuschung jeder ein Handtuch „zum Abtrocknen“. Dann kamen sie bis zu 200 Mann in die Gaskammer, einen völlig leeren Raum mit Brausen, denen aber nach luftdichter Abschließung des Raumes statt Wasser das Gas entströmte. Zur „Unterhaltung“ der Opfer wurde dabei ein Radio auf Überlautstärke angestellt. Nach anschließender Durchlüftung wurden die Leichen mit eisernen Haken zur Verbrennung in das Krematorium gezogen, nachdem man vorher nicht verabsäumt hatte, ihnen eventuelle Goldplomben auszubrechen. Die Zahnarztstangen lagen noch in den Räumen herum. Die Verbrennungsöfen waren ausgegangen, ehe die letzten Opfer zu Asche verbrannt waren.

Dicht neben dieser Stätte des Todes befanden sich die Hinrichtungsstätte mit sechs Galgen und ein Schießstand für Genickschüsse. Auf unserem Rückweg trafen wir noch andere Russen, die in das Lager gekommen waren. Einer von ihnen versuchte, uns mit vorgehaltener Pistole zu plündern, hatte aber bei uns Häftlingen keinen Erfolg – obwohl ich im Brustbeutel Schmuckstücke meiner Frau bei mir trug und er mich nach einem Brustbeutel abtastete.

Da nach Abzug der SS die Leichen nicht mehr verbrannt werden konnten, lagen im Keller der Pathologie 80 – 90 nackte Leichen herum, so daß mit der Gefahr von Seuchen gerechnet werden mußte. Wir ließen eine große Grube ausheben und fingen an, die Leichen hier hereinzulegen; da aber nicht die geringste Arbeitslust ohne die bisherige strenge Aufsicht mehr vorhanden war, sind wir damit nicht weit gekommen. Die Wasserleitung im Lager war schon seit 14 Tagen durch Luftangriffe zerschlagen. Dies rief einen unvorstellbaren Zustand bei 20 – 30 000 Häftlingen im Lager hervor. Auf jedem freien Fleck zwischen den Baracken waren Behelfslatrinen aus einem Graben und zwei Stangen darüber angelegt, breit genug für 8 – 10 Mann. Man konnte nirgends hinsehen, ohne den Blick zu richten auf diese jämmerlichen, untererernährten Gestalten, die, in Lumpen gehüllt, ihre Notdurft verrichteten. Mir fiel Freiligraths Gedicht „Die Auswanderer" ein: „Ich kann den Blick nicht von euch wenden; Ich muß euch anschau'n immerdar."[23]

Und dies in einer Zeit, wo aus Unterbringungsmangel auch einige hundert weibliche Häftlinge im Lager untergebracht waren.

Die letzte Nacht im Konzentrationslager folgte. Ohne Aufsicht kamen wir uns wie im Sanatorium vor. Wir haben die halbe Nacht geschwatzt in dem Bewußtsein, uns morgen für das Leben zu trennen, erfüllt von einer gewissen Wehmut, die meisten aber, besonders die Ausländer, von überschäumendem Glück. Ich selber? Ohne Zweifel glücklich, den Strang, der seit einem Dreivierteljahr um meinen Hals gelegt war, los zu sein, aber vorherrschend tief verwundet durch all das, was nun kommen würde und was meine Freunde schon

Jahre vorher kommen sahen. Um dies zu verhindern, waren sie bereit gewesen, sich selbst zu opfern. Das Opfer war gebracht, aber nicht angenommen worden.

Nun, deutsches Volk, mußt Du den bitteren Kelch doch trinken. Vergiß die Toten des 20. Juli nicht. Sie starben, damit Du leben solltest.

1 Im sog. Röhm-Putsch 1934 ließ Hitler frühe Gegner seines Regimes ermorden

2 Napoleon überschritt am 23. Juni 1812 den Njemen

3 Die Grabinschrift für Johann Friedrich Adolph von der Marwitz in der Kirche von Friedersdorf, einem Nachbarort von Neuhardenberg, lautet: „Er sah Friedrichs Heldenzeit und kämpfte mit ihm in allen seinen Kriegen. Wählte Ungnade, wo Gehorsam nicht Ehre brachte"

4 Graf Hardenberg war ab Herbst 1940 persönlicher Adjutant des Generalfeldmarschalls Fedor von Bock

5 familiäre Anrede für Fritz (Fritzi) (Dietlof) Graf von der Schulenburg

6 In der historischen Literatur werden nur zwei Sicherheits-Sperrkreise überliefert

7 Details dieses Attentatsversuchs teilt Fabian von Schlabrendorff in seinem Buch „Offiziere gegen Hitler", Zürich 1946, mit

8 familiäre Anrede für Reinhild Gräfin Hardenberg, geb.1923, Tochter Graf Hardenbergs

9 Im Infanterie-Regiment 9 in Potsdam haben viele Aktivisten des 20. Juli 1944 ihre militärische Ausbildung erhalten

10 Stauffenberg und Haeften trafen später in der Bendlerstraße ein, als Graf Hardenberg erinnert

11 Oertzen hat sich nicht mit einer Handgranate, sondern mit zwei Gewehrsprenggranaten das Leben genommen

12 Die Journalistin Ursula von Kardorff, mit der Familie Hardenberg befreundet, hatte einen Fahnenabzug dieses Extrablattes an Graf Hardenberg am Abend des 20. Juli im Hotel Adlon gegeben. Der aufsehenerregende schwarze Rand rührte vom Metallrahmen des Fahnenabzugs her

13 Beck versuchte zweimal, sich zu erschießen, verfehlte beide Male und wurde dann von einem Feldwebel erschossen

14 Hardenbergs Kriegskommandeur im I. Weltkrieg war Siegfried Graf zu Eulenburg-Wicken

15 Friedrich - Carl Graf von Hardenberg, geb. 1924

16 familiäre Anrede für Renate Gräfin von Hardenberg, geb. 1922, verh. Gräfin Westphalen zu Fürstenberg, Tochter Graf Hardenbergs

17 Tresckow schied am 21. Juli 1944 freiwillig aus dem Leben

18 Reinhild Gräfin Hardenberg wurde am 16. Dezember 1944 entlassen

19 Roland Freisler war seit August 1942 Präsident des Volksgerichtshofes

20 familiäre Anrede für Heinrich Graf von Dohna-Tolksdorff

21 familiäre Anrede für Georg-Sigismund von Oppen

22 Renate Gräfin Hardenberg besuchte ihren Mann zum ersten Mal am 24. 12. 1944 im KZ Sachsenhausen

23 Freiligrath, Ferdinand „Die Auswanderer", in: Ferdinand von Freiligrath, Gedichte, Stuttgart und Tübingen, 1839, S. 14

Renate Gräfin von Hardenberg „... ging ich meine schweren Gänge." Brief an Wilfried von Hardenberg, Sommer 1946

Lieber Wilfried!

Weißt Du noch, wie Du Deinen letzten Besuch in Neuhardenberg verlebtest von Ende November bis kurz vor Weihnachten 1944, und wie ich Dir – teils am Kamin in der Bibliothek und teils draußen, wo uns niemand belauschen konnte – von Hannis[1] wunderbarer Rettung erzählte? Er hat einmal früher gesagt, Gott täte auch heute noch Wunder; man müßte sie nur als solche auch erkennen. –

In der langen Wartezeit nach dem Russeneinmarsch habe ich in jeder Nacht alles von neuem durchlebt und mich sehr gequält mit allem, was ich versäumt oder verkehrt gemacht habe. Jetzt weiß ich, daß Gott ihn retten wollte und daß alle Geschehnisse dahin enden *mußten.*

Wenn ich an unsere Gespräche am Kamin zurückdenke, dann sehe ich auf der Eisenplatte hinter dem Feuer die alte Schrift, umrahmt von Funken, aufleuchten: „Pro patria". Wieviel ist an diesem Feuer aus heißer Liebe zum Vaterland beraten und besprochen worden! (X)[2] Ich bin sehr dankbar, daß ich manchmal (X) dabei sein durfte und nicht unvorbereitet diese furchtbare Katastrophe erleben mußte. Es ist mir wirklich, als wäre ich schon einmal gestorben. Das zweite Leben begann im Juli vorigen Jahres, als Hanni zurückkam. Deswegen ist es auch gar nicht verwunderlich, daß man so gar nichts an irdischem Besitz retten konnte. Das gehört zu dem früheren Leben. –

Unsere ganze Familie ist wieder beisammen, und dafür bin ich unendlich dankbar. Freilich, Lalla und Wonte haben jede ein schweres Opfer bringen müssen. Wonte hat sich in ihrem schweren Leid für ihren Werner so tapfer eingesetzt und hat sich seiner würdig gezeigt.

Als Hanni am 21. Juli 1944 aus Berlin zurückkam, sagte er mit tonloser Stimme: „Es ist alles daneben gegangen!" Nie werde ich seine todtraurigen Augen vergessen, wie er seine Handschuhe und den Lederriemen auf dem Steintisch in der Eingangshalle ablegte. Oben im Schlafzimmer nahm er sein Armband mit den darauf aufgereihten Ringen aus der Tasche – und von da an bemühte ich mich, ihn nicht mehr allein zu lassen. Ach, und ich konnte mich so wenig um Wonte kümmern, die

die Gewißheit erhalten hatte, daß Werner Haeften mit Stauffenberg zusammen im Hof der Bendlerstraße auf Befehl von General Fromm erschossen worden war. Mit dem Ruf „Es lebe die Freiheit!“ starb dieser wundervoll tapfere, junge Mensch, von dem Hanni (X) mir ein paar Tage vorher gesagt hatte: „Es wäre mir eine Ehre, wenn dieser Haeften unsere Wonte heiraten würde!“

Am 22. kam Margarethe von Oven mit dem Auto von Berlin auf dem Wege nach Wartenberg/Neumark kurz heran und brachte die erschütternde Nachricht vom Tode Hennings von Tresckow. Sie hatte die traurige Aufgabe, dies seiner Frau mitzuteilen. Die offizielle Nachricht lautete, er wäre in vorderster Linie im Osten gefallen. – Wie sehr hat Hanni ihn beneidet, daß er sich auf diese Weise den Tod hat geben können. –

Am Abend mußten wir eine Demonstration auf der Dorfaue über uns ergehen lassen, wo der Bürgermeister Zubke eine widerlich gehässige Rede gegen Stauffenberg und seine Freunde vor einer sehr gleichgültigen, unter den üblichen Drohungen kommandierten Menge hielt.

Qualvolle Tage schlichen dahin. Ich habe mir später oft Vorwürfe gemacht, daß ich Hanni nicht mehr geholfen habe. (X) Am Sonntag (dem 24.) morgens vergruben Wonte und Lalla Werners Briefe im Park.

Wir gingen in die Vorderheide, den Weg nach Gethsemane (X). Hanni versprach mir, daß er nur im Falle einer Verhaftung Schluß machen wollte. Und ich durfte ihn davon nicht abhalten, denn ich wußte durch viele Gespräche mit den Freunden, was ihnen bevorstand, wenn sie lebend der Gestapo in die Hände fielen. Mit Hilfe von mittelalterlichen Folterungen oder raffinierten Einspritzungen, die den Willen lähmen, erpreßte sie, was sie wissen wollte, vor allem die Namen der Kameraden. – Die kleine Pistole, die er mir einmal bei Geyger[3] besorgt hatte, trug er schon lange geladen bei sich.

Am Nachmittag kam unser geliebter Landrat Kreutzberger, um die Lage zu besprechen. Er wollte wegen seines kleinen Neffen, den er mithatte, nicht lange bleiben und ritt vor dem Abendessen wieder heim.

Als wir von Tisch aufstehen wollten, kamen die Schergen der Gestapo. Hanni ging zu ihnen heraus, um sich zu vergewissern, kam dann wieder herein und verabschiedete sich von mir mit einem lieben Handkuß. Ich war wie versteinert. Mein einziger Wunsch war nur, daß Gott ihm sein Ende erleichtern möge. Ich ging mit den Mädeln auf die Veranda, und wir hörten in der Bibliothek zwei Schüsse, denen noch vier weitere folgten, die einen anderen Klang hatten. Als ich mich umdrehte, stand einer von den Kerlen mit erhobener Pistole an der Mitteltür im Gartensaal und rief: „Hände hoch!", worauf Onkel Willy Schilling[4] und Bolly Schulenburg[5] (X) in den Steinflur gehen mußten. (Wir fühlten uns nicht angesprochen, wurden auch nicht beachtet.) In dem Moment schrie der Mann laut auf, denn durch die geschlossene Tür zur Bibliothek war ihm der Schuß seines Kollegen ins Bein gegangen. Ich lief außen herum in die Bibliothek und rief Reppinchen[6] zu, sie möchte den Mann verbinden. Später hat man ihn ins Auto getragen, woher das Gerücht entstand, Hanni hätte einen Beamten über den Haufen geschossen. Ein anderer Schuß hatte mein Porträt getroffen, zwei Kugeln steckten in den Büchern.

In der Bibliothek saß Hanni sehr matt in einem Sessel und sah sehr grau im Gesicht aus. Er hatte die Augen offen, war aber wohl nicht ganz bei Bewußtsein. (Aus Rücksicht für mich hatte er sich ins Herz, nicht in den Kopf schießen wollen.) Der Gestapomann war aus einem Stuhl aufgestanden und stand an meinem Schreibtisch mit der Pistole in der Hand. Ohne ihn anzusehen, sagte ich ihm, daß er mich nun auch totschießen könnte.

Er murmelte: „Ihr Mann hat ja geschossen!“ Später in der Nacht ließ er mir durch Reppinchen sagen, es wäre ein Irrtum von ihm gewesen, mein Mann hätte gar nicht auf ihn geschossen. –

Lalla kam dann, und wir legten Hanni behutsam auf den Teppich. Sie flüsterte mir zu, daß Wonte auch verhaftet wäre, und alle drei saßen mit den Beamten draußen im Steinflur und warteten auf den Abtransport. Sie hatten nach einer Tochter „Wonte“ gefragt. Dadurch wurde es klar, daß sie nicht in Zusammenhang mit Hanni als seine Sekretärin verhaftet wurde, sondern wegen Werner Haeften. Dieser hatte sorgfältig alle Briefe vernichtet, ehe er ins Führerhauptquartier flog, aber unterdessen hatte sich auf seinem Schreibtisch ein neuer Brief von Wonte eingefunden.

Der Arzt aus dem Dorfe, Dr. Schumann, wurde herangeholt, weil man nicht wußte, ob man Hanni transportieren könnte. Er untersuchte ihn und lehnte es ab. Er gab ihm eine wohltuende Morphium-Spritze, und Hanni verfiel in Halbschlaf. Dr. Schumann benahm sich ganz hervorragend. Er hatte irgendwelche finsteren Einblicke in das verbrecherische Treiben der SS gehabt und war sofort im Bilde über die Gefahren, die Hanni bevorstanden. Als er ihn ausziehen half, stand es einen Moment ganz schlimm um Hanni. Er hatte einen Kollaps, der Puls blieb weg. Aber als er auf der Chaiselongue lag, die ich hereinbringen ließ, ging es ihm wieder besser. Lalla pflegte ihn so liebevoll, während ihr oft die Tränen über die Backen liefen.

Die Autos mit den drei Verhafteten fuhren nach Berlin. Hanni ahnte, daß man Wonte mitgenommen hatte, als er mich am nächsten Morgen nach ihr fragte. – Einer der Schurken versuchte unterwegs, mit ihr anzubändeln. Ein Fliegerangriff in der Nähe von Berlin kam ihr zu Hilfe, wo er seine Angst nicht verbergen konnte.

Onkel Willy Schilling hat sich in warmherzigster Weise um sie gekümmert, bis sie getrennt wurden. –

Gegen Morgen wachte Hanni auf und verlangte, daß man den Gestapoleuten zu essen gäbe. Sie hätten schließlich nur ihre Pflicht getan. Nach längerem Zaudern haben sie es auch angenommen. Diese Fürsorge und daß Hanni nie über ihr törichtes Benehmen ausgesagt hatte, soll ihnen sehr imponiert haben. –

Dr. Schumann untersuchte ihn noch einmal und erklärte, daß keine augenblickliche Lebensgefahr bestünde. Lungenschüsse wären beim heutigen Stande der Wissenschaft kein Problem. Allmählich merkte Hanni es selbst und war verzweifelt. „Ich *muß* sterben! Du weißt ja nicht, worum es geht!" flüsterte er mir zu. Und ich hatte einen kurzen Moment geglaubt, daß er uns irgendwie erhalten bleiben könnte, aber in meinem Unverstand fühlte ich auch nicht die schützende Hand Gottes und flehte den Arzt an, daß er ihm viel Morphium geben möge. Dieser lehnte es erst ab, ging aber nach Hause und kam mit einer Ampulle <mit Tetanus> wieder, erklärte dem beaufsichtigenden Beamten ostentativ, wozu das wäre, und stellte die leere Ampulle auf den Schreibtisch. In Wirklichkeit hatte er eine übergroße Dosis Morphium in die Spritze getan und verabreichte sie Hanni. – Danach verlangte Dr. Schumann, daß zu seiner Entlastung ein Arzt hinzugezogen würde, und ich schickte sofort das Auto nach Berlin und ließ den guten Professor Landrois holen, der ihn schon oft an seinen Kriegswunden operiert hatte. Ich wollte niemanden aus der Gegend haben.

Hanni war wieder zu sich gekommen. Selbst *dies* hatte er ausgehalten. Er wurde sehr unruhig, riß sich den Verband ab und drückte an den Wunden herum, um sie zum Bluten zu bekommen, und konnte es gar nicht fassen, daß er so gefehlt hatte. „Ich *muß* sterben!"

Ich erinnerte ihn in meiner Verzweiflung an die Zukkerkrankheit und versicherte ihm, daß er dies alles nicht aushalten könnte. Lalla sagte ich, wir müßten zusehen, alle scharfen Gegenstände heimlich vom Schreibtisch zu entfernen, wozu wir dann aber nicht mehr gekommen sind.

Hanni hatte mir leise gesagt, als der uns bewachende Beamte gerade schlief und schnarchte, ich sollte nicht vergessen, daß überall Abhörapparate eingebaut sein könnten. – Draußen auf dem Flur bewachten uns der Gendarm Blume aus Neuhardenberg und der gute Bauer Buchholz, der so tieftraurig dasaß, während ihm die dicken Tränen über das Gesicht liefen. Gegen 10 Uhr kam der Landrat mit dem stellvertretenden Kreisleiter, einem unbedeutenden, aber anmaßenden Nazi. Kreutzberger war sehr traurig. Ich mußte den Raum verlassen und ging gegenüber ins Nähzimmer. Kurz darauf wurde die Tür der Bibliothek geöffnet, und ich hörte, wie man einen Menschen herausschleifte. Ich erschrak sehr und lief hin. Aber nur der Kreisleiter hing ohnmächtig zwischen zwei Leuten. Ich half, ihn hinzulegen, und gab ihm einen Schnaps. Als er wieder zu sich gekommen war, meinte er, die Luft da drinnen wäre so schlecht gewesen. Dabei stand schon den ganzen Morgen das Fenster offen. Er hatte Hanni nur ein paar Fragen gestellt, die dieser klar beantwortet hatte. Darauf hatte er plötzlich schlappgemacht!

Dann kam Prof. Landrois und war längere Zeit alleine bei Hanni. Als ich wieder in die Bibliothek kam, war er bereits an den neuen Wunden, die er sich zugefügt hatte, verbunden. Als Landrois herausgegangen war, hat er sich mit meiner stumpfen Papierschere tief in die Wunden gebohrt und dann die Pulsadern geöffnet. Ein neu hinzugekommener Gestapobeamter, Kommissar Weber, bemühte sich um ihn, und Hanni sagte, er wäre sehr anständig zu ihm gewesen. Ich dankte dem mir höchst unsympathischen Mann etwas widerwillig. Es war derselbe, der Wonte später aus dem Gefängnis abholte. –

Weber war mit einem Krankenwagen aus Berlin gekommen. Ein kurzer Abschied, und der Wagen fuhr fort. –

Ich hatte noch realisiert, daß auch dieser Versuch, sich den Tod zu geben, gescheitert war und daß Gott ihm sichtlich in den Arm gefallen war. Langsam fing ich wieder an zu hoffen. Er selbst würde ja nun wissen, daß Gott sein Opfer nicht annehmen wollte, und sich fügen. Aber werden sie ihn quälen, um ihm Geständnisse zu entlocken? Wiederum ist er dazu wahrscheinlich noch lange viel zu schwach. Vielleicht war doch alles genauso geschehen, wie es kommen mußte, wenn er gerettet werden sollte. Wie gefährlich wäre es gewesen, wenn er nicht so schwer verletzt in die Hände der Gestapo gefallen wäre!

Als ich noch ziemlich erstarrt und tränenlos in der kleinen Bibliothek saß, kam Dr. Schumann und fragte mich „im Vertrauen“, warum Hanni sich das Leben hat nehmen wollen. Da erwachte bei mir das erste Mal das Mißtrauen, was ich dann auch nicht wieder los wurde. Schumann, der vorher so viel Verständnis gezeigt hatte, mußte es doch eigentlich wissen. Sicher mußte er im Auftrage der Gestapo fragen. Ich fuhr auf: „Weil er sich nicht wie ein Verbrecher abführen lassen wollte!“ Von nun an log ich konsequent bei Freund und Feind, und ich hatte das Gefühl, daß mir die Worte in den Mund gelegt wurden, denn ich bin nicht so gerissen und wäre den Verhören nicht gewachsen gewesen. Ich habe nicht einen Moment gedacht, daß Hanni irgendwie schuldig wäre, sondern haßte Hitler und seine Handlanger aus tiefstem Herzen als die Verkörperung des Bösen.

Der Gendarm kam zurück und drückte mir teilnehmend die Hand, und ich fühlte eine Welle von Sympathie, die Hanni galt, den dieser alte Sozi bis dahin gar nicht sehr geschätzt hatte. Er sagte, daß ich mich nun wieder auf freiem Fuß befände. Von der Verhaftung hatte ich allerdings nichts gemerkt. Blume hat sich in seinem Bericht sehr scharf gegen die Gestapoleute ausgesprochen, die „dem Herrn Grafen erst richtig die Waffe in die Hand gedrückt hätten, weil sie ihm Zeit ließen, anstatt ihn vom ersten Moment an nicht mehr allein zu lassen“.

Besonders lieb war unser treues altes Faktotum, Fräulein Reppin, zu mir, bis wir uns im Frühling trennten. So zart und liebevoll, als wäre ich krank.(X)

Von nun an konnte man die Menschen einteilen in solche, die glaubten, Hanni wäre unschuldig verfolgt, und in solche, die *hofften*, er wäre an dem Attentat gegen Hitler beteiligt. Jedenfalls war es eine Welle von Sympathie, die mir wider Erwarten entgegenflutete, und ich war so dankbar für die Hochachtung, die Hanni galt. Besonders anständig war unser guter Taillout, ein französischer Kriegsgefangener, den wir für Hausarbeiten ins Haus genommen hatten, weil er die Waldarbeit und das schwere Essen nicht vertrug wegen seiner Galle. Im Namen der Kameraden hielt er mir eine reizende kleine Rede, worin er ihre Hochachtung und Verehrung für Monsieur le Comte zum Ausdruck brachte.

Am nächsten Morgen kam ein neuer Gestapomann hinzu, der dann ausschließlich unseren Fall bearbeitete, der Kommissar Bartoll, ein mittelgroßer Mann in SS-Uniform von etwa 28 Jahren, blond und blaß. Er hatte einen sehr wechselnden Ausdruck, einen schmalen, grausamen Mund und kleine schlaue Augen. Er hatte aber Humor, und deswegen war es nicht allzu schwer, eine Art Kontakt mit ihm zu bekommen. Bei den Verhören merkte ich bald, daß er stotterte, wenn man ihn fest ansah, was ich dann auch reichlich getan habe. (Wonte hatte das auch bald herausbekommen.)

Im ersten Bibliotheksraum verhörte er mich das erste Mal, ohne Protokoll aufzunehmen. Er fing damit an, er könnte sich sehr wohl denken, daß mein Mann mich in nichts eingeweiht hätte, aber er müßte mich verschiedenes fragen. Ich kann mich jetzt nicht mehr an die Reihenfolge erinnern, jedenfalls dachte ich an die entsprechenden Gespräche am Kamin mit unseren Freunden und war zunächst sehr zugeknöpft und sagte kein Wort zuviel. Er nahm dann meine Personalien auf und stutzte gleich beim Namen: „Wie denn nun – Gräfin Hardenberg oder Gräfin von Hardenberg?“ Gelangweilt antwortete ich: „Schreiben Sie, wie Sie wollen!“ Komisch, aber dies gewann den kleinen Emporkömmling für mich, ebenso wie Hanni, als er ihn bat, ihn in der Umgebung des KZ nicht zu titulieren. – Als er auf die Frage kam, warum Hanni sich wohl das Leben nehmen wollte, sagte ich ziemlich wütend: „Würden Sie sich wie ein Verbrecher abführen lassen?“ Es leuchtete ihm sichtlich ein, denn er widersprach nicht. „Warum rechnete er denn mit seiner Verhaftung?“ „Weil er gehört hat, daß der Feldmarschall von Bock auch verhaftet worden ist!“ Der englische Sender hatte es tatsächlich irrtümlicherweise durchgegeben, wie er überhaupt unseren Leuten mit seinem unkontrollierten Geschwätz viel geschadet hat. Dann fragte er nach dem Feldmarschall von Bock, was für Gespräche er hier geführt hätte. Nun wurde ich vertrauensseliger und erzählte des längeren über dieses harmlose Thema, denn ich wußte, daß Bock nicht dazugehörte. Ich sprach über die sehr interessanten Erzählungen von seinen Feldzügen, die selbst für einen Laien wie mich ungeheuer fesselnd waren. Auch verstand er, die derzeitigen Heeresberichte und Operationen gut und leicht verständlich zu erklären. Sonst wäre er ein passionierter Jäger und wäre immer gern zu unseren Jagden gekommen. „Wie war seine Einstellung zum Führer?" „Er hat immer voller Hochachtung von ihm gesprochen." (Wie verbittert und gekränkt er nach seinem Abschied war, brauchte der Kerl ja nicht zu erfahren.) Dann fragte er, ob ich den Oberst Jäger kennte. Ja, ich hätte ihn einmal in Marienbad kennengelernt. Ob er öfter bei uns gewesen wäre? Ich fühlte, wie gefährlich diese Frage war, denn er war am 19. abends dagewesen, zum Abendbrot geblieben und hatte mit Hanni die letzten Vorbereitungen besprochen. Jäger war ein sehr wichtiger Mann und sollte die motorisierten Verbände von Stettin aus in und um Berlin einsetzen. Bartoll konnte es ja bereits von unseren Leuten oder von dessen Chauffeur erfahren haben. Die Antwort kam mir unwillkürlich: „Kann sein. Wollen wir doch im Gästebuch nachsehen!" Ich wußte, daß sie dieses mitgenommen hatten. Mir fiel ein Stein vom Herzen, als er sagte: „Da steht er nicht drin." Dann fragte er noch nach verschiedenen Menschen, auch nach Georg-Sigismund von Oppen und anderen jungen Leuten. Ich sagte, daß die heranwachsenden Töchter natürlich viel Jugend ins Haus zögen. Als er nach weiteren Menschen, z. B. Heini Lehndorff[7], fragte, antwortete ich: „Durch die Nähe von Berlin kommen hier sehr viele Menschen her, manchmal mehr, als uns lieb ist. Auch ziehen das historische Haus und die Sammlungen viele an. Wir sind manchmal über Sonntag an einen See gefahren – nur, um allein sein zu können." Dann fragte er nach Werner Haeften. „Ein sehr netter junger Mann!" Ob eine unserer Töchter mit ihm verlobt wäre? „Nein, spruchreif ist die Sache jedenfalls noch nicht, (...)[8], wir haben es bisher noch nicht ernst genommen. Wie Reinhild selber zu ihm steht, hat sie uns nicht gesagt." Sehr ärgerlich fragte er, warum die Verhaftung schon so bekannt wäre. Da

Buchhandlung

Steinkopf GmbH

Rotebühlplatz 10

gab ich tüchtig an: „Wenn man meinen Mann verhaftet, so ist das nicht, als wenn man in Berlin einen aus der 3. Etage wegholt! Ich bin fest überzeugt, daß das heute schon weit über die Grenzen der Provinz bekannt ist!" Ich ahnte nicht, wie sehr ich damit ins Schwarze getroffen hatte, denn der englische Sender hatte es in der Nacht bereits durchgesagt. Zum Abschluß gab er mir einen kleinen Zettel von Hanni, wo dieser aufgeschrieben hatte, was ich Bartoll alles für ihn mitgeben sollte. Gott sei Dank, er lebt also und war auch bei Bewußtsein. Er hatte sogar Bartolls Büroadresse in der Französischen Straße 48 angegeben. „Ja, und etwas würde ich ihm noch gerne mitgeben, aber das werden *Sie* sicher nicht nehmen wollen", sagte ich, als ich ihm den Brief gab, „nämlich sein Neues Testament." Für so heidnisch wollte er aber bei uns nicht gelten und nahm es mit und hat es Hanni auch das nächste Mal gegeben. Daran knüpfte er noch die Frage: „Ist er ein eifriger Kirchgänger?" „Nein, das kann man nicht sagen, aber ein guter Christ." Sicherlich wird ihn Gottes Wort trösten nach allem, was er durchgemacht hat und was ihm noch bevorstand. – Ich versuchte noch, herauszukriegen, wo er ist, aber das verriet Bartoll nicht. Nur, daß er in einem Lazarett sehr gut aufgehoben wäre. „Unter dem Bombenhagel von Berlin?" „Nein, außerhalb. Es geht ihm sogar besser als den anderen." – Die Armen!

Unser Gästebuch war leider sehr aufschlußreich für unseren Verkehr, und viele Menschen sind in stundenlangen Verhören über uns ausgefragt worden. Hätten wir es aber noch beseitigt, so wäre das viel gefährlicher gewesen, denn sie hätten dann das Personal über unseren Verkehr befragt und hätten noch viel mehr Menschen mit hereingezogen, die durch ihre unbewußten Aussagen hätten schaden können. Bezeichnend für die Einstellung unserer Freunde war, daß sie sich nicht scheuten, ihre Namen ins Gästebuch einzutragen und so eine Verbindung zu bescheinigen. Sie nahmen an, daß – wenn der Umsturz nicht gelingt – dann sowieso alles aus ist. Nur Plettenberg, <der sehr oft bei uns war> (X), hat seinen Namen nie eingetragen, weil er sich so zu uns gehörig fühlte wie ein nächster Verwandter. Dadurch ist er auch zunächst nicht mit hereingezogen worden.

Bodo Marwitz war unterdessen nach Neuruppin gefahren, um Friedrich-Carl von allem Vorgefallenen zu unterrichten, und erwirkte beim Kommandeur einige Tage Urlaub für ihn. Das tat sehr wohl.

Bartoll und Weber kamen wieder und unternahmen eine Haussuchung. Zuerst untersuchten sie das alte Arbeitszimmer und den Geldschrank. Sie fanden nichts, was sie interessierte. Einmal hielten sie mir nur vorwurfsvoll einen Brief von Stresemann unter die Nase, eine belanglose Auskunft über eine Sekretärin. Sie merkten nicht, daß Hanni an dem Schreibtisch schon lange nicht mehr gearbeitet hatte, und an meinen Schreibtisch und den oben gingen sie nicht. Im übrigen hatte er nie etwas Schriftliches über den bevorstehenden Umsturz aufbewahrt. Sie fragten noch nach Wandschränken und Verstecken, und Friedrich-Carl wies sie auf die Wandschränke im Ahnenzimmer, deren Untersuchung ihnen viel Mühe machte und angenehm viel Zeit ausfüllte. Bartoll ließ sich den Gewehrschrank aufschließen und belehrte mich unwillig, daß man den Revolver nicht geladen liegenlassen dürfte. Ich sagte, daß ich die Vorschriften genau kennte, da ich selbst Jägerin wäre und wüßte, daß man wohl im verschlossenen Schrank geladene Waffen haben könnte, noch dazu in dieser unruhigen Zeit, wo man jede Nacht auf Überfälle gefaßt sein könnte. Da schwieg er und ließ mir den Revolver. Alle Radios im Haus wurden untersucht, ob sie etwa auf Feindstationen eingestellt wären. Dann durchsuchten sie zusammen Wontes Schreibtisch, und ich ärgerte mich wütend, als einer dem anderen einen Brief zeigte, über den sie zusammen feixten.

Daß Lalla gerade zu Hause war, tat mir für sie herzlich leid, mir aber war es eine große Wohltat. Still und liebevoll war sie immer da und störte nie mit unnötigem Geschwätz.

Eines Tages kam eine Menge Menschen, Polizei der Umgegend und Gestapo, und sperrte mit Arbeitsdienstleuten das Haus ab. Der Gendarmerieleutnant aus Seelow las mir im Steinflur, der ganz voll von Menschen war, vor, daß sie nach einem Heinrich Graf von Lehndorff Haussuchung machen müßten, denn es läge der Verdacht vor, daß er sich hier verborgen hielte. Ein längeres Signalement folgte. Ob ich ihn kennte – ich bejahte. Ich bekam eine heillose Angst, daß er sich wirklich bei uns irgendwo ohne mein Wissen verborgen hatte, denn das würde Hanni schaden. Andererseits freute ich mich unbändig, daß er irgendwie entwichen war. Wenn er doch erhalten bliebe! (Er ist auf dem Transport entsprungen, aber leider später doch, nicht weit vom Gute seiner Schwiegermutter, an der brandenburgisch-mecklenburgischen Grenze gefaßt worden. Er hatte sich auf der Flucht mit ganz ungeeigneten Schuhen die Füße vollkommen durchgelaufen und konnte nicht mehr weiter.) Ich schlug dem sehr rücksichtsvollen Offizier vor, daß die suchenden Leute sich teilen möchten. Ich würde mit ihnen durch die eine Hälfte und Fräulein Reppin durch die andere Seite des Hauses gehen. Wie ich später hörte, hat sie in ihrem Ordnungssinn die Leute auf alle Truhen und Tapetentüren hingewiesen, die sie übergehen wollten, und freute sich ordentlich, sie zu plagen. Erschöpft kamen sie unten alle wieder zusammen und meinten, wenn man alles durchsuchen wollte, brauchte man eine Kompanie dazu. So haben sie die Scheunen und Stallgebäude gar nicht beachtet.

Armer Heini, wo mochte er sein? Wenn ich doch wirklich etwas für ihn tun könnte!

Am selben Tag kamen etwa 20 Mann Sicherheitspolizei-Leute nach Arnimshain[9] und stürmten ins Haus mit vorgehaltenen Maschinenpistolen und durchsuchten auch das Haus nach Lehndorff. Gisela bekam einen gewaltigen Schrecken, als sie auf einmal riefen: „Wir haben ihn!" Sie umringten Wolfi[10] und behaupteten, das Signalement passe auf ihn, und wollten Gisela nicht glauben, daß er ihr Mann wäre. Zwei Leute aus dem Dorf (X) mußten erst geholt werden, und denen glaubte man endlich.

Einmal rief ein Oberleutnant Gericke an, der ein etwas geschwätziger Wichtelmeier zu sein schien. Er hätte Gelegenheit, öfter im Führerhauptquartier zu sein, und könnte dort Einfluß ausüben, was die Gelegenheits-Verhaftungen anbetrifft. Bei uns wären doch auch verschiedene Menschen nur mitgenommen worden, weil sie zufällig gerade anwesend waren. Ich habe ihm die Sache kurz schriftlich geschildert und nichts mehr darüber gehört. – Dieser Mann hat dann später, vielleicht nur aus einer dummen Geschwätzigkeit heraus, unseren lieben Kurdel Plettenberg[11] verraten.[12] Nach dem Motto der Gestapo „Wir lieben den Verrat und hängen den Verräter" wurde auch er getötet.

Grauenhaft waren die dauernden Nachrichten von guten Freunden und Hannis Mitarbeitern, die hingerichtet wurden, oder von neuen Verhaftungen und Folterungen. Öffentlich wurden nur ganz wenige Hinrichtungen bekanntgegeben: Es sollte durchaus dargestellt werden, als wäre es nur ein ganz kleiner Kreis von Verschwörern. Aus sicherer Quelle der SS erfuhr ich, daß die Hinrichtungen auf Hitlers Befehl getonfilmt wurden und daß er sie sich täglich vorführen ließ! Ob es nun nicht endlich klar wird, daß er der Teufel in Person war?

Die Tage schlichen weiter, und ich zergrübelte mich, wie man an die Gestapo oder sonstige Nazis herankommen könnte, um auf dem laufenden zu bleiben. Professor Bremer, der bekannte Berliner Internist, hatte seine Familie bei uns in Lietzen[13] untergebracht und kam selbst zum Wochenende immer herüber. Er wollte sich über Hilgenfeldt nach Hanni erkundigen. Eines Tages kam die goldige Frau Bräuninger in sausender Fahrt an und berichtete, was Hilgenfeldt in Erfahrung gebracht hatte: ärztlich und politisch keine Gefahr, und er wäre im Krankenbau des KZ Oranienburg-Sachsenhausen. Bei der Beerdigung von Prof. Bremer im Januar in Lietzen hatte ich Gelegenheit, Hilgenfeldt zu danken. Er und seine Frau machten einen recht guten Eindruck. Natürlich war diese Nachricht eine Beruhigungspille, denn es muß Hanni gerade in den Tagen sehr schlecht gegangen sein, aber die Vernehmungen kamen deswegen auch gar nicht voran. <Tatsächlich schienen sie aber keine Beweise gegen ihn zu haben.>

Wir gingen in der ersten Zeit wenig heraus, denn der Park war voller Spitzel. Der treue Bodo Marwitz war der erste Nachbar, der sich um uns kümmerte. Er kam jeden Freitag zum ersten Frühstück herübergeritten, und es war so schön, sich aussprechen zu können. Er ist vor diesen Besuchen offiziell gewarnt worden, hat sich aber nicht beirren lassen. Aber auch ihm gegenüber tat ich immer, als müßte ich alles daran setzen, Hannis Unschuld zu beweisen. Nur einmal, als Friedrich-Carl mich fragte, ob Papi beteiligt wäre, sagte ich, daß ich ihm das später einmal sagen würde.

Anfang August suchte ich den Oberpräsidenten Stürtz in Potsdam auf, der Hanni kannte. Ich hatte gehört, daß der Mecklenburger Gauleiter Hildebrandt sich in aufrechter Weise für Fritzi Schulenburgs[14] Frau und Kinder eingesetzt hatte. Ich wollte von ihm nur Hinweise haben, wohin ich mich wenden könnte, um Hanni herauszubekommen. Er ließ sich immerhin nicht verleugnen, redete viel und erzählte, daß man ihm Beamte aus dem Büro weg verhaftet hätte, ohne ihn zu benachrichtigen. Die SS lehnte es ab, sie hätte zuviel zu tun. Zum Beispiel wäre gerade Frau von Arnim-Rittgarten voller Sorgen zu ihm gekommen, und er hätte gehofft, sie wollte sich hinter ihn stecken, daß Arnim sich endlich pensionieren ließe, was er ihm schon öfter nahegelegt hätte. Zu seinem Erstaunen erzählte sie ihm, ihr Mann wäre verhaftet. Stürtz meinte abschließend tröstlich, Hanni wäre doch Manns genug, um sich zu verteidigen. Sonst wußte er keinen Rat.

Allmählich wurde mein Herz recht schlecht, und ich quälte mich mit schlaflosen Nächten. So begann ich denn eine regelmäßige Behandlung bei Fräulein Dr. Richter und fuhr öfter nach Berlin herüber. Das war wieder ein neuer Fingerzeig. Sie hatte ja für ihren Chef, Dr. Schmitt, der schon lange im KZ war, unendlich viel getan und kannte die Wege zu den Gestapo-Leuten. Sie war darin wirklich „mit allen Hunden gehetzt". Während der Massagen wurde ich angelernt, wie man zu den Leuten gelangt, wie man sie behandelt und besticht. Bestechlich wären sie alle, bis in die höchsten Stellen, nur muß man es da etwas feiner machen. – In dem Haus wohnte Kaltenbrunner, und einige Male habe ich während Fliegerangriffen mit der Doktorin in seinem Bunker gesessen, der sehr gut ausgebaut und eingerichtet war. Wie gern hätte ich ihn dort einmal gesprochen, aber in seiner Anwesenheit hätte man den Bunker nicht benutzen dürfen.

Ich ging <nun> jedesmal, wenn ich in Berlin war, zu

Bartoll und gab einen Brief an Hanni ab und bekam auch Briefe von ihm. Ich glaube, Bartoll hat dieser Briefwechsel sehr interessiert, und wir schrieben sehr berechnend. Hanni schrieb z. B. in jedem Brief von seinem schlechten Gesundheitszustand so, daß ich aber gut merken konnte, daß es ihm allmählich besser ging. Er klagte auch immer wieder über sein schlechtes Gedächtnis. Er hätte versucht, bei einem französischen Professor französisch zu lernen, aber die Vokabeln könnte er eben nicht mehr behalten. Das war eine Vorbeugungsmaßregel für die Vernehmungen. Sosehr ich mich über seine Briefe freute, so wußte ich doch, daß Bartoll dann wieder zu einer Vernehmung bei ihm gewesen war.

Das erste Mal ließ mich Bartoll sehr lange warten, dann aber behandelte er mich mit ausgesprochener Höflichkeit. Ich weiß nicht, was er damit bezweckte, denn zu anderen ist er z. T. sehr unangenehm gewesen. Ich wurde jedesmal sofort vorgelassen. Einmal wurde sogar eine Vernehmung unterbrochen, und ein sympathisch aussehender junger Mensch bekam eine Zeitung in die Hand gedrückt. Diesen Besuch zog ich möglichst lange heraus, damit der blasse Jüngling sich ordentlich verschnaufen konnte. In höflichster Weise stellte aber Bartoll fast jedesmal irgendwelche taktlosen Fragen, die mir nicht gerade Mut zu den Besuchen machten. Ich wollte Hanni Sachen bringen oder wenigstens schicken, aber Bartoll sagte, er bekäme alles, was er brauchte. In Wirklichkeit haben ihm die anderen politischen Häftlinge in rührendster Weise ausgeholfen. Im September durfte ich endlich einen Koffer mit Kleidung in der Französischen Straße abgeben.

Fräulein Gertrud Otto hatte mittlerweile herausbekommen, daß man im Gefängnis Lehrter Straße, wo Bolly Schulenburg saß, Lebensmittel abgeben und auch

Wäsche abholen und hinbringen durfte. In einer langen Schlange standen dort die Angehörigen an, und man erfuhr immer wieder von neuen Verhaftungen. Sie sah oft, wie die gefesselten Häftlinge an ihnen vorbeigeführt wurden.

Auf meine Vorstellungen hin bekam ich eine schriftliche Erlaubnis, Wonte auch zu versorgen, wurde aber im Gefängnis Moabit von einem bärbeißigen Portier sehr schroff abgewiesen. Ich sollte um Besuchserlaubnis nachsuchen, alles andere wäre in Justizgefängnissen verboten. Die Bestimmungen der Gestapo hätten hier keine Bedeutung. Ich drang bis zur Oberin vor und versuchte, sie zu becircen, um Wonte wenigstens eine wollene Decke zukommen zu lassen. Aber sie war ausgesprochen unfreundlich und ablehnend. Es wäre hier kein „Familienpensionat", und man müßte sich den Bestimmungen fügen. Ich berichtete Bartoll meine Abfuhr und daß dort seine Macht auch nichts ausrichtete. –

Nach einem schweren Bombenangriff, den ich im Diplomatenbunker unter dem Pariser Platz verbrachte (ich wurde in diese äußerst exclusiven Räume immer hereingelassen ohne jeden Ausweis, wenn ich meinen Namen nannte, seit dem 20. Juli), erfuhr ich, daß die Gefangenen der Justizgefängnisse nie in Bunker gebracht werden. Ich machte das nächste Mal Bartoll deswegen schwere Vorwürfe, so daß er sich fast entschuldigte. Ja, wenn sie unter 17 Jahren wäre wie die Fürsorge-Kinder, die ihm unterstünden, dann gäbe es eine Bestimmung, daß sie geschützt werden müßte. Bitter sagte ich: „Die sind ja wohl auch wertvoller als meine Tochter!" Besuchserlaubnis konnte er mir nicht geben. Das wäre für die Gefangenen der Gestapo schwer verboten.

Einmal war er sehr böse. Er schien mit den Vernehmungen von Hanni nicht weiterzukommen. „Ihre Tochter kommt nicht eher heraus, als bis er sich bequemt auszusagen!", und schimpfte richtig auf ihn. „Und das sage ich nicht, weil ich sozial tiefer stehe", fügte er noch etwas unmotiviert hinzu. Ich spürte, daß er sich irgendwie Hanni unterlegen fühlte und daß er von Vorgesetzten was aufs Dach bekommen hatte, weil er nicht weiterkäme.

Ein anderes Mal sagte er zu einem anderen Beamten: „Ich weiß nicht, warum er noch so schwach ist. Er sieht eigentlich recht wohl aus."

Einmal traf ich draußen den guten Zastrow, ohne Kragen, also offensichtlich auch Häftling. Er bat mich um 3 Mark, damit er sich rasieren lassen könnte. Heimlich konnte ich es ihm nicht zustecken, so gab ich das Geld für ihn dem Fräulein, das die Anmeldungen entgegennahm. Hoffentlich hat sie ihm das Geld nachher geben dürfen. Wir wechselten einige Worte unter Bewachung, und Zastrow freute sich sehr, daß Hanni lebte.

Die meisten Bekannten waren wirklich reizend zu mir. Am ersten Sonntag nach der Verhaftung kam Trude Flemming mit Tochter Doro angefahren, obwohl die wildesten Gerüchte umgingen, ich wäre verhaftet und das Haus wäre streng abgesperrt. Immer wieder hieß es, Hanni wäre schon hingerichtet. – Frau von Massow-Demnitz machte sich per Rad auf, um nach mir zu sehen. Seppi Oppen[15] kümmerte sich in reizendster Weise um uns. Auch die Leute aus dem Dorf nahmen viel Anteil. Von Wulkow[16] hörte ich zunächst nichts, aber als ich im Dezember zur Beerdigung des alten Brünneck drüben war, fiel Frau von Brünneck mir weinend um den Hals und sagte laut vor allen Umstehenden: „Sie haben es ja noch viel schwerer als wir alle." Nur Herr Schulz-Podelzig brach einen jagdlichen Grenzstreit vom Zaune, den der Kreisjägermeister wohlwollend für uns schlichtete. Damals gehörte dazu absolut Mut.

Nach dem ersten Gottesdienst, den ich nach der Verhaftung wieder besuchte, kam eine treue, alte Frauenhilfe-Schwester zu mir und fragte mich, ob ich den heutigen Spruch in der Losung gelesen hätte: „Der Herr erschien Josef im Gefängnis und tröstete ihn!"[17] In diesem Sinne hätte sie für den Herrn Grafen gebetet. –

Ende Juli sollte eine Forst-Bereisung stattfinden, die schon länger angekündigt war. Forstmeister Hannecke mit Dr. Binder und Naumann und noch einem Herrn vom Reichsforstamt kamen dazu. Sie ließen mir sagen, daß sie nicht, wie vorgesehen, im Schloß, sondern im Gasthof essen wollten. Dem anständigen, lieben Hannecke war das scheußlich. Ich tröstete ihn, wir könnten ja beide nichts dafür, daß sie solche Angst vor mir hätten, und ließ ihnen allen zusammen das Essen zu (X) Brüning herüberschicken. Der Kreisjägermeister ließ mir später sagen, daß die Herren den Förster-Gruß beanstandet hätten, und riet mir, den Deutschen Gruß[18] einzuführen. Es war vollkommen berechtigt, denn selbst in Görings Revieren wurde mit „Weidmannsheil" und Hand am Hut gegrüßt. Aber ich mußte jetzt alles tun, um Hanni nicht zu schaden. Die Förster haben es sehr ungern getan (X). – Als Lalla und ich einmal an die Bahn fuhren, spuckte uns ein vorbeifahrender Radler zwischen die Pferdebeine. – Ein anderes Mal traf ich im „Adlon" und nachher noch einmal auf der Straße davor einen gut bekannten Vetter mit seiner Frau, die mich ängstlich ignorierten. – Ich habe nie mehr Menschen zuerst gegrüßt oder angesprochen, aber dies waren auch nur ganz vereinzelte Fälle. – Besonders rührend waren unsere Geschäfte in Berlin, in denen wir immer kauften, Inhaber und Personal.(X)

Ich versuchte immer wieder, eine höhere Instanz zu erreichen, aber es glückte nicht. Bartoll schien es sogar übelzunehmen, denn immer kamen Rückfragen an ihn.

Ich wurde immer an ihn zurückverwiesen; in seiner Hand lag während der Vernehmungen alle Macht. Manche rieten mir, ein Gnadengesuch an Himmler zu richten. Denselben Rat gab mir ein höherer Gestapobeamter, an den Frl. Richter mich gewiesen hatte und der in dem Ausweichlager in Wulkow[19] arbeitete. Herr Brochnow kannte Bartoll sehr gut, denn dieser hatte früher unter ihm gearbeitet. Er erzählte von ihm und daß er ein ungemein fleißiger und ehrgeiziger Mensch wäre, der sich emporgearbeitet und sich mit eiserner Energie das Stottern abgewöhnt hätte. Brochnow langweilte sich fürchterlich in dem Lager, und meine Besuche schienen ihm eine angenehme Unterbrechung zu sein. Er war auch noch ziemlich jung und wurde sehr redselig, wenn man ihn bei der Eitelkeit packte. Er gab mir öfter nützliche Winke, z. B. Post und Telefon würden bei uns strengstens überwacht. Einmal bot ich ihm einen Hasen an, aber den wies er ab mit der Bemerkung: „Wissen Sie, hier im Lager ist einer des anderen Deibel!" Dafür schloß er aber Freundschaft mit unserer dicken Köchin und ließ sich alles zuschieben, was er nur brauchen konnte. Jeden Sonnabend kam er zu ihr, ehe er zu seiner Familie fuhr. Frau Schenk glaubte wohl, es wäre ein gutes nationalsozialistisches Werk, wenn sie mich betrog. Mir war es recht, denn es war eben nur eine verfeinerte Art von Bestechung, und ich drückte beide Augen zu. – Den Brief an Himmler sagte er mir genau vor, Anrede, Adresse und Inhalt. U. a.: „Mein Mann ist verdächtigt worden, an jenem fluchwürdigen Attentat auf unseren *geliebten* Führer teilgenommen zu haben ..." Er unterbrach sich und sah mich listig an und sagte: „Was sehen Sie mich denn so an? So müssen Sie schon schreiben!" Er grinste. Ich hatte bestimmt kein spöttisches Gesicht gemacht, aber schon öfter war mir aufgefallen, daß diese Burschen von Hitler nicht mehr viel hielten und zu

Himmler alleine neigten, der ihn ja wohl auch eine Zeit lang vertreten hat, bis Hitler von den Nachwirkungen des Attentats wiederhergestellt war.

Ich mochte nur noch nicht die höheren Leute zu sehr auf diesen Fall aufmerksam machen. Es war ja ein Segen, daß Bartoll mit den Vernehmungen nicht recht weiterkam. Dem Brochnow erwiderte ich, daß ich stark bezweifelte, daß Himmler meinen Brief überhaupt lesen würde. Da nahm ihn Brochnow eifrig in Schutz und sagte: „Gerade neulich habe ich erlebt, daß der Brief einer Waschfrau von ihm gelesen wurde und der Fall daraufhin nachgeprüft werden mußte." „Na, da habe ich ja noch Chancen!" – (X) Ich sollte nur ja nicht lockerlassen. Er bearbeitete einen Fall, wo sich eine Frau so lange bemüht hätte, bis ihr Mann herauskam, obwohl es sehr schlecht um ihn stand. – Einmal sagte er: „Ein Jammer, daß man solche Menschen wie Sie nur durch solche Katastrophen kennenlernt."– (Wie dankbar bin ich, daß ich vorher von diesen üblen Existenzen nichts gewußt habe!)

Das Offiziersgehalt blieb seit zwei Monaten aus, und auf unsere Anfrage an die Zahlstelle bekam ich keine Antwort. Bartoll wußte angeblich nicht, was das bedeuten sollte. Ich merkte allmählich, daß Hanni aus der Wehrmacht ausgestoßen war. –

Am 29. Oktober, unserem Hochzeitstage, (X) fuhr ich mit Lalla nach Neuruppin zu Friedrich-Carl, um mit ihm den Tag zu verbringen. Ich schrieb danach an Hanni, daß ich gerade an dem Tag dicht bei ihm vorbeigefahren bin. Das nächste Mal fragte mich Bartoll äußerst neugierig, wie ich seinen Aufenthaltsort herausbekommen hätte. Ich ließ ihn ein bißchen zappeln und habe ihm dann vorgeschwindelt, ich hätte damals, als er weggebracht worden wäre, jemanden hinterhergeschickt. Das imponierte ihm scheinbar. Ich wollte nur Hilgenfeldt keine Unannehmlichkeiten bereiten, der es mir ja verraten hatte. – Aber schade, daß ich es ihn nicht eher hatte wissen lassen, denn kurz darauf bekam ich die Erlaubnis, Hanni Lebensmittel nach Oranienburg herauszubringen. Ich fuhr nun einmal in der Woche mit einem dicken Karton heraus und gab ihn bei der Wache ab. Wie ich aus Hannis Briefen feststellte, sind die ersten drei Pakete verlorengegangen. Ich beschwerte mich beim Postmeister, der sehr pampig war und behauptete, es könnte nichts wegkommen. Ich wurde noch pampiger und sagte, daß ich zum Kommandanten gehen würde, denn ich hätte nicht genug Lebensmittel, um ein solches Risiko weiterhin einzugehen. Ich drang aber nur bis zum Adjutanten vor, der nach einigem Zögern der Sache nachging. Von da an bekam Hanni jedes Paket. Dem Postmeister brachte ich das nächste Mal eine Flasche Kognak mit. Die Wache bestach ich mit Zigaretten. Die Leute waren äußerst zuvorkommend, und ich bekam sogar jedesmal die mir sehr wertvolle Verpackung zurück. – Einmal in der Woche brachte Gisela ihm Lebensmittel von Arnimshain aus hin.

Frl. Gertrud Otto fuhr meistens mit mir zweimal in der Woche nach Berlin und ging auch jedesmal in das Büro in der Französischen Straße, um Briefe von Bolly zu holen und eigene hinzubringen. Die Gestapobeamten hatten mächtigen Respekt vor ihr, wie sie unbekümmert ihren Zorn über die lange Haft ihres Generals an ihnen ausließ und überhaupt kein Blatt vor den Mund nahm. Einmal verabredeten wir uns, ihnen nichts zu glauben, damit sie uns mehr von unseren armen Gefangenen erzählten. Als ich nach ihr hinkam, waren sie noch ganz erregt, daß Frl. Otto so erregt und in Tränen gewesen wäre. Ich sagte ihnen, daß es mir, offen gestanden, genauso ginge. Da wurden sie endlich redseliger, und an dem Tage erfuhr ich endlich mehr von dem Ergehen unserer Vier.

Jedesmal, wenn ich nach Berlin kam, war mein erster Gang nach Pariser Platz Nr. 3, in unsere kleine Wohnung, die wir Ursula Kardorff abgegeben hatten. Die Arme ist dadurch, daß sie bei uns wohnte, auch in die Sache mit hineingezogen und einige Male vernommen worden. – Sie war goldig in ihrer Fürsorge und Hilfsbereitschaft für mich. Wir frühstückten immer zusammen, und sie verzapfte mir die neuesten Nachrichten, vor allem die inoffiziellen der Presse. Über das Telefon legten wir sorgfältig solange ein Kissen. – Einmal hatte mir Wonte sehr raffiniert einen „Kassiber“ geschickt, das erste Lebenszeichen, was ich von ihr bekam. Ich ging sehr glücklich und maßlos aufgeregt mit dem noch ungelesenen Brief und einigen für den Briefkasten bestimmten Briefen im Hotel „Adlon“ zum Abendessen und war so verhuscht, daß ich – stell Dir vor! – alles zusammen in den Briefkasten steckte! Überschrift „Gefängnis Charlottenburg“. In der Nacht habe ich schlecht geschlafen, muß ich sagen, bis ich am nächsten Morgen auf die Briefträgerin wartete, die zum Entleeren des Kastens kam. Mit eine<r> Fleischmarke<n> in der Hand bekam ich den Brief auch gleich zurück.

Von Ursula aus ging ich meine schweren Gänge zu den immer wieder neuen Leuten, die ich aufsuchen mußte. Ach, und ich war oft so verzagt! Ich konnte doch so gar nicht erfahren, wie es mit den Vernehmungen stand. Es war ja doch ein Wunder, daß die Mitschuld noch nicht klar erwiesen war. Aber vielleicht waren die Akten überhaupt schon abgeschlossen und die ganze Sache dem Volksgericht übergeben? Konnte ich nicht wenigstens einen Rechtsanwalt bestimmen?– Ich erfuhr dann durch den Rechtsanwalt Sievert, der mir sonst nicht viel helfen konnte, daß nur einige sehr unbedeutende Offizialvertreter als Verteidiger für die Leute vom 20. Juli zugelassen worden wären. Herr von Borsig ließ mir sagen, daß ein Herr ...[20] in Nauen sehr anständig wäre. Ich setzte mich mit ihm in Verbindung, aber er wurde für diese Fälle nicht mehr zugelassen, weil er nach der Urteilsverkündung von Heini Lehndorff mutig gesagt hatte, daß es nach seiner Meinung in diesem Falle auch mit einer längeren Freiheitsstrafe abgegangen wäre.[21] Worauf er einen gewaltig lauten Anpfiff von Freisler bekam: diese Bemerkung stünde ihm nicht zu; das störte das Bild! –

Einen alten Justizrat Hercher suchte ich auf, der früher einen guten Ruf hatte. Er war aber so alt und müde, daß er meinen Worten gar nicht ordentlich folgen konnte. Von zwei anderen wurde mir abgeraten. Schließlich ließ mir Rüdiger Goltz den Präsidenten der Anwaltskammer, Dr. Neubert, nennen, der vielleicht ausnahmsweise eine solche Vertretung übernehmen könnte, wenn es soweit wäre. Ich suchte ihn auf und log ihm meine schon ganz abgeleierte Geschichte vor von meinem unschuldigen Mann, der in die ganze Geschichte hineingezogen war. Er sagte etwas zögernd zu, daß er die Verteidigung übernehmen würde. Freisler schien Wert auf sein Urteil zu legen, denn er hatte gerade am Tage vorher zu ihm gesagt: „Heute habe ich schon zwei Freisprüche getan! Sind Sie nun mit mir zufrieden?“ Dann sagte Neubert beim Abschied wie beiläufig: „Ist Ihr Mann so ein Großer, Dunkelhaariger? Ich glaube, wir haben ab und zu ein paar Worte gewechselt, wenn er zum Chef des Generalstabes ging. Ich habe dort bis vor kurzem gearbeitet.“ In Wirklichkeit war Neubert aber einer von denen, die von Hanni selbst eingeweiht waren! – Von ihm hörte ich, daß das Volksgericht bis in den Februar hinein mit Verhandlungen voll besetzt wäre. Das war mir sehr tröstlich. Durch Neubert würde ich nun erfahren, wann die Akten dem Volksgericht übergeben würden und auch, wann es zur Verhandlung kommt.

Ein Bekannter von einer Nichte behauptete, Einblick in die Akten vom 20. Juli zu haben. Hinter dem Namen von Hanni hätte gestanden: „Lebenslänglich KZ und Einziehung des Vermögens." Ich möchte wohl wissen, ob das Urteil schon vorher feststand oder ob dies nur ein Wichtelmeier war. Möglich ist alles!

Ein einflußreicher Bekannter von Ursula Kardorff hatte Gelegenheit, Kaltenbrunner über den Fall zu befragen, und bekam die Antwort: „Dies ist der dunkelste Fall, den wir haben. Entweder ist er überhaupt nicht beteiligt, oder er ist einer der Hauptschuldigen."

Einmal traf ich Bolly, als ich in Bartolls Büro gehen wollte. Auf einmal stand er vor mir, sah aber sehr verändert aus. Zwar soigniert wie immer, aber sehr elend und jämmerlich. Ich durfte mich eine Weile mit ihm unterhalten und versuchte, ihn aufzumöbeln, aber er war fast immer in Tränen, auch war er vor den Beamten sehr ängstlich, so daß ich den Verdacht hatte, sie hätten ihn gequält. Dies war aber nicht der Fall; er war nur in keiner Weise den Vernehmungen gewachsen. Sein Leiden, angina pectoris, hatte sich auch verschlimmert.

Sehr glücklich war ich, daß unserm Kurdel Plettenberg nichts geschah. Ich habe ihn ein paarmal auf einem Bahnhof nach mündlicher Verabredung getroffen. Später habe ich ihn ab und zu aufgesucht, wenn ich in seinem Haus Unter den Linden 11, beim Rechtsanwalt Sievert, war. Kurdel hatte die kühnsten Pläne, Hanni zu befreien, aber wir kamen überein, daß damit alleine nichts gewonnen wäre. Wo sollte er dann bleiben? Man kann ihn so gar nicht verstecken, wie etwa die Hammersteins. Er wäre zu leicht zu erkennen. Wir berieten auch den Weg über Himmler, vielleicht war er nicht so abwegig. Nur wollte ich auf keinen Fall ein „Gnadengesuch" schreiben.

Eines Morgens, als ich Bodo Marwitz bis ans Ende

des Parkes begleitet hatte, kam mir Lalla entgegen und sagte, es wäre ein Gestapobeamter da, der mich und den Rentmeister sprechen wollte. Das konnte nur die Enteignung sein! Er und Brüning erwarteten mich in der Bibliothek. Der Mann wies sich aus und erklärte den Besitz und das Vermögen für „sichergestellt". Und ich wüßte wohl, was das bedeutet? Nein, keine Ahnung hätte ich. Wir dürften also keine Verkäufe und Transaktionen mehr tätigen außer den laufenden Ausgaben? Er besichtigte das ganze Haus und fragte nach Sammlungen. Ich sagte, daß die meisten Kunstschätze zu einer Familienstiftung gehörten, was ihm sichtlich Kopfschmerzen machte. Dann fragte er nach Schmuck. „Viel ist nicht da, und er gehört mir." Ich merkte, daß man an mein Vermögen nicht gehen wollte. Als er weg war, war ich sehr erschüttert, denn ich merkte, daß die Lage erheblich ernster wurde. Man schien also die Verhandlungen gar nicht abwarten zu wollen. Aber mögen sie uns meinethalben alles wegnehmen, wenn er nur wieder käme! Dieser Wunsch ist auch aufs Dippelchen genau erfüllt worden.

Aus meiner Lethargie rüttelte mich ein Oberleutnant Rommel auf, der mit anderen Fliegern bei uns einquartiert war. Er nahm mich zu seinem Rechtsberater nach Berlin mit, damit ich in irgendeiner Weise gegen die Enteignung anginge. Dieser Anwalt wälzte das Bürgerliche Gesetzbuch und hatte scheinbar keine Ahnung, daß wir in keinem Rechtsstaat mehr lebten. Aber von da ab nahm ich weitere Verbindungen auf, die sehr nützlich waren.

Zunächst mal vernichtete ich mit dem treuen Brüning sämtliche Inventarverzeichnisse und nahm alles neu auf, wobei ich möglichst viel als Familienstiftung und mein persönliches Eigentum erklärte. Anläßlich einer Rückfrage in Frankfurt/Oder, woher der Gestapomann gekommen war, wurde mir der Bescheid gegeben, daß ich mich in allen Fragen an den Oberlandesfinanz-Präsidenten nach Berlin zu wenden hätte. Dort wurde ich an den Amtmann Ciesielski gewiesen, der die Sache bearbeitete. In ihm habe ich einen ganz besonders feinen Menschen kennengelernt, beste Sorte alter preußischer Beamter, der allmählich rührend nett zu mir wurde und mir viele nützliche Winke gab. In der Verwaltung wurde nichts geändert. Bräuninger wurde Treuhänder. Ich konnte weiter laufend abheben, was ich brauchte, sogar die Apanagen wurden weiter gezahlt. Ciesielski sagte, daß er mit großem Interesse die aktenmäßigen Unterlagen unseres Besitzes gelesen hätte, und es ginge daraus hervor, daß dieser Besitz außerordentlich gut bewirtschaftet wäre. Sinnend fügte er hinzu: „Also sind es doch nicht lauter ehrgeizige, korrupte Existenzen gewesen (wie Hitler gesagt hatte)!" Dieser Mann hat mich wohl durchschaut, als ich ihm das Märchen von der Unschuld erzählte. Einmal sagte er, daß er durch eine alte Nervenverletzung sehr sensible Hände hätte. Wenn er Akten in die Hand nähme, dann wüßte er, wie die betreffende Sache verliefe. In diesem Fall hätte er das Gefühl, die Sache verliefe wie`s „Hornberger Schießen". Ich war ihm so dankbar für den Trost. Ein anderes Mal verriet er mir unter dem Siegel der Verschwiegenheit, daß Popitz und der Botschafter Schulenburg nicht hingerichtet werden sollten. (Später ist es leider doch geschehen.)

Ich hatte mich seit der Enteignung nicht mehr um die Verwaltung gekümmert, aber bald gab es Zank unter den Beamten, und ich sagte es Ciesielski. Dieser verlangte unbedingt, daß ich mich wieder einschaltete, denn ich müßte doch annehmen, daß das Verfahren gegen meinen Mann einmal eingestellt würde und daß er den Besitz dann wieder übernehmen könnte. Ich wäre *ihm* in erster Linie Verantwortung schuldig. Ich ging immer gestärkt wieder von ihm weg. Aber es kam doch anders, als er dachte.

Einmal hatte die Gestapo Frl. Gertrud um eine bestimmte Zeit bestellt. Damit bereitete sie ihr die Überraschung eines Wiedersehens mit Bolly. „Wenn Sie mir das vorher sagen würden, dann kann ich ihm wenigstens etwas mitbringen“, meinte sie. Und richtig, das nächste Mal wurde sie vorher benachrichtigt. Da sah sie auch Wonte kurz, die ihr um den Hals flog. – Daraufhin machte ich das nächste Mal Bartoll Vorwürfe, daß ich meine Tochter noch nicht einmal „zufällig“ getroffen hätte. Und er war wirklich so gnädig, mich für einen Sonntag hinzubestellen. Da waren die Büros leer, und wir fielen nicht so auf. Gisela und Lalla warteten unten auf der Straße, ob sie auch einen Zipfel von ihr sehen könnten. Ich erwirkte schließlich auch noch die Erlaubnis, daß sie mit heraufkommen könnten. Ich hatte an Lebensmitteln mitgebracht, was wir schleppen konnten, und wir ließen unten bei Borchardt Kaffee kochen und bekamen auch eine gute Suppe für Wonte und Bolly. Wonte kam unter Tränen strahlend, sauber und ordentlich, aber das liebe Gesicht von Ungeziefer arg zerstochen. Ich konnte ihr zuflüstern, daß Bartoll mir gesagt hatte, daß sie nun noch in Haft bleiben müßte, bis Papi ausgesagt hätte. „Dann stundenlang mit wachsender Begeisterung“, sagte sie. Seitdem die Stauffenbergs und die anderen Witwen, mit denen sie sich sehr angefreundet hatte (wie ich aus den verschiedenen „Kassibern“ entnommen hatte, die sie mir zukommen ließ)()[22], kam sie sich sehr verlassen und vergessen vor. – Bolly kam auch dazu, war aber sehr ernst und ließ sich gar nicht aufheitern, sosehr sich auch Frl. Gertrud um ihn bemühte. Er schleppte sogar höflichst einen Stuhl herbei für den Beamten, der uns beaufsichtigen sollte.

Psychologisch gänzlich verkehrt! Wir hatten alle gelernt, daß man diesen Leuten gegenüber nur sehr sicher und selbstbewußt auftreten mußte. Ich hatte einmal erlebt, wie ein Jude, der höflich und bescheiden auftrat, en canaille von ihnen behandelt wurde. – Der Beamte konnte unserem aufgeregten und vergnügten Durcheinanderreden überhaupt nicht folgen. So konnte man ihr noch allerhand nebenbei erzählen. Wonte aß unaufhörlich mit einem kolossalen Appetit. Den Rest, einen riesigen Kuchen und Äpfel, steckte sie in den Busen und hatte schließlich einen gewaltigen Umfang. Das alles mußte sie vorsichtig nach Moabit hineinschmuggeln, denn es war strengstens verboten, Lebensmittel mitzunehmen. Das war die erste große Freude in jener trüben Zeit.

Das oberste Stockwerk des Gestapogebäudes in der Französischen Straße wurde durch einen Fliegerangriff schwer beschädigt, so daß Bartoll mit seinem Büro in die Oranienburger Straße verzog. Dort wollte er keine Zusammenkünfte mehr haben, denn natürlich bohrte ich sehr bald wieder. Zur Herstellung des alten Dienstgebäudes fehlte ihnen Holz. Ich versprach, ihnen Holz zu liefern und sogar anzufahren, wenn ich dafür Wonte freibekommen könnte. Auf den Handel wollte Bartoll nicht eingehen, aber er gab wieder Gelegenheit zu einem Zusammentreffen.

Bald danach kam Wonte in das Justizgefängnis Kantstraße 79. Gott segne die gute Oberin, die unseren Leuten das Leben so leicht wie möglich machte. Sie ließ sie tagsüber im Betrieb, außerhalb der Zelle, mitarbeiten. Wonte wurde mit Philippa Bredow zusammen in der Leihbibliothek beschäftigt. Die Ernährungssätze waren zwar die gleichen wie in Moabit, aber das Essen war erheblich besser, weil die Oberin sich sehr um die Küche kümmerte. Hier durfte ich auch Wontes Wäsche bringen und abholen. Und zweimal ermöglichte es eine liebe

Wärterin, die sie „Frau Engel“ nannten, daß wir uns kurz sprechen konnten. Sie stand draußen „Schmiere“, während Wonte mir alles mögliche erzählte und mir noch einen langen Brief zusteckte. – Das nächste Mal, als ich hinkam, saß im Büro ein Mädchen, das sich vorsichtig umdrehte, und ich erkannte – Puppe Hammerstein![23] Ich ging nebenbei in den Warteraum. Nach einiger Zeit kam sie und goß eifrig ein Waschbecken aus und ließ Wasser hereinlaufen, während wir uns küßten und ein paar Worte wechselten. Die Gestapo hatte die ganze greifbare Familie festgesetzt als Repressalie für die beiden Kunrat und Ludwig, die seit dem Mißlingen des Umsturzes flüchtig waren. Die Mutter war auch in diesem Gefängnis und der jüngste Sohn Franz in Moabit. Sie kamen später nach Buchenwald und sind über Dachau nach Tirol gekommen, wo sie befreit wurden, als die Amerikaner kamen.

Einmal wurde ich von Bartoll und dem Kommissar Weber wegen der Hammersteins vernommen. Sie hatten zwei Photos und wollten wissen, ob sie ähnlich wären. Auf Ludwigs recht schlechtem Bild konnte ich feststellen, daß seine große Narbe am Hals nicht darauf war, die ja ein sicheres Kennzeichen gewesen wäre, und freute mich mächtig und erklärte es für ziemlich ähnlich. Das Photo von Kunrat war sehr ähnlich. Ich sagte, so hätte er vielleicht vor acht Jahren ausgesehen. Die Sekretärin mischte sich ein und meinte, er müßte danach der Puppe besonders in der Kinnpartie so ähnlich sehen. Ich sagte, das wäre mir nie aufgefallen. – Wie gut, daß ich über den Aufenthalt sehr unwissend war und es abgelehnt hatte, als mir Dr. Damholz einmal in Buckow davon erzählen wollte. Ich wußte nur, daß Ludwig in Berlin in der Unterwelt verborgen lebte und kameradschaftlichst geschützt wurde. Kunrat lebte irgendwo im Westen versteckt. Als ich das nächste Mal hinkam, sagte

Bartoll: „Das ist ja nun schade um die Hammersteins!" Ich bekam einen gewaltigen Schrecken und glaubte, man hätte sie gefunden: „Wieso?" „Na, wenn sie gefunden werden, dann werden sie erschossen als Fahnenflüchtige!" So ein Biest! Nur erschrecken wollte er mich! Auf dem Nachhauseweg zitterten mir die Knie!

Eine ganz prachtvolle Frau lernte ich in der Zeit kennen in Lita Stauffenberg[24], der Frau des Bruders von Klaus Stauffenberg und Professors der Geschichte, der gefangen in der Lehrter Straße saß. Sie war eine hervorragende Fliegerin, die gerade damals mit dem Ausprobieren von wichtigen Waffen beschäftigt war. Sie war auch kurze Zeit in Haft, mußte aber als unentbehrlich für die Luftwaffe wieder nach ein paar Wochen freigelassen werden. Den Namen Stauffenberg durfte sie nicht mehr führen und nannte sich Gräfin Schenk. Zu offiziellen Gelegenheiten trug sie ihre hohe Auszeichnung, die sehr hübsche Brillantspange. Zum EK I war sie eingegeben, hat es aber nach dem Attentat nicht mehr bekommen. Durch den Gestapokommissar Opitz, der sie sehr verehrte, hatte sie allwöchentlich Zugang zu dem Gefängnis in der Kantstraße. Durch sie bekam ich nun regelmäßig Nachricht von Wonte, und ich konnte auch Briefe und Lebensmittel mitschicken. Natürlich habe ich auch Gräfin Stauffenbergs Angehörige gleich mitversorgt. – Sie hat sich in rührendster Weise und sehr tapfer für die Familie eingesetzt. Als sie alle nach Buchenwald kamen, hat sie sich auf den Flugplatz Weimar verlegen lassen. Als dann die Feinde einmarschierten und die Häftlinge abtransportiert wurden, ist sie mit einer schweren Maschine aufgestiegen, um zu beobachten, wohin sie gebracht wurden. Dies Flugzeug wurde von einem feindlichen Flieger angegriffen und beschossen. Sie warf die Arme hoch zum Zeichen, daß sie unbewaffnet war, wurde aber schwer verletzt. Sie landete die

Maschine noch am Bayrischen Wald und wurde dann verblutend aufgefunden.

Bartoll meinte, ich sollte Hanni nichts von der Enteignung schreiben, um ihn nicht unnötig aufzuregen. Merkwürdig diese Fürsorge, wo er doch hauptamtlich eifrigst bedacht war, ihn zu überführen und zum Tode schuldig zu sprechen. Ich sagte ihm, daß ich jetzt energisch dafür kämpfen würde, Besuchserlaubnis zu bekommen, und er müßte mir dazu helfen. – Von irgendeiner Seite war mir gesagt worden, daß Himmler einen alten SS-General eingesetzt hätte, an den man sich mit solchen Fragen wenden sollte. Ich schrieb an diesen Herrn Breithaupt nach Prien/Obb. und bekam gleich ein sehr höfliches Telegramm, ich möchte an einem bestimmten Tag zu ihm ins Hotel „Adlon" kommen. Dort traf ich einen freundlichen alten Herrn, der aber eigentlich nur zur Milderung der Angelegenheiten der Hinterbliebenen des 20. Juli eingesetzt war, und zwar nicht aus Mitleid, sondern um die ständig wachsende Sympathie für diese Familien zu steuern. – Auch dieser fragte mich als erstes, warum Hanni sich das Leben hat nehmen wollen. Ich sagte ihm, daß die kleinen Gestapobeamten das nicht verstehen könnten. Er wäre doch aber wahrscheinlich ein Offizier des alten Heeres mit den anständigen Ehrauffassungen von damals und hätte sich doch wohl auch nicht so verhaften lassen. „Bestimmt nicht", sagte er, „ ich weiß schon: es war gekränktes Ehrgefühl." Ich horchte auf. Scheinbar hatte man sich über diesen gefährlichen Punkt beruhigt und diese Notiz in die Akten geschrieben. – Er sagte, er verspräche nie vage Sachen, aber er könnte mir sagen, daß meine Tochter wohl sehr bald nach Hause kommen würde. Was meinen Mann anbeträfe, so riete er mir, an Himmler zu schreiben und ein Gnadengesuch einzureichen. Ich sollte es doch heute noch tun, dann könnte er den Brief morgen nach Bayern mitnehmen und dort in Himmlers Büro[25] abgeben. Ich redete mich raus, ich müßte sofort nach Hause. In Wirklichkeit wollte ich auf Dich warten, daß *Du* diesen wichtigen Brief verfaßtest. Es konnte ja auch kein „Gnadengesuch" sein, denn damit wäre Hanni doch nicht einverstanden gewesen.

Wie gut war es, daß Du auf Urlaub kamst und daß man einmal alles mit Dir durchsprechen konnte! Sehr gut hast Du dann den Brief verfaßt, dreist und unlogisch, wie ihn eine Frau schreiben würde: Mein Mann wäre im Verlauf des 20. Juli verhaftet worden, hätte sich bei der Verhaftung Schüsse beigebracht, weil er sich nicht wie ein Verbrecher abführen lassen wollte. Er läge noch krank im Lazarett in Oranienburg, und ich hätte schwere Sorgen um ihn. Ich bäte darum, daß er nach Hause entlassen würde und daß ich ihn gesund pflegen dürfte, wie ich es schon oft getan hätte nach seinen schweren Kriegsverwundungen.[26] Nachher stünde er dann zu weiteren Vernehmungen zur Verfügung, um zu beweisen, daß er mit der Angelegenheit nichts zu tun gehabt hätte. – Ich habe Dir versprochen, den Brief nicht zu früh abzuschicken, weil wir ja immer Sorge hatten, daß die Sache aufgerührt wurde, die vielleicht in Vergessenheit geraten war. Anfang Januar schien es mir Zeit zu sein, und ich habe ihn mit Ursula durchgesprochen. Wir zogen Axel Bussche zu Rate, der gerade am Pariser Platz wohnte. Ursula und ich waren so aufgeregt, daß es uns nicht möglich war, eine fehlerlose Abschrift zu machen. Eine befreundete Journalistin, die dazukam, tippte den Brief ab und machte hinter „Heil Hitler" (X) ein Fragezeichen anstatt Ausrufungszeichen. Die fünfte Abschrift glückte endlich. – Ich brachte den Brief zum Adjutanten von Kaltenbrunner zum Weiterbefördern an Himmler und erfuhr dann bald, daß von ihm Rückfragen an Bartoll gekommen wären. – Dieser war auch entschieden gar nicht mehr an dem Fall interessiert. Er hätte vielleicht ganz gerne gesehen, wenn Hanni auf diese Weise entlassen worden wäre. Sein Ehrgeiz versprach sich keinen Ruhm mehr in der Angelegenheit. – Jedenfalls wäre es der einzige Weg gewesen, um ihn freizubekommen, und nicht etwa der Weg über die Reichskanzlei. Immer wieder hörte ich von der Rachsucht von Hitler, der (X) <immer wieder> neue Hinrichtungen wegen des 20. Juli anordnete.

Onkel Willy Schilling sahst Du ja auch wieder im Kreise seiner Familie. Er hat sechs Wochen im Gefängnis Lehrter Straße gesessen, und es hat sehr lange gedauert, bis er sich davon wieder einigermaßen erholt hat. Er war in keiner Weise eingeweiht in die Pläne, hat aber in seiner ruhigen, vornehmen Art scheinbar sehr geschickt ausgesagt und alle Anschuldigungen gegen Hanni gut pariert.

Friedrich-Carl hatte mir einmal erzählt, daß bald nach dem 20. Juli ein General von Loeper ihn im Lazarett aufgesucht hätte und sich von ihm über Hanni hätte berichten lassen. Wie ich später hörte, hat er dafür gesorgt, daß der Junge beim Regiment verblieb. Später haben sie ihn aber doch aus dem Offiziersanwärter-Kurs herausgetan, was nachher offensichtlich seine Lebensrettung war.

Wie oft haben Du und ich uns ausgerechnet, wann endlich die Alliierten weitermarschieren würden. Wir hofften, daß Hanni nun bald durch sie befreit würde. Aber das blieb auch weiterhin eine große Enttäuschung! Nur mit äußerster Vorsicht gingen sie weiter, <und>die Westmächte schienen nicht zu ahnen, wie das ganze Kartenhaus des Nazismus zusammenbrach.

Am 22. Dezember kam Atti[27] überraschend aus Bayern. Jetzt hatte ich auch keine Sorgen mehr, daß sie etwa noch mit hereingezogen werden könnte, denn sie wußte ja überhaupt nichts, und es schien doch alles nicht mehr so gefährlich zu sein. Anfang Januar aber wurde der alte Brünneck-Wulkow einen ganzen Vormittag lang von Bartoll und einem anderen Kommissar vernommen. Ich habe nie erfahren weswegen. Jedenfalls schien mir das doch wieder gefährlich, außerdem kamen immer wieder Gerüchte aus dem Osten, daß die Front an vielen Stellen durchbrochen wäre. So schickte ich Atti mit all ihrem Hab und Gut nach Bayern zurück. – Brünneck ist ein paar Tage nach dem Verhör gestorben. Bei seiner Beerdigung ging ich ein langes Stück mit Frau von Stülpnagel, die mir von ihrem Nachbarn, Herrn von Hagen … [28] … Ausführlich hatte er ihr alles geschildert, was er von ihm wußte. „Und alle dort waren der festen Überzeugung, daß er gänzlich unschuldig ist!"– Die Nachbarn waren alle reizend zu mir. Fairy Seidel winkte schon von weitem, als ich in die Kirche kam, daß ich mich neben sie setzen sollte. Nach der Beerdigung wollte man mich durchaus veranlassen, ins Haus zu kommen, aber ich hatte mich in Friedland mit Mops Hagen[29] verabredet und habe dann von ihm noch Weiteres über Hanni gehört. Es ging daraus hervor, <daß Hanni nicht im geringsten seine Teilnahme hat zugeben müssen.>(X)

<Wie schön, daß Du das Glück noch miterlebt hast, als Wonte nach Hause kam. Wir kamen von einer Waldfahrt am 17. Dezember nach Hause, und Taillout, der französische Kriegsgefangene und Diener, empfing uns mit den Worten, Comtesse Reinhild hätte angerufen und bäte um Abholung vom nächsten Zug, der von Berlin kam, und seine guten braunen Augen strahlten vor Mitfreude. – Am 20. war dann dein Urlaub zu Ende.(X)>

Am 21. versuchte ich, zu dem Vorgesetzten von Bartoll vorzudringen, der sein Büro am Alex[30] hatte. Er hieß Bock und soll ein übles Raubtier gewesen sein. Im Vorzimmer traf ich seinen Adjutanten, der bis vor kurzem in der Französischen Straße gearbeitet hatte und mir da-

mals sehr wichtig erzählte, er ginge an die Front. Er hatte aber nur das Lokal gewechselt. Bock konnte ich schließlich nur telefonisch sprechen (X) und bat ihn um Sprecherlaubnis im KZ. „In welcher Angelegenheit wollen Sie ihn sprechen? Geschäftlich oder privatim?" „Wie Sie wollen: ich bin seine Frau und möchte ihn gerne wiedersehen!" „Wann?" „Übermorgen, am 24. Dezember." Ja, ich könnte mir die schriftliche Erlaubnis von Bartoll abholen. *Endlich!* Und auf einmal ging es so leicht!

Zu Hause suchte ich gleich Brochnow auf und erzählte ihm meinen Erfolg, weil ich gern wissen wollte, woran das lag, ob es ein gutes oder ein schlechtes Zeichen wäre. Der war höchst erstaunt und machte mich darauf aufmerksam, daß die Sache ganz besonders gut stehen müßte, sonst hätten wir *nie* die Besuchserlaubnis bekommen. Vor den gerichtlichen Verhandlungen wäre das überhaupt nicht erlaubt. Außerdem wäre Bock besonders vorsichtig und hielte sich genau an die Vorschriften.

Jammerschade, daß Dein Urlaub schon abgelaufen war! Die nächste Nachricht über Hanni hast Du dann wohl erst im Oktober nächsten Jahres bekommen, als Du im camp warst.

Schwer bepackt fuhr ich am 24. in sehr leeren Zügen nach Oranienburg. In der politischen Abteilung in einem großen Büroraum brauchte ich nicht lange zu warten. Zu meiner unsagbaren Freude kam Hanni erstaunlich wohl aussehend, aber den Kranken markierend, in Begleitung eines Pflegers, und wir konnten uns so lange unterhalten, bis uns nichts mehr einfiel. Das muß eine lange Zeit gewesen sein, und glücklicherweise war sie auf Bartolls Zettel nicht limitiert. Der beaufsichtigende Beamte war sehr nachsichtig und hörte auch gar nicht immer hin, was wir sprachen. Hanni hatte eine Menge Fragen aufgeschrieben. Ich genoß einmal wieder die unendliche Ruhe und Sicherheit, die auch selbst in dieser Situation von ihm ausgingen. Erstaunlich war mir, wie gut er orientiert war über alles, was in der Welt vorging. Sehr dumm war von mir, daß ich ihm Blumen mitgebracht hatte. Er lachte, und ich mußte sie wieder mitnehmen. Ich hatte noch nicht die richtige Vorstellung vom Lagerleben. – Spätabends war ich wieder zu Hause. Die Kinder waren ausnahmsweise alle vollzählig da und hatten mit der Weihnachtsfeier gewartet. Hoffentlich hatte ich nur Hanni nichts merken lassen von meinen Sorgen und meiner Verzagtheit.

Silvester fuhr ich nach Lieberose, um Papa endlich einmal von uns zu erzählen, wenn auch nicht die volle Wahrheit. Ich fand ihn schwer krank und viel besinnungslos. Ich war tief beeindruckt von der Furchtlosigkeit, mit der er den Tod erwartete. Er fragte mich einmal, als er vollkommen klar war, ob Hanni an dem Attentat beteiligt gewesen wäre oder nicht. So, wie ich ihn kenne, glaube ich, daß er es sehr gerne bestätigt gehabt hätte, denn er hatte tief inneres Verständnis für eine solche Einstellung. Ich kämpfte einen Moment mit mir, ob ich es ihm nicht mit auf seinen Weg in die Ewigkeit geben sollte. Aber ich *konnte* es nicht tun. Gerade er, der in seiner Lebhaftigkeit sein Herz immer so gerne auf der Zunge trug, hätte in diesem Zustand zwischen Wachen und Schlafen leicht etwas zu der ihn pflegenden Wirtschafterin sagen können, was gefährlich für Hanni gewesen wäre. Es ist mir wirklich namenlos schwer gefallen, dem sterbenden Vater die Wahrheit vorzuenthalten, wo doch das ganze Leben immer Ehrlichkeit zwischen uns geherrscht hat. – Am 7. Januar nahm er Abschied von mir, und dann wachte er in der Nacht noch einmal auf und war ganz ärgerlich, daß der Tod immer noch nicht kam, wie etwa auf einen Beamten, den man bestellt hat und der sich verspätet hat. Dann schlief er bald wieder ein und wachte nicht mehr auf. – Die Beerdigung in dem lieben alten Städtchen war wunderschön, und die verschiedenen Geister versammelten sich einmütig um den Sarg in der alten patriarchalischen Weise. Selbst in der Kirche fanden sich die sonst so widerstrebenden Gemüter, die dem Nazismus sonst verfallen waren. –

Der alte Kantor spielte seit langem das erste Mal wieder die Orgel, der Bürgermeister spielte mit einigen Bürgern zum Eingang das Largo von Händel. Die Schützengilde in der alten Uniform war angetreten, sogar der längst verstreute Kriegerverein gab dem Sarge das Geleit. Wie gut, daß Gisela und Wonte gekommen waren und diesen schönen Abschluß miterleben durften. Und der Pfarrer sprach wirklich wunderschön über das Wort: „Gott hat uns nicht gegeben den Geist der Furcht, sondern der Kraft und der Weisheit und der Zucht.“[31] Den sonst so vorsichtigen Mann rissen die Worte mit, und er schilderte Papas Furchtlosigkeit und Aufrichtigkeit als Vorbild für uns alle. Zum Schluß sprach er, wie ich ihn gebeten hatte, in Papas Sinne den Dank aus für die Liebe und die Ehrfurcht, die ihm die Lieberoser immer entgegengebracht hätten. – Ich habe es als eine ganz besondere Gnade Gottes empfunden, daß er ihn so im letzten Moment zu sich genommen hat, wo er nichts mehr von dem Untergang des Vaterlandes erfuhr. Und er durfte noch zu Hause sterben!

Von nun an durfte ich Hanni alle vier Wochen besuchen, aber ich fand immer einen Grund, ihn eher zu sprechen. Nach Papas Tod gab ich vor, ihn in Erbschaftsangelegenheiten sprechen zu müssen. Im Februar sah ich ihn zweimal, weil der Russenanmarsch uns angeblich wirtschaftliche Schwierigkeiten bereitete. Bartoll hatte unsere Bibliothek besonders interessiert, und so nahm ich dies Interesse als Anlaß, um eine erneute Besuchserlaubnis zu bekommen. Ich müßte durchaus wissen, wie ich sie schützen sollte. Er wußte nicht, daß der Direktor der Staatsbibliothek die Aufsicht darüber nach der Enteignung bekommen hatte, aber niemand hat sich mehr darum gekümmert.

Ich hatte mich zu Hause seit Hannis Verhaftung vom aktiven Mitarbeiten in Frauenhilfe und Kirche ganz zurückgezogen, um nicht zu schaden, denn ich mußte ja annehmen, daß er bald verurteilt würde, und dann wäre es ein leichtes gewesen, die evangelische Frauenhilfe und die Laiengottesdienste zu verbieten, die regelmäßig jeden Sonntag in Neuhardenberg stattfanden. Beides war den Nazis schon lange ein Dorn im Auge. Nur den letzten Sonntag, den ich zu Hause verbrachte, als die Russen schon dicht bei Letschin[32] waren, habe ich anstatt einer Predigt die ersten beiden Kapitel vom Buch Hiob gelesen vor einer recht zahlreichen Gemeinde.

Gegen eine Belagerung des Schlosses und der umliegenden Gebäude waren wir schon lange geschützt. Der sehr nette Staatssekretär Kritzinger hatte uns im Juni besucht und für den Minister Lammers[33] als Ausweichquartier belegt. – Einmal ließen sich bei mir zwei Herren melden, die baten, das Schloß ansehen zu dürfen. Der eine, der offensichtlich geschminkte Backen hatte, sprach gar nicht, sondern sah sich alle Kunstschätze mit Kennerblick an. Seine lauernde Art ärgerte mich. Der andere sagte, daß eine Behörde das Haus als Ausweichquartier belegen sollte, und sie würden sich mit Lammers schon einigen. Am nächsten Tag fuhr ich nach Berlin und ging zu Kritzinger in die Reichskanzlei. (Bald nach dem Attentat war ich einmal bei ihm, um ihn um Rat zu bitten, an wen ich mich wenden könnte. Er wollte mit seinem Minister sprechen und mir Nachricht geben. Wahrscheinlich schien ihm die Sache hoffnungslos, denn ich habe nie wieder etwas von ihm gehört. Jetzt sagte er, daß der Minister auch nicht helfen könnte.)

Hier erfuhr ich nun, daß der Minister Speer das Haus mit allen Nebengebäuden für sich und seinen Stab belegen wollte. Ich ahnte, was das bedeutet, denn Speer war wohl der einzigste, der noch keinen Grundbesitz hatte. Und Lammers mußte verzichten, denn Speer war „kriegswichtig“ und hatte das Vorrecht. – Im Januar kam er selbst, um alles zu besichtigen, war sehr nett und höflich. Es war noch nicht die Rede davon, daß wir weichen müßten, aber es war mir vollkommen klar. In seiner Begleitung befand sich wieder der Geschminkte, der sich als Professor Breker entpuppte. Dieser hatte ihn wohl auf unser Haus aufmerksam gemacht. Speer meinte, es wäre wohl das schönste Schloß in der ganzen Gegend. Mein schwacher Hinweis auf Kunersdorf nutzte auch nichts mehr. – In der nächsten Zeit schon wollten seine Handwerker kommen und Kanalisation usw. in Ordnung bringen. Aber es kam auch anders als Herr Speer dachte!–

Die Russen marschierten ungehindert vom Osten her, und das Dorf wurde sehr stark mit Fliegern belegt. Das Schloß sollte, wie immer in solchen Fällen, voll besetzt werden. Der Landrat sagte, daß Speer das Haus nicht freigeben wollte. Ich ließ ihm sagen, daß die Dorfbewohner dann mit Recht sehr feindlich würden, wenn sie immer mehr zusammenrücken müßten und das Schloß freibleiben müßte. Rückantwort: Dann sollte ich wenigstens eine Vier-Zimmer-Wohnung leer lassen, die er demnächst mit seiner Familie beziehen wollte. – <Das konnte man natürlich auch nicht mehr tun.> Das tat ich nicht.

Erschütternd war, wie machtlos die Flieger waren und wie wenig sie aus Mangel an Sprit überhaupt fliegen konnten, aber die Russen hatten auch wenig Flieger, und so wurde es allmählich <auf einmal> sehr still in der Luft. Nur die Angriffe auf Berlin waren ein schauriger

Anblick. – Eines Vormittags war auf einmal eine wilde Aufregung, und alle Flieger verließen in wilder Flucht den Ort. Wenn ich in fünf Minuten fertig wäre, könnte ich auch mitkommen, aber sie verschwiegen eisern, warum. Aber es war ja klar. Jeden Morgen hörte man die feindliche Artillerie, und von unserer Seite blieb alles unheimlich still. – Die dicke Köchin packte ihre Sachen Hals über Kopf und verließ uns, ohne sich zu verabschieden, mit den beiden Lehrmädchen und tat dabei einen tüchtigen Griff in die Vorräte. Es bot sich eine Gelegenheit für sie, mit den Fliegern bis Fürstenwalde mitzufahren. Meinen Versuch, sie zu beruhigen, verdrehte sie so, daß in den nächsten Tagen ein Offizier ankam und mir sagte, sie hätte mich angezeigt, ich hätte gesagt, sie sollte doch eine gute …[34] Das war der Dank dafür, daß ich ihre Tochter und Enkeltochter vor zwei Jahren aufgenommen und bis jetzt durchgefüttert hatte. Die lieben Evakuierten, auch die Frau eines Feldwebels, fuhren auf die gleiche Art alle mit ihr ab.

Die Russen strömten ungehindert über die Oder, und die Menschen flohen Hals über Kopf vor ihnen her. Die dicken Autos mit den Gauleitern und anderen Bonzen waren schon längst durchgekommen. Jetzt kamen die Trecks Tag und Nacht von Osten her die Dorfstraße entlang. Schrecklich war die Not. Auch um uns herum wurde es immer einsamer. Der gute Oberst Krull kam zweimal, um mich mitzunehmen, aber ich dachte immer noch, ich könnte bleiben. Ich wollte mit den Bauern in die Wälder flüchten, wenn hier gekämpft würde, aber die Nachrichten von der Grenzmark und Neumark wurden immer grausiger. Eines Morgens habe ich Wonte mit einer Gelegenheit weggeschickt. Sie fuhr zu Lalla nach Werder und konnte dort im Lazarett mitpflegen.

Eine Württembergische Panzer-Division wurde bei uns im Dorf einquartiert und hielt den Feind längere

Zeit auf. Die Nachbarinnen und Bürgerfrauen bekamen nach und nach Gelegenheit von der Wehrmacht, mit größerem Gepäck wegzukommen. Ich bemühte mich vergeblich, Kunstschätze wegzubekommen. Ich war verfemt, und die Angst vor dem blutrünstigen Schörner saß ihnen in den Knochen. – Wir schliefen meistens angezogen. Einmal war ein russischer Panzer bis Quappendorf[35] vorgestoßen. Ich habe mich wirklich sehr gegrault. Aber immer noch glaubte ich, wenn ich ganz weggehe, dann würde ich irgendwie von Hanni getrennt. – Der Divisionsstab wurde Ende Februar nach Jahnsfelde[36] zurückverlegt, und zu uns kam ein Regimentsstab. Wir waren also HKL[37] geworden.

Am 8. März fand sich endlich eine Gelegenheit, wenigstens zwei Koffer nach der Provinz Sachsen zu bringen, in einem LKW, der nach dem Westen fahren sollte. Ich schmuggelte noch ein paar Bilder und Teppiche dazu und kam abends in St. Ulrich[38] an, wo ich liebevollst von Reinhild Helldorff aufgenommen wurde. Zu meiner Freude traf ich dort Gisela (X), die mit Georg-Dietlof[39] auf ihrer Fahrt nach Bayern hängengeblieben war, weil die Züge kaum mehr gingen. Nach ein paar Tagen fuhr ich nach Potsdam zu Milly Oppen[40] und konnte von da aus Hanni noch einmal besuchen. Er riet mir, nicht mehr nach Hause zu fahren, denn nach seinen Nachrichten könnten die Russen jeden Tag durchbrechen. Ich steckte ihm eine Brillantbrosche, einen Ausweis, ein gutes festes Taschenmesser, seine Uhr und Geld zu. Der Besuch wurde durch einen Fliegeralarm unterbrochen, und es war ärgerlich, daß ich in einen Bunker gehen mußte, denn die Häftlinge blieben in den Baracken. Aber man fühlte sich dort verhältnismäßig sicher, denn das Lager und die Häuser rundherum waren ganz unzerstört. Es wurde offensichtlich geschont. Schweren Herzens habe ich von Hanni Abschied genommen. Werden sie nicht noch alle Menschen in den Lagern und Gefängnissen vernichten, bevor der Feind kommt? Auch diesmal wieder, wie bei jedem Besuch, bewachte uns ein rührender SS-Mann, d. h. es war immer wieder ein anderer. Sie ließen uns auch mal allein reden oder guckten weg, wenn Hanni gar zu ungeschickt in meiner Handtasche kramte, um sich herauszuholen, was ich ihm mitgebracht hatte. Jeder dieser Leute hatte sich bei uns entschuldigt, daß er in dieses üble Milieu geraten wäre, wo er eigentlich gar nicht hingehörte. Einer war ein höherer Bankmann und half uns bei geldwirtschaftlichen Fragen. Der letzte hatte offensichtlich Angst vor der Befreiung der Häftlinge, und Hanni tröstete ihn, daß seine Abzeichen am Kragen bei den Kameraden als harmlos gälten. – Hannis ruhige Zuversicht kam nicht aus dem Gefühl, daß ihm nichts geschehen könnte, denn zum Abschied steckte er mir einen Zettel zu, auf dem ich auf dem Heimwege erschüttert die Worte las: „Nun halte ich dafür, daß dieser Zeit Leiden nicht wert sind der Herrlichkeit, die an uns soll offenbart werden“.[41]

Folgende Strophen las ich dieser Tage:

„Nur wer den Schmerz geschaut,
Schaut auch das Licht,
Weil unser Angesicht
Im Dunkel reift.

Nur wer des Todes Not
In sich bezwang,
Weiß, wie des Lebens Drang
Sein Herz durchloht.

Wer an den Dämon denkt,
Um den er litt,
Fühlt, daß bei jedem Schritt
Sein Gott ihn lenkt.“[42]

Über Berlin konnte ich nicht mehr zurück, denn die Bahnen waren vollkommen zerstört. Ich mußte schließlich über Nauen fahren und kam spät in der Nacht wieder in Potsdam an.

Am nächsten Tag wollte mich Kurdel Plettenberg bei Milly Oppen aufsuchen. Wir warteten lange, aber er kam nicht. Schließlich rief ich in Cecilienhof an. Der Hofrat Berg deutete an, daß Plettenberg heute morgen abgeholt worden wäre. Grauenhaft! Mir wurde ganz übel vor Schreck. Wir berieten lange, was man zu seiner Hilfe unternehmen könnte, aber alles scheiterte. Ich selbst durfte ja auf keinen Fall auf eine Verbindung zwischen ihm und uns hinweisen. So kurz vor Toresschluß mußte das noch geschehen! Sehr viel später erfuhr ich, daß er schon am nächsten Tage im wahrsten Sinne des Worts „sein Leben gelassen hat für die Brüder".

Ich bekam noch Telefonverbindung mit zu Hause und wollte Reppinchen herausbekommen, aber sie traute sich nicht, weil der Bürgermeister Zubke denen mit Todesstrafe gedroht hatte, die noch fliehen wollten. Man hätte zu warten, bis der Treck befohlen würde. Nach mühevoller, alarmreicher Fahrt kam ich wieder in St.Ulrich an. (X)[43]

Unglaublich langsam zogen die Alliierten von Westen her in Deutschland ein, ohne viel Widerstand zu finden. Für uns, die wir auf die Befreiung unserer Leute warteten, war es eine Qual. Am 13. früh zogen die amerikanischen Panzer durch das Geiseltal. Aber, ach, sie waren die größte Enttäuschung meines Lebens, denn ich hatte geglaubt, daß nun der Nazismus und all der Wahnsinn ein Ende haben würden. Du wirst's ja merken, wenn Du kommst.

Im Juni kam Frau von Helldorff-Baumersroda und erzählte, daß am Tage vorher ein Herr von Müninck bei ihr per Rad durchgekommen wäre. Er ließ mir bestellen, er hätte Hanni Ende Mai auf dem Wege nach Neuhardenberg bei bester Gesundheit gesehen. – Ende (des Monats?) kamen Gottfried Cramm, Marion Dönhoff und ein CIC-Offizier mit der Nachricht, ein Herr Roloff hätte Hanni in Berlin gesehen. Er hätte gesagt, er wollte kommen. Sie glaubten, er wäre schon da, und wollten ihn für eine wichtige Besprechung nach Hildesheim holen. – Wie ich später gehört habe, hat Mr. David Geddes, der Bruder der Prinzessin Ludwig von Hessen, den CIC auf ihn aufmerksam gemacht, damit sie ihm in jeder Weise helfen sollten, wenn sie ihn finden.

Die Amerikaner räumten aber Mitteldeutschland, und die Russen besetzten das Land. Wolfi holte Gisela ab und fuhr mit ihr nach dem Westen. – Im Juli kam dann Hanni eines Tages mit Rucksack und Handköfferchen, zwar noch recht kaputt von der Ruhr, die er in Potsdam durchgemacht hatte, aber immerhin hatte er die langen Fußmärsche gut durchgehalten.

Mit den Worten des 90. Psalms haben wir uns gegenseitig getröstet in der langen Wartezeit, und sie sind wirklich in Erfüllung gegangen, auch in ihrer ganzen Tragik. – Nun fehlt ihm nur noch Arbeit, dann ist das Wort (X) „Und nimmst mich wieder mit Ehren an" wahr geworden.

Nun werden wir uns bald wiedersehen, und Du mußt uns erzählen, was Du Armer durchgemacht hast.

Herzliche Grüße und auf gesundes Wiedersehen
Deine
Renate Hardenberg[44]

1 familiäre Anrede für Carl-Hans Graf von Hardenberg, den Ehemann der Verfasserin

2 Im Typoskript des Textes, das dem Hrsg. zur Edition vorlag, ist an dieser Stelle eine handschriftliche Einfügung gekennzeichnet, deren Text jedoch nicht überliefert ist. Solche Kennzeichnungen von Einschüben tauchen noch mehrfach in dem Manuskript auf und werden jeweils mit (X) angemerkt

3 renommiertes Waffengeschäft in Berlin

4 familiäre Anrede für Hardenbergs Schwager Wilhelm Freiherr Schilling von Canstatt

5 familiäre Anrede für Winfried von der Schulenburg

6 familiäre Anrede für Anna Reppin, die Beschließerin des Schlosses von Neuhardenberg

7 familiäre Anrede für Heinrich Graf von Lehndorff

8 unleserliche Änderung im Typoskript

9 Wohnsitz von Gisela und Wolf Werner Graf von Arnim-Arnimshain, Tochter und Schwiegersohn der Hardenbergs

10 familiäre Anrede für Wolf Werner Graf von Arnim-Arnimshain

11 familäre Anrede für Kurt Freiherr von Plettenberg

12 Diese Vermutung Gräfin Hardenbergs konnte nicht bestätigt werden

13 Komturei Lietzen, Besitz der Familie Hardenberg, und Dorf ca. 15 km Luftlinie von Neuhardenberg entfernt

14 familiäre Anrede für Fritz-Dietlof Graf von der Schulenburg

15 familäre Anrede für Sofie von Oppen

16 Schloß und Dorf ca. 2 km von Neuhardenberg entfernt

17 nach 1. Buch Moses, Kap. 39, V. 33

18 Der sogen. Deutsche Gruß wurde 1933 für alle Deutschen eingeführt. Nach dem 20. Juli 1944 war er überall obligatorisch

19 Ein Ausweichlager für ca. 200 Zwangsarbeiter

20 Auslassung im Typoskript

21 Heinrich von Lehndorff war zum Tode verurteilt und hingerichtet worden

22 offenbar versehentliche Auslassung im Typoskript: verlegt worden waren

23 familiäre Anrede für Hildur von Hammerstein

24 familiäre Anrede für Melitta Schenk Gräfin von Stauffenberg

25 unleserliche Korrektur

26 Graf Hardenberg war im Ersten Weltkrieg mehrmals schwer verwundet worden

27 familiäre Anrede für Astrid Gräfin Hardenberg, der Tochter der Hardenbergs

28 die folgenden zwei Zeilen sind im Typoskript übereinander geschrieben und nicht lesbar

29 familiäre Anrede für Rüdiger von dem Hagen

30 umgangssprachlich für Alexanderplatz Berlin

31 nach 2. Brief des Apostels Paulus an Thimotheus, Kap. 1, V. 7

32 ca. 8 km Luftlinie von Neuhardenberg entfernt

33 offenbar versehentliche Auslassung im Typoskript: das Haus

34 eine Zeile im Typoskript unleserlich

35 ca. 3 km Luftlinie von Neuhardenberg entfernt

36 ca. 10 km Luftlinie von Neuhardenberg entfernt

37 Abkürzung für Hauptkampflinie

38 Wohnsitz der Familie Helldorff bei Mücheln

39 Sohn Giselas und Wolf Werner von Arnims

40 familiäre Anrede für Emily-Henriette von Oppen

41 nach Brief des Apostels Paulus an die Römer, Kap. 8, V. 18

42 Verfasser nicht ermittelt

43 zwischen diesem und dem folgenden Absatz folgt im Typoskript eine unleserliche Zeile

44 eigenhändige Unterschrift

Renate und Carl-Hans von Hardenberg
Ausgewählte Briefe an Ingeborg Schaudig (1928–1947)

Neuhardenberg, den 22. 10. 28

Liebes Fräulein Schaudig.

Da wir für die zweite Tochter ein Kind aus dem Dorfe zum Mit-Unterrichten haben und der Unterricht zu zwein sehr gut gedeiht, so suche ich jetzt auch für die kleine Reinhild, die Ostern mit dem Unterricht anfängt, ein Kind aus der Kinderschule herauszufinden. Dieses Jahr gibt es aber gar keine intelligenten Mädchen, die in Frage kommen. Sagen Sie mir doch bitte ganz offen Ihr Urteil, was Sie meinen, ob man auch einen kleinen Jungen nehmen kann. Es ist doch vielleicht besser als Einzelunterricht? Fräulein Laubmann findet, daß die Jungen und Mädchen gerade im ersten Unterricht so sehr verschieden sind.

Ihre Heimatstadt hat dieses Jahr so viel von sich reden gemacht. Wir haben immer gesucht, ob wir Sie nicht auch im Festzuge entdecken. Es muß wundervoll gewesen sein.

Mit bestem Gruß

Gräfin Hardenberg

Neuhardenberg, den 3. 1. 29

Liebes Fräulein Schaudig.

Vielen Dank für Ihre guten Wünsche zum neuen Jahr, die ich herzlichst erwidere. Ihnen bringt das neue Jahr eine so veränderte Arbeit, daß Sie es vielleicht fragender als sonst angesehen haben, als die Glocken es eingeläutet haben. Darum möchte ich Ihnen ein ganz besonders ermunterndes „Prost Neujahr" sagen.

Wir rechnen auf Ihr Kommen am 1. April, aber wenn Sie Zeit haben, so würde ich mich freuen, wenn Sie schon früher kommen könnten, damit Fräulein Laubmann Sie in alles einführen kann. Die Hochzeit wird so ungefähr am 8. April sein. Vielleicht können Sie schon Ihre Osterferien hier verleben? Es gibt ja sicher noch allerhand zu besprechen, gerade was das Pädagogische anbetrifft.

Für Wonte habe ich zum Mitunterrichten den Sohn vom hiesigen Postvorsteher in Aussicht genommen. Unter den Mädchen war gar nichts Vernünftiges. Die Erlaubnis, die kleine Wonte privat unterrichten zu lassen, habe ich vom Schulrat bekommen.

Am Sonntag fahren die Kinder alle in die Schweiz bis zur Schneeschmelze. Die vier Jüngsten haben eine starke Angina mit nachfolgender Bronchitis durchgemacht und sehen recht erholungsbedürftig aus.

Mit herzlichem Gruß

Gräfin Hardenberg

Neuhardenberg, den 13. 8. 30

Liebe Schaudine.

Herzlichen Dank für Ihren Brief. Fein, daß Sie sich gut erholen. Es war auch dringend nötig, meine Gute. Und das nächste Mal glauben Sie bitte der Mamelina, und machen Sie nicht so dumm viel. Die Frentzel-Frau hat gepetzt, daß Sie sich beinahe übernommen haben.

Wie fein, daß Sie alle in den Bergen sind, und daß es da auch einen See zum Baden gibt, wird ja wohl ganz nach Ihrem Herzen sein.

Ja, Papa geht tatsächlich am Sonntag nach Glotterbad.[1] Wenn man es auch erst glauben kann, wenn er wirklich dort ist.

Daß Sie ein Missions-Amt im Sinne des weltlichen Beobachters übernommen haben, finde ich fein. Seine Reden sind wohl oft gepfeffert und gesalzen, aber dem Sinne nach hat er schon recht. Der Theologen-Stand ist nicht für schwache, weiche Jünglinge mit femininem Einschlag, sondern für tatkräftige Führer-Naturen und jetzt mehr denn je. Spießige, kleine Geister sollten Beamten-Karrieren einschlagen. Die Leute werden vom Staat an dem ihnen so nötigen Gängel-Band geführt, wenn sie es nötig haben. Die evangelischen Theologen haben ja ein so schönes Vorbild in Luther, eine übrigens sehr charakteristische Figur für das „heroische Zeitalter".

Geb's Gott, daß Christiansen wirklich recht hat und daß wir in diese Ära jetzt eintreten.

Ich bin gespannt, was Sie von Oberammergau erzählen werden.

Mit herzlichem Gruß und auch besonderen Grüßen für Ihre Eltern

Ihre Mamelina

Neuhardenberg, den 15. 4. 31

Mein liebes Schaudinchen.

Denken Sie etwa, ich hätte Sie schon vergessen, weil ich noch nicht schrieb? Oh, wie mißtrauisch! Ich hatte nur so allerhand zu tun. Sonnabend/Sonntag war das ganze Haus voll mit z. T. lieben Gästen, und dann wollte ich mein ach so zärtliches Kind noch genießen. Am letzten Tag gab's doch noch Abschieds-Tränchen. „Ich fühl' mich ja sooo lieb!" sagte sie immerzu. Vorgestern sind wir nach Berlin gefahren, und ich war mit ihr bei Simon, Schramm und Hamburger. Letzterer sagte, daß ihr Herz nur untrainiert wäre und langsam an größere Anstrengungen gewöhnt werden müßte. Sie hat dann Vorrat geschlafen, und abends sind wir mit Onkel Kürtchen[2] (Papa auch) in den Wintergarten gegangen, wo ein wirklich hübsches Programm war. Nur ein Ballett mit sehr ausgezognen Mädchen war vielleicht unnötig, aber ich glaube, man nimmt wohl die Nacktheit selbstverständlicher hin, besonders als Mädchen. – In der Nacht hatten wir noch eine riesengroße Sensation. Das alte Blücher-Palais, Pariser Platz Nr. 2, fing plötzlich an, lichterloh zu brennen. Papa weckte mich, und wir sahen eine Zeitlang zu, wie ein gewaltiger Funkenregen in unsern Hof stob. Dann gingen wir aufs Dach und sahen, wie das Dach an der Friedrich-Ebert-Straße wie eine Streichholz-Schachtel brannte. In unsern Stuben wurde es sehr rauchig, außerdem war der Anblick doch so phantastisch, daß ich Gisela weckte, die das natürlich sehr interessant fand. An uns zerplatzte ihre etwa aufsteigende Angst, denn wir wußten ja, daß bei den Lösch-Möglichkeiten in Berlin keine Gefahr für Menschenleben oder auch für unser Haus war. Auf unserm flachen Dach standen ein Pressemann und fotografierte und ein Feuerwehrmann als Wache. Man sah ordentlich, wie die Balken sich bogen und herunterstürzten. Onkel Albrechts Bangebüchsen hatten bereits die Koffer gepackt und zu Bellings gebracht, auch ein Herr v. Eichel und Frau v. Johnston liefen sehr erregt herum. Ungefähr 12 Löschwagen waren von zwei Seiten in Tätigkeit. Das Haus hat die amerikanische Botschaft vor kurzem erworben. Leider sind in der Wohnung des Grafen Henckel wundervolle alte Gobelins verbrannt. Er kam gerade zufällig in Berlin an, wie alles in Flammen stand.

Das Fischermädchen ist sehr ordentlich. Ich habe eben einem Unterricht von Friedrich-Carl und Atti beigewohnt und fand das sehr fein. Sie ist rührend, wie sie immer fragte, ob sie sich richtig benimmt. Den Tip haben Sie vielleicht gegeben?

Detta[3] ist wieder recht knurrig. Ich sprach mit ihr wegen Kisker, aber da ist nichts zu machen, glaube ich. Sie sieht hoffentlich jetzt ein, daß ich ihr alles Glück wünsche, daß ich nur sie davor bewahren möchte, daß sie wieder himmelhoch hereinfällt, Wonte und Lalla liegen mit wenig Fieber und etwas Husten im Bett.

Bitte sagen Sie Fräulein „Spitzweg“ von mir, unbekannterweise, einen schönen Gruß, und sie möchte Sie manchmal abfragen, ob Sie auch genug äßen. Sonst kommen Ihre Nerven auf den Hund.

Das R.-P. hat Sie Weihnachten an die Kette gelegt. Dagegen können Sie doch nichts machen. – Wenn Sie bloß wüßten, wie gemischt (im guten Sinne) meine Gefühle dabei sind, wenn ich an „es“ denke. Wenn's nach mir ginge, so könnte es sich einmotten lassen

(Schluß des Briefes nicht erhalten)

Neuhardenberg, den 9. 5. 31

Liebe Schaudine.

Heute ist nun die Silberhochzeit, die Sie sicher sehr schön zu Hause feiern. Bei der Beliebtheit Ihrer Eltern wird man wohl heute abend die ganze Familie zusammenkehren können vor lauter Anfeiern.

Detta hat nun ihren großen Entschluß gebeichtet, und sie will am 1. Oktober den Schleier nehmen. Wir beraten nun, wohin sie gehen soll. Ich würde ihr ja entschieden zu Zehlendorf raten, wenn sie durch die Fürsprache Ihres Papis hinkommen kann, obwohl sie schon 30 Jahre alt ist. Aber ich habe mich auch nach dem Sophien-Haus in Weimar erkundigt, wovon ihr der Prospekt am besten gefällt. – Nun muß ich mir mal langsam klarwerden, was ich eigentlich will. Ob es nicht ein Wesen gibt, das Dettas Arbeit übernimmt und das als Hauptsprache ein tadelloses Französisch spricht. Bloß an den Gedanken, etwa eine waschechte Französin zu nehmen, kann ich mich nicht recht gewöhnen, solange wir den Wirtschaftskrieg mit Frankreich führen mit dem hysterischen Haß auf der anderen Seite. – Geben Sie auch mal Ihren Senf dazu? Sprechen Sie eigentlich sehr gut Französisch? Mit eleganter Aussprache? Die Stunden können Sie doch ohne weiteres geben, die von Sexta an verlangt werden? Dann wäre es natürlich nicht so unbedingt nötig, aber es wäre eine gute Arbeits-Teilung, und Gisela würde in den Ferien auch davon profitieren.

Das Fischer-Mädchen ist ein wirklich lieber Kerl. Alle mögen sie gerne. Sie hat auch schon dieselben Kämpfe mit Detta, wegen abends Mitkommen und Ewigbleiben. Wir intrigieren und helfen ihr mit Spaziergängen zu Herrn Sumsemann. (Der neue ist gleich am zweiten Tag wieder böse geworden.)

Heute dampft nun Herr Peter ab. Wir haben noch ein Abschiedsessen für ihn gegeben mit allen leitenden Beamten, und Papi hat ihm eine hübsche Rede gehalten. Es wird ihm nicht leicht, wegzugehen. Er wurde ganz weich und erzählte mir, daß er die Kinder so sehr schätzte. Er hatte sie auch gut kennengelernt. Er fand, daß Lalla charakterlich so ungeheure Fortschritte gemacht hätte. Das freut mich sehr. –

Onkel Kürtchen hat Ihre Adresse angefordert. Ob er Sie auf dem Heimweg von Kufstein besucht?

Lalla meint, Sie dürften (als Fräulein) doch sicher nicht in die Frauenkirche gehen!

Mit herzlichen Grüßen

Ihre Mamelina

Neuhardenberg, den 11. Mai 1931

Liebes Schaudinchen.

Sehr herzlichen Dank für Ihre Übersendung der beiden interessanten Zeitungs-Artikel. Ich ersehe im übrigen daraus, daß Ihre geistigen Interessen auch in München weiter gepflegt werden.

In diesen Tagen ist wohl Onkel Kürtchen bei Ihnen gewesen. Ich bin sehr gespannt, ob Sie es haben moralisch verantworten können, mit ihm Abendbrot zu essen.

Fräulein Fischer ist ein sehr netter Mensch. Ihr haftet aber vorläufig nicht nur in der Sprache der Partikularismus etwas an. Ich bin aber überzeugt, daß die bewährte Hardenberger Pädagogik auch an ihr nicht spurlos vorübergehen wird.

Gestern ist Herr Peter weggegangen, beiderseits mit etwas schwerem Herzen. – Der Neue macht aber einen guten und ruhigen Eindruck.

Zu Pfingsten werden wir das Haus wieder mal voll haben. Schillings, Onkel Kürtchen, Bolly und Fritz Hardenberg werden kommen. Da nimmt sich Mami wieder zuviel vor, und ich habe darunter zu leiden (Ich knirsche. Die Schriftleitung).

Sehr herzlichen Gruß

G(raf) Hardenberg

Neuhardenberg, den 27. Mai 1931

Mein liebes Schaudinchen.

Sehr herzlich möchte ich Ihnen zum Geburtstag gratulieren und Ihnen viel Gutes und Schönes außer dem Examen wünschen. Mögen Sie sich immer Ihre Frische erhalten, mit der Sie das Leben anpacken. Dann werden Sie es schon gut haben.

Von uns kommt so allerhand Äsung. Hoffentlich kommt alles richtig an. Die Spargel soll Fräulein Gmeinhardt mit Ihnen verzehren. Schreiben Sie bitte ganz ehrlich, ob die Torte ganz heil bleibt, weil wir wissen wollen, wie das geht mit der Tortenschachtel. Die Schachtel erbitte ich zurück.

Unser Fischermädchen ist heute mit Onkel Kürtchen nach Berlin gefahren und will Entdeckungsreisen in Potsdam machen. – Wir haben mit ihm drei schöne Ferientage mit rasend viel Sport gefeiert. Auch Böckchen[4] war zwei Tage hier und sprang so wunderschön über das Seil.

Die Schillingskinder sind hier, d. h. Mädy[5] ist gestern

heimgefahren. – Heute kam die Lietzener Herde auf die Koppeln. Gestern ist der siebenjährige Sohn vom Bärwinkler Schweizer in der alten Oder ertrunken. –

Ich finde übrigens die fränkischen Novellen ganz wunderhübsch. Sie können wohl hierbleiben, bis Sie kommen?

Papas Briefe werden mir gar nicht zuviel. Er könnte ruhig mehr diktieren, damit ich in Übung bleibe. Es ist eine gute Konzentrations-Übung.

Dieses Jahr blüht hier alles wie noch nie. So etwas von Fliederbüschen über und über ist wohl lange nicht dagewesen.

Wann ist denn das Kinderfest in Dinkelsbühl? Wenn es so ungefähr mit dem Ferienanfang paßt, dann kann ja Gisela über Dinkelsbühl fahren. Ich finde die Einladung wirklich rührend.

Mit den herzlichsten Grüßen und guten Wünschen
Ihre
Mamelina

Neuhardenberg, den 23. 6. 31

Liebes Schaudinchen.

Herzlichen Dank für Ihren Brief. Ich habe augenblicklich Verbindung aufgenommen mit einer Ingeborg Schotte, die einige Jahre in Frankreich als Kindergärtnerin war. Ich schrieb ihr Ihre Adresse, im Falle, daß sie noch etwas wissen will über unser Leben usw. Sehr dumm ist, daß man sich doch wohl bei einer Französin nicht so gut nach ihr erkundigen kann. Was sie schreibt, klingt alles ganz nett. 21 Jahr alt.

Ich habe Fräulein v. Th. geschrieben, und sie muß entscheiden, ob Gisela früher weg kann. Ich finde es rührend, daß Sie sie zur Kinderzeche haben wollen. Gisela weiß nichts davon und braucht es ja nur erfahren, wenn sie darf.

Papi muß Ihnen wirklich mal bald schreiben. Ich kann Ihnen auch wenig sagen, weil ich doch immer alles nur so bröckele-weis erfahre. – Bei wem sind Sie denn in Starnberg?

Die Kinder sind vergnügt. Geben sich beim Schwimmen Mühe. Wonte darf nicht so oft ins Wasser, weil sie sehr zapplig ist. – Heute kommt die Oskarina[6] und er morgen, während den Sonnenburger Tagen. – Onkel Fibs[7] ist gestern abgeschwommen. Im Oktober werde ich ihm seine Oberförsterei einrichten.
Mit herzlichen Grüßen

Ihre Mami

St. Ulrich, den 25. 6. 1933

Liebes Schaudinchen.

Herzlichen Dank für Ihren Brief. – Gut, machen wir es mit den Ferien wie vorgeschlagen. Musch[8] fährt dann also am 3., wenn er nicht vorher Masern kriegt. An Fräulein von St. habe ich geschrieben. Sie soll uns jemanden nennen, der aus den Kindern herauskriegt, was sie können. Sie brauchen sich gar nicht abzugeben, ein verständiger Mensch rechnet die Aufregung der Kinder ab. – Krug soll ruhig ohne Barausgaben weitermachen. Sagen Sie ihm, er brauchte mit Milchverbrauch nicht zu vorsichtig zu sein. Sie ist billig und kostet kein Bargeld. Reppinchen möchte es mit dem Kleid so machen, wie sie denkt. Ich bin sehr traurig darüber. Erst mal den Rest von (unleserlich) so behandeln lassen, daß man ihn einsetzen kann.

Ob ich bis 29. hierbleibe, weiß und glaube ich nicht. Es zieht mich mit tausend Fäden nach Hause. – Aber hier ist ein süßes Baby, was sehr verständig aufgezogen wird. – Hoffentlich liegt nicht alles Getreide platt nach dem Unwetter. –

Gestern auf der Fahrt von Dessau traf ich überall auf Umzüge. Sehr hübsch war das tausendjährige Merseburg geschmückt. Die Stahlhelm-Leute laufen schon zum größten Teil mit Hakenkreuz-Binden herum. (Engelke sagt, das machte er bestimmt nicht mit. Er bliebe zu Hause.)

In Jeßnitz war gerade Keilerei und Verhaftung gewesen; als wir durchfuhren, war noch alles in heller Aufregung.

Mit herzlichem Gruß
Ihre
Mami Hardenberg

Neuhardenberg, den 20. 4. 34

Liebes Schaudinchen.

Herzlichen Dank für verschiedenes nettes Geschreibsel von Ihnen. – Ich muß immerfort an Ihr armes Brüderlein denken und was Ihre arme Mami dabei durchmachen muß. Gisela sagt, er wäre so besonders nett.

Gestern habe ich beim Unterricht dabeigesessen und finde, daß er sehr anregend und gut ist. Aber ich kann es eigentlich sehr schlecht beurteilen. Über Friedrich-Carl ist er natürlich nicht begeistert. Er findet sogar seine „schlimmsten Erwartungen noch übertroffen“, aber trotzdem hat er Latein angefangen, und es macht dem Fritze auch sichtlich Spaß, und man wiederholt dabei ganz schön die deutsche Grammatik.

L. ist wirklich sehr garstig, und Muschs Bemerkung, Junge, Junge, hat der 'ne Fassade, stimmt schon. Er hat ein etwas schiefes Gesicht, aber wir haben uns schon alle dran gewöhnt. Er hat wohl irgend eine Lähmung als Kind gehabt. Er ist jedenfalls klug und auch für Papi anregend. Er findet die drei Mädels so nett im Unterricht.

Im Park arbeitet jetzt Ulrich als Frielitz' Nachfolger. Er ist sicher der geeignetste von allen Anwärtern.

Unsere Fahrt auf die Schlachtfelder wird wohl kaum stattfinden können, denn die Devisen sind ja stark eingeschränkt. – Mir geht es schon fast ganz gut wieder. Ich hatte mich natürlich wieder angesteckt.

Jetzt wird alles gerichtet für die Kindergesellschaft am Sonntag. Wir sind zirka 30 Menschen.

Ich habe Gisela eben blutenden Herzens für die Haushaltungs-Schule in Wittgenstein im Sauerland angemeldet für Oktober, auf ein Jahr. Dort suchen sie ein bißchen aus und nehmen keine Talmi-Mädchen. Luisenhof ist größer und sehr gemischt.

Nun Schluß für heute. Alle Kinder und Papi lassen herzlichst grüßen. Wir finden, daß Sie sehr fehlen. Die erste Bowle war greulich ohne Ihre sauren Finger.

Mit herzlichem Gruß
Ihre Mami Hardenberg

Neuhardenberg, den 2. Mai 1934

Liebes Schaudinchen!

Wenn Sie auch sicher eine Berühmtheit in der Isarstadt darstellen, so zweifle ich doch, ob ohne Straßenangabe ein Brief Sie erreicht. Es ist tief betrübend, daß Sie trotz jahrelanger Tätigkeit hier nicht am Kopf des Briefes die

Anschrift des Absenders aufgeführt haben. Das nennt sich nun *meine* Schule. Ich werde aber hier überall herumfragen, vielleicht weiß irgendeiner die Adresse.

So, nun aber sehr herzlichen Dank für Ihr Schreiben vom 27. 4. und die Übersendung der Ahnentafeln, die Sie in Ihrem bekannten Fleiß noch fertiggemacht haben, was ich gar nicht mal gemerkt hatte.

Hoffentlich haben Sie eine endgültige Anstellung bald in Aussicht. Ich kann mir denken, wie Sie München bei dem schönen Frühlingswetter genießen. Schreiben Sie doch mal, wie es Ihrem Brüderchen jetzt geht.

Hier läuft alles seinen ruhigen Gang weiter, wenn natürlich auch jeder Sie kolossal entbehrt. Gestern haben wir den 1. Mai gefeiert. Frauen brauchten aber diesmal nicht mitzumarschieren. Die Beteiligung hätte reger sein können. Hat Ihnen schon jemand die Verlobung von Plettenberg mit Bobby[9] Maltzahn mitgeteilt? Er ist selig. Eine besondere Freude ist es für die alten Eltern, daß sie noch diesen großen Wunsch erfüllt sehen.

Für heute Schluß! Alles Gute und viele Grüße von allen Hardenbergern

Ihr sehr getreuer
Papi Hardenberg

Neuhardenberg, am 11. Juni 1934

Mein liebes Schaudinchen,

Sie schreiben immer so treu und brav, so daß ich Ihnen doch auch mal wieder einen Gruß senden muß. Ihre Briefe kursieren in der ganzen Familie, und ich hoffe, Sie wissen, daß wir alle regsten Anteil nehmen. Die Fahrt nach Frankreich war wirklich nett und kameradschaftlich. Wir haben die alten Stätten von vierjährigem „Heldentum“ mit viel Interesse wiedergesehen. Eulenburg verliebte sich geradzu in Mammi, was die angenehme Folge hatte, daß wir nicht ganz so geschliffen wurden, wie es der Fall gewesen wäre, wenn wir mit ihm allein gefahren wären. Auf der Hinfahrt waren wir die erste Nacht in Wilhelmshöhe, die zweite in Köln, auf der Rückreise im Kempfeld, Koblenz und auf der Wartburg.

Hier habe ich wieder die Erfahrung gemacht, daß man absolut entbehrlich ist. Bei den tüchtigen Mitarbeitern geht es genausogut ohne einen. Leider herrscht eine furchtbare Dürre, so daß schon heute nur mit einer halben Ernte gerechnet werden kann, was sowohl privatwirtschaftlich wie volkswirtschaftlich sich sehr schlimm auswirken wird. Politisch gibt es im Kreise seit Ihrem Fortgange nicht viel Neues. Die angenehmen Beziehungen pflegen wir nach wie vor. Im übrigen entwickelt sich hier alles genau so wie bei Ihnen in Süddeutschland. Morgen hat mich der Kronprinz zu sich gebeten, um mit mir uns beide interessierende Fragen zu besprechen.

So, für heute Schluß. Hoffentlich finden Sie es ebenso nett, daß ich mich zu diesem Briefe aufgeschwungen habe, wie ich darüber zufrieden bin.
Sehr herzliche Grüße von uns allen

stets Ihr getreuer
Papi Hardenberg

Neuhardenberg, den 21. 6. 34

Liebes Schaudinchen.

Wenn ich Ihnen auch eben erst geschrieben habe, muß ich mich heute schon wieder an Sie wenden: Mein bayerischer Jagdfreund will von mir eventuell Berichte haben, die man besser nicht direkt schickt. Es kann sein, daß er sich auch eines solchen Weges bedienen will.

Ich habe dieser Tage mit ihm gesprochen, daß Sie vielleicht dieses ausführen würden. Bitte, teilen Sie mir offen mit, ob es Ihnen peinlich wäre. Dann kann ich es natürlich auch irgendwie anders machen. – Staatsfeindliche Mitteilungen sind es natürlich nicht. Im Gegenteil hat er mir versichert, daß es auch seiner Meinung nach unsere Pflicht wäre, mitzuarbeiten.

Gegebenenfalls müßten Sie bei anliegender Anschrift anfragen, ob und wann der Jagdfreund nach München kommt.

Herzliche Grüße von uns allen

stets Ihr getreuer
Papi Hardenberg

Bitte Brief und Zettel nicht rumliegen lassen <handschriftlicher Zusatz Hardenbergs>

Neuhardenberg, den 6. 8. 34

Liebes Schaudinchen.

Herzlichen Dank für Ihren Brief. – Es freut mich, daß Sie eine Erinnerung an Sicks bekommen haben. Hoffentlich ist die Jade-Kette auch nett zu tragen.

Wir bekommen in diesen Tagen auch noch Erinnerungen. Gisela hat den Flügel bekommen und Lalla und Wonte je einen echten Teppich. Wie lieb Kuno Sick noch über den Tod hinaus an unsere Kinder gedacht hat!

Wir sind auch noch ganz unter dem Eindruck von Hindenburgs Tod. Papi fährt heute nach Tannenberg fürs Regiment. Er fährt mit Rudi Oppen im Regierungs-Zug (frei). – Erzählen Sie wohl *alles*, wenn Sie so in der Frauenhilfe sprechen?! Uns fällt so manches jetzt wieder ein.

Ich war eben mit Gisela an der See in Heiligendamm. Wir sind im kleinen Autöchen hin- und zurückgekutscht. Ganz allein und sehr gemütlich. – Hin über Boitzenburg und Bassewitz-Bristow am Malchiner See und zurück über Rheinsberg und Laubfrosch[10]. – Gisela hat sich sehr amüsiert. Mir brannte es unterm Hosenboden, als die schlimmen Nachrichten aus Österreich kamen. – Jetzt scheint durch Hindenburgs Tod so eine Art Waffenstillstand im ausländischen Presse-Geschrei eingetreten zu sein.

Lalla und Wonte waren ein paar Tage in Potsdam und kommen heute zurück. Die Ferien dauern bis Anfang September. Morgen kommt Kellermann.

Kirchlich ist es hier alles noch sehr ungeklärt. Pecina-Seelow, den Papi für Lietzen berufen hat, wird noch nicht freigegeben. Dolgelin ist sehr ungeklärt.

Es wäre wirklich fein, wenn Sie mit dem Sonderzug herüberrutschen könnten. – Wir können auch nicht orakeln, aber wir finden, daß man sich eine solche Gelegenheit für Sigrid nicht entgehen lassen braucht.

Die Ernte bringt im ganzen für uns einen großen Fehlertrag, und wir müssen uns schon tüchtig wieder einrichten, damit wir durchkommen. Aber jetzt regnet es wenigstens tüchtig auf die Hackfrucht. Es ist überhaupt sehr verschieden im ganzen Reich. Manche haben sehr gute Ernten.

Frau v. Burgsdorff-Hohenjesar, die Gute, haben wir vorgestern begraben. Gallen-Sachen. – Gestern starb auch Mudrak.

Ich schicke Ihnen hier ein schönes Tischgebet mit, das unsere Kinder beten. Wissen Sie nicht auch ein schönes Abendgebet für diese Zeit?

Bleiben Sie bei der hiesigen Frauenhilfe weiter? Dann bitte Beitrag an Frau Sattelberg schicken. Sonst nicht.

Sie scheinen sich ja tüchtig mit Paulchen unterhalten zu haben. Laubfrosch ist noch ganz wütend, weil sie ganz andere Themen hatte.

Ihr armer Bruder wird wirklich schwer geprüft. Grüßen Sie ihn herzlichst von mir, und ich finde, er ist ein kleiner Held. Daß er auch im dunklen aus seinem Leben etwas macht und so tapfer, ist sehr ordentlich. Gott behüte ihn!

Kürtchen heiratet am 5. September Schossow bei Tützpatz, Mecklenburg. Gisela ist vorläufig nicht zur Hochzeit geladen. Ich will absagen, damit sie es noch tun. – Didi[11] und Gisela gehen nun im Oktober nach Luisenhof für ein Jahr. Traurig, aber wahr. Man kann aber auch mal eine Jagd oder so was mitmachen von dort aus.

Was wird aus der Kirche? Das möchte ich Ihren Papi auch fragen.

Eben haben wir massenhaft Champignons von der Koppel geholt. Es gießt Kannen.

Lassen Sie's sich weiter gut gehen. Herzlichen Gruß
Ihre Mami Hardenberg

Neuhardenberg, den 22. X. 34

Mein liebes Schaudinchen!

Wie sehr ich mich über Ihren lieben und interessanten Brief gefreut habe, können Sie daraus ersehen, daß ich den Vormittag dieses schrecklichen Tages[12], wo man dem „Vergnügen der Einwohner" ausgesetzt ist, benutze, um Ihnen sehr, sehr herzlich zu danken. – Ihre wiederholten Ausführungen zum Kirchenstreit sind mir sehr viel wert. Aber immer wieder Vorsicht vor denen, die „Kirche“ sagen und „Parteipolitik“ meinen. Diese kompromittieren sofort die gute Sache. Ganz wird man sie allerdings nicht vermeiden können. – Gott gebe, daß der Führer und die zuständigen Mitarbeiter erkennen, was der Glaube erfordert und daß dies nicht zum Schaden, sondern zum Nutzen des Reiches ist. – Eben gratuliert Schröter, er ist zum 1. XI. bei der R.W.[13] angenommen und kommt zu Kellermann nach Crossen. – Der Wunderknabe ist beurlaubt. Lodz vertritt ihn. Ihre Nachrichtenquelle wird daher in nächster Zeit etwas spärlicher fließen. – Sehr nett, tüchtig und ordentlich ist der neue Arzt; hier im Ort herrscht herrlicher Frieden, zu viel Frieden z. B. auf dem Gebiet, das Sie dort unten jetzt auskämpfen. Es gibt Leute, die froh sind, wenn sie solche Zeit über sich totstellen können. Es gibt (unleserlich) auch in diesem Beruf untüchtige und tapfere Kämpfer. Durch die Bank schlecht sind eigentlich nur die ostelbischen Großgrundbesitzer. Nun Schluß. Langer Brief, rührt mich selber tief. Viele Grüße von uns allen, Kuß auf: die Stirn <nicht wie Sie dachten>.

Stets
Ihr alter
Papi Hardenberg

Neuhardenberg, den 23. 10. 34

Liebes Schaudinchen.

Haben Sie tausend Dank für Ihre lieben Berichte, die uns ja alle so glühend interessieren. Wie tapfer sind alle die prachtvollen Menschen bei Ihnen! Gestern kam Neuberg zum Gratulieren und erzählte, daß sich die Deutschen Christen nun auch gegen J. gewandt haben, und dieser nun auch gegen *die* Front kämpft. Ich fragte ihn, was er von Meiser hielt, und er sagte: „Das ist doch ein *Mann!*" mit ehrlicher Bewunderung. – Mein Mann und ich freuen uns über diese Annäherung, denn hier geht man immer wie die Katze um den heißen Brei, und viele wollen doch wissen, was los ist.

Ich schicke Ihnen noch einen ziemlich primitiven Vortrag über die Frankreich-Reise, wie ich versprach. Bitte gelegentlich zurück. Die Bilder sind nicht interessant genug, um sie mitzuschicken.

Es tut mir so leid, daß in Ihrer Familie so viel Sorgen sind! Ach, wenn doch bald die gute Sache siegt!

Gisela und Didi waren gestern hier, und ich habe sie eben zum Arbeits-Anfang wieder rübergebracht.

Sie sind sehr befriedigt von ihrer Tätigkeit.

Diese Woche fahren wir mit ihr für ein paar Tage nach St. Ulrich und noch zu Alvensleben nach Neugattersleben.

Gott schütze alle, die so tapfer um den Glauben kämpfen. Grüßen Sie Ihre Eltern und sagen Sie, daß ich so viel an sie denke.

Fischermädchen hat sich verlobt mit einem Regierungsbaumeister.

Mit herzlichem Gruß

Ihre Mami Hardenberg

Neuhardenberg, den 27. 11. 34

Liebes Schaudinchen.

Reizend sind die Deckchen, und sie machen sich wunderhübsch auf dem Tisch! Tausend Dank für Ihren Fleiß. – Und auch für Ihren Brief. –

Ist man denn nun etwas geneigter, Sie bald anzustellen?

Alle Welt ist so voller Hochachtung für den Kirchenkampf in Bayern und den schönen Schwung, der von dort kam. Gott helfe uns nun weiter! Wenn Sie Ihre Großmama besuchen, dann kommen Sie doch ja herüber.

Ich war neulich in einer Versammlung der Bekenntniskirche[14], wo 14.000 Menschen waren und noch 2 Parallel-Versammlungen. Koch, Jacobi und Niemöller sprachen vor sehr andächtigen und ergriffenen Zuhörern. – Die Kirchen sollen in Berlin berstend voll sein. Bußtag war ich zum Abendmahl in der Gedächtniskirche bei Jacobi. Es war so schön und innig wie nie in friedlichen Zeiten. – Unser Pfarrer läßt sich auch etwas mitreißen. Er hat neulich auf meine Bitten vor dem Vorstand und den Bezirksfrauen der Frauenhilfe gesprochen über die ganzen Kämpfe, und man merkt, wie es ihn packt. Alle waren sehr angetan.

Unsere Atti ist neulich durch die Flurtür getobt und hat sich das linke Handgelenk arg zerschnitten. Es ist aber noch so gut gegangen, wie nur irgend möglich. Im Seelower Krankenhaus ist sie geflickt worden, und die Sache heilt Gott sei Dank sehr gut. Wir waren nicht da, und der gute Forstmeister (Ristow) hat sie mit hingebracht und hat bei der Operation assistiert, damit die Sache auch so schön wie möglich geflickt würde.

Alle grüßen Sie herzlichst.
Ihre
Mami Hardenberg

Neuhardenberg, den 9. 3. 35

Liebes Schaudinchen.

Nun habe ich durch Onkelchen und Dantele noch von Ihnen gehört. Ich war mit Lalla und Wonte 11 Tage dort, weil wir noch mal alleine sein wollten, ehe Lalla weggeht. Sie hat sich aber doch gewünscht, daß Wonte mitkäme. Und die hat uns denn auch geführt, und wir haben herrliche und weite Spaziergänge zusammen gemacht. Bei irrsinnigem Sturm, Windstärke 12, waren wir auf dem Bismarckturm und mußten uns richtig hocharbeiten und festhalten. Leider gab es gar keinen Schnee mehr. Nur oben, und zweimal fuhren wir herauf zum Rodeln. Auf der Schlingelbaude trafen wir Tresckow. – O. u. D. waren reizend für uns, und ich finde, sie haben viel mehr Charme in ihrem Milieu als hier im Flachland. Vor allem, *sie* ist eigentlich rührend nett und die Seele in ihrem Haus. Er mogelt uns ein bißchen zuviel beim Rommé-Spiel und ist nur glücklich, wenn er gewinnt. –

Seit drei Tagen ist hier herrlicher Schnee, und die Kinder laufen Ski in Thunacks Fichten. Fritze hat viel Begabung dafür. Gestern hatten sie sich so verbiestert, daß sie gar nicht heimfanden und ich nach vier Stunden Schweißsuche machte. Sie kamen ganz fidel an und hatten keine Ahnung, daß sie so lange unterwegs waren.

Lalla kommt alleine nach Eberswalde, und wir nähen gerade eifrigst Kleider und alles für sie. *Nichts* paßt ihr mehr vom vorigen Jahre. Sie ist sicher größer als Sie, armes kleines Popelchen. Ich möchte so gerne mal eine kleine zierliche Tochter haben!

Der Glaubensstreit flammt wieder auf. – Einen Teil der Grabrede habe ich gelesen. – Wilm ist wieder in Dolgelin. –

Wir haben eine junge Theologie-Studentin als Hilfslehrerin. Ganz nett und sehr klug, dick, häßlich und etwas überheblich. Letzteres wird sie hoffentlich noch bei uns ablegen zu ihrem und zu unserem Besten! Die Kinder mögen sie. –

Lalla lernt tadellos und ist am 1. 4. mit ihrem Pensum fertig. Wonte halten wir zurück, weil sie es körperlich nicht schafft. Fritz blüht körperlich auf durch die Behandlung von einem Magnetopath. Er sieht so goldig aus mit guten Farben, und für Latein ist auch ein Knopfloch aufgesprungen. Der Mann sagte, daß seine Lymphdrüsen nicht richtig gearbeitet hätten. Jetzt kommt die schwere Entscheidung, ob man Atti zurückhalten soll im Unterricht oder ob sie <unleserlich> soll. Sie ist ja noch sehr jung dafür.

Papi hat augenblicklich sehr viel mit Friedland zu tun. Es stand kurz vor der Zwangsversteigerung und ist schwer zu retten. Heute scheint es aber doch zu gelingen.

Haben Sie wohl noch einen Fetzen von dem blauen Kleid aus Glasbattist mit den Taffet-Blumen darauf? Wenn ja, dann schicken Sie es doch mal bitte gelegentlich. Ich möchte die Sache so gerne für Gisela in anderer Farbe kopieren, habe aber die Blumen gar nicht mehr im Kopf.

Wie mag es der Großmama in Berlin gehen? Hoffentlich bleibt Sie Ihnen noch erhalten.

Herzliche Grüße auch für Ihre tapferen Eltern

Ihre Mami Hardenberg

Neuhardenberg, den 29. 5. 35

Liebes Schaudinchen.

Zu Ihrem Geburtstag möchten wir Ihnen sehr herzlich gratulieren. Alles Gute wünsche ich Ihnen von ganzem Herzen und daß sich alle Ihre Sorgen im neuen Jahre in Wohlgefallen auflösen mögen. – Sind Sie denn immer noch Hilfslehrerin? Und was haben Sie für weitere Aussichten?

Hoffentlich kommt der Spargel zurecht. Ich überlegte, daß Sie vielleicht auch am 30. zu Haus sein können.

Bei uns ist alles ganz wohl. Gisela ist gerade mit ihrer Penne ein paar Tage in Hamburg. Lalla war schon zweimal über Wochenende zu Hause und bezwingt sehr tapfer kräftiges Heimweh. Ich möchte jetzt mal rüberfahren und mich erkundigen, wie die Chefs mit ihr zufrieden sind.

Fritze schläft wieder etwas in der Schule und macht von neuem eine Kur durch. Na, und Atti ist weiter unser unkomplizierter Puck.

Papi geht demnächst für sehr lange zum Militär und freut sich wie ein Baumaffe. Erst drei Wochen nach Döberitz und dann vier Wochen in die Nähe von Paderborn, ins Sennelager.

Ich mache für ein paar Tage die Burgenfahrt mit und bin vom 15. bis 20. in der Gegend Nürnberg-Regensburg-Passau. Helldorffs nehmen mich im Auto mit. Feine Sache!

Soll ich Ihnen das Kleid wiederschicken? Ich denke, für Kostüm-Zwecke kann es doch ganz nett sein. Das Nacharbeiten der Taftblumen auf dem Glasbattist ist leider zu teuer. Behalten Sie es doch lieber als Kostüm.

Gern würde ich einmal wieder von Ihnen allen hören. Es gibt so viel, was man bequackeln möchte.
Mit herzlichen Grüßen

Ihre Mami Hardenberg

Neuhardenberg, den 1. Juni 1935

Meine liebe Schaudine.

Am Himmelfahrtstage habe ich sehr Ihrer gedacht mit den besten und treusten Wünschen. Halten Sie mich nicht für treulos, wenn ich Ihnen erst heute schreibe;

aber Anfang der Woche war ich zum märkischen Forstverein nach Freienwalde. Ich wollte Ihnen eigentlich an Ihrem Geburtstag selber schreiben; wir bekamen aber mittags durch meinen Schwiegervater die telefonische Nachricht, daß mein jüngster Schwager gestorben sei, so daß es vorgestern und gestern allerhand zu tun gab. Näheres wissen wir noch nicht. Scheinbar ist er im Dämmerzustand eines Anfalls verunglückt. Ihm selber ist es nur zu gönnen, denn es bestand wohl kaum Hoffnung, daß es besser würde, und mit seiner Krankheit war eine Unverträglichkeit verbunden, die ihn auch jetzt wieder gezwungen hatte, woanders hinzugehen. Die Beerdigung ist morgen nachmittag in Lieberose.

Es hat mir riesig leid getan, Sie nicht bei der Beerdigung Ihrer Frau Großmutter gesehen zu haben! Ich hätte mich besonders gefreut, wenn Sie hätten kommen können. Nun wird es wohl für Sie seltener möglich sein, nach Norddeutschland heraufzukommen.

Am Tage nach Pfingsten gehe ich zu einem dreiwöchigen Kursus nach Döberitz und anschließend vier Wochen mit dem Infanterieregiment Potsdam ins Sennelager bei Paderborn. Fertig bin ich dann Anfang August. Zur Erholung wollen meine Frau und ich mit Gisela ein paar Tage mit dem Auto nach Ostpreußenfahren. Den Sommer über werde ich also kaum hier sein. Halb ist es schade, halb freue ich natürlich sehr!

Haben Sie gehört, daß Bock als Oberbefehlshaber des Gruppenkommandos 3 nach Dresden versetzt ist? Er schrieb gestern sehr zufrieden. Wenn Sie ihm einen Kartenglückwunsch senden, freut er sich aus alter Treue sicher. Seine Anschrift lautet: Oberbefehlshaber von Bock, Dresden, Taschenberg.

So, nun leben Sie wohl, liebes Schaudinchen. Mit vielen guten Wünschen verbleibe ich

stets Ihr getreuer
Graf Hardenberg

Meine Frau läßt vielmals grüßen und herzlich für den Gruß zum Muttertag danken.

Neuhardenberg, den 25. 10. 37

Liebes Schaudinchen!

Daß Sie meinen Geburtstag nicht vergessen haben, hat mich tief gerührt. Seien Sie dafür herzlichst bedankt. Sie wissen, wie sehr es mich freut, von Ihnen mal wieder etwas zu hören.

Der einzige Kummer, den Sie mir im Leben bereiten, ist der, daß ich immer noch keine Verlobungsanzeige habe. Ich gebe aber die Hoffnung nicht auf, es wird sich schon noch einer finden, und er ist bestimmt nicht so dumm, wie man annehmen könnte.

Ihre Schilderung von der Nachbarschaft hat mich sehr interessiert und deckt sich auch ganz mit dem, was ich von da höre.

Plettenberg, der jetzt Präsident der Hofkammer vom Fürsten Schaumburg ist, war am Tage nach meinem Geburtstag hier. Er verwaltet in der Steiermark einen großen Besitz des Fürsten und erzählt auch sehr Interessantes.

Ende September haben wir Familientag gehabt, die ganze bucklige Verwandtschaft kam in hellen Scharen, es war aber recht nett.

Zu Mamis Geburtstag fahren wir wie üblich nach St.

Ulrich. Mami läßt Ihnen übrigens sehr herzlich für die Rede danken, sie wurde den Hochzeitsakten beigelegt. Mit sehr herzlichen Grüßen

stets Ihr getreuer
Papi Hardenberg

Neuhardenberg, den 9. 7. 41

Liebes Schaudinchen.

Haben Sie herzlichen Dank für Ihren lieben Brief und die Ansichts-Sendung. Besonders gut finde ich das Büchlein von E. M. Arndt. Das habe ich auch schon verschickt. Das ist auch geeignet für Menschen, die nicht in die Kirche gehen. Und das ist ja bei solchen Massensendungen leider die Mehrzahl. – Ich schicke das nächste Mal: „Gulasch-Kanone" aus dem Bertelsmann-Verlag und als ernstes Büchlein: Der letzte Halt/Schütt, Wehrmacht-Verlag, Berlin. Das ist sehr gut und sehr interessant, daß dieser Verlag das bringt. Und das Kurzweil-Büchlein vom Quell-Verlag.

Den Betrag gebe ich an Frau Sattelberg. Vielen Dank.

Mein Mann hat eben antelefoniert von ganz weit weg, aus Rußland. Sie sprechen auf einer russischen Diplomatenleitung, die gut in Ordnung ist. Gestern hat er an der Beresina gefrühstückt! – Lalla ist z. Z. hier, um mit Zeißchen[15] etwas Aussteuer zu nähen. Sonst lernt sie in Pommern auf Hausfrau. Wonte ist fest angestellt im Büro und nimmt Frau Fahrenkamp das Telefon ab, Lohntabellen und sonstige Schreibereien. – Fritze ist auf Ferien, leider unversetzt, aber sonst putzmunter und gekräftigt. Es fehlen ihm zu viele Grundlagen aus den anderen Klassen. – Atti ist jetzt in die Oberklasse gekommen und kommt Ostern ganz nach Hause. Sie soll im Winter Steno und Schreibmaschine lernen und kann dann von hier aus in Berlin weiter Musik-Stunden nehmen. Sie allein hat meine musikalische Ader. Sie spielt recht nett Klavier. Orgel möchte sie auch lernen. Damit könnte sie recht nützlich sein.

Auf mir lastet viel hier, und ich denke manchmal, ich schaffe es nicht. Dazu kommt die Last auf dem Herzen, was da im Osten alles Furchtbares geschieht. Wenn der Herrgott dem Satan doch die Gewalt wieder abnehmen würde!

Von Onkel Fibs ist gute Nachricht da; auch von dem neuen Schwiegersohn, der auf Petersburg losmarschiert.

Ich wünsche Ihnen weiter alles Gute und bin mit herzlichen Grüßen Ihre

Mami Hardenberg

Frau Weid, geb. Ilse Bein, jetzt in Bärwinkel, hat ein Mädchen und wird allmählich eine recht umsichtige Hausfrau.

Neuhardenberg, den 2. 2. 1942

Liebes Schaudinchen!
Sehr verehrte Frau Pfarrer!

Dieser Tage erhielt ich dank unserer hervorragend schnell arbeitenden Feldpost Ihren Geburtstagsgruß vom 14. Oktober. Haben Sie sehr herzlichen Dank dafür. Gleich, wann ein Gruß von Ihnen ankommt, freut er mich immer ganz besonders. Ihre Zeilen haben mich außerordentlich interessiert. Mein Bild ist auch nicht in Rußland aufgenommen, wo es weder gute Pferde noch Sauberkeit gibt, sondern am Tage vor unserem Angriff im Juni in Posen. Seitdem haben wir die Pferde, die in der Gegend von Warschau stehen, nicht wiedergesehen.

Fedi[16] freut sich immer ganz besonders über Ihre treue Korrespondenz. Er ist jetzt wieder herausgegangen, aber mehr nach Süden, als Ersatz für einen Verstorbenen. Netterweise kann ich noch acht Tage hierbleiben, dann soll ich ihm zu dem neuen Wirkungskreis folgen. Sehr schade ist, daß wir unseren alten Wirkungskreis und die netten Kameraden nun nicht wieder vorfinden.

Meine Frau und ich waren zweieinhalb Wochen in Oberstdorf im Allgäu, wo wir uns beide sehr erholt haben. Bräuninger will jetzt auf Urlaub gehen. – Ristow liegt im Reserve-Lazarett in Krotoschin. Er hat sich die beiden großen Zehen erfroren, die abgenommen worden sind. Sonst geht es ihm wieder gut.

Ich habe in den paar Tagen, die ich noch hiersein werde, sehr viel zu tun, zumal ich zwischenherein militärdienstlich immer mal wieder nach Berlin fahren muß.

Leben Sie wohl. Grüßen Sie Ihren Mann unbekannterweise sehr herzlich. Ich verbleibe in alter Freundschaft

Ihr aufrichtig ergebener
Papi Hardenberg

Neuhardenberg, den 14. 7. 43

Liebes Schaudinchen.

Mit großem Dank sende ich hier die Texte zurück. Für die nächsten beiden Sonntage habe ich etwas aus Berlin bekommen, und dann werde ich auch sicher weiter bekommen. Die Sache ist ja viel mehr im Gange, als man denkt. In Ostpreußen wächst es lawinenartig, nur geben sie es auch dort nicht aus der Provinz heraus. Der Gen.Sup. Blau hat wunderschöne Sachen zusammengestellt für die Diaspora, die ich neulich in Friedersdorf sah. Die Oberin Heidi hatte ihrem Bruder eine Sammlung zum Geburtstag mitgebracht. Die kann ich vielleicht bekommen. In Hermersdorf macht die junge Frau v. Brünneck jetzt die Andacht in der Kirche. Frau Koeller hatte den Anstoß dazu gegeben. – Am letzten Sonntag machte der Bauer Buchholz den Gottesdienst. Der Geheimrat v. Zastrow erlebte das mit und war ganz ergriffen, wie feierlich und schön so etwas sein kann. Er will mal bei uns predigen, vielleicht zum Erntedankfest, wie er es zu Hause manchmal tut.

Anbei noch einen letzten Gruß von einem Pfarrer aus Stalingrad. Behalten Sie es.

Nächste Woche zieht die Familie vom Prof. Bremer, dem Internisten, in die leere Wohnung nach Lietzen. Das Haus in Berlin hat schon zweimal etwas abbekommen und hat große Risse.

Wir haben überhaupt sehr viel Nachfragen, aber die Menschen bekommen ihre Möbel nicht mehr weg. Bremer hat ungeheure Schwierigkeiten überwinden müssen, bis er Packer und Möbelwagen bekam.

Mit herzlichem Gruß
Ihre
Mami Hardenberg

Neuhardenberg, den 24. 1. 44

Liebes Schaudinchen.

Herzlichen Dank für Ihren lieben Brief. Sehen Sie, so ähnlich dachte ich mir diese doch recht schiefe Verlobung. Ich wäre sehr besorgt und unruhig, wenn eine von unsern Mädels auf eine solche Kater-Idee gekommen wäre. (Man kann überhaupt noch nicht wissen, was in dieser Branche passieren kann.) Ich habe mir nun die Sache auf Ihren Brief hin lange überlegt. Aber es ist nichts zu machen. Wir haben darin auch schon einige Erfahrungen gemacht. Wenn die Menschen verlobt sind, dann ist überhaupt nichts mehr zu machen. Dann machen sie die Ohren zu, wie der Auerhahn, wenn er balzt. Außerdem sind Eltern heutzutage auch blind, weil sie die Verantwortung nicht auf sich nehmen wollen, ihrer Tochter etwas auszureden, auf die Gefahr hin, daß sie ganz ledig bleibt. (Solange die Viel-Ehe nicht eingeführt wird, kann man sich ja ausrechnen, wieviel Mädchen übrigbleiben.) – Aber auch, wenn eine von den S<....>-Töchtern eine Wahl treffen würde, die uns ganz abwegig erscheinen würde, so hätten wir gar keinen Einfluß. Das sind so heikle Familien-Angelegenheiten, die die Eltern alleine verantworten müssen. Wir haben schon mit angehaltenem Atem manchem Pärchen gratuliert. Und ich muß sagen, manchmal ist doch wider Erwarten noch ganz was Ordentliches draus geworden. Meistens allerdings stimmte unsere Rechnung, aber man kann es eben nicht hindern. Armes Sophiechen! – Es ist eigentlich doch gar nicht so dumm gewesen, wie man als Eltern früher solch eine Wahl lenken konnte und schiefe Sachen verhindern konnte, allein durch die starke Autorität. Es gab damals eher mehr glückliche Ehen als jetzt. Und der Kummer dauerte nicht so lang wie eine Ehe, die in die Brüche geht. – Ich werde jedenfalls mit Marwitz darüber sprechen, aber ich weiß genau, daß er nichts unternehmen wird.

Seine 2. Tochter hat sich übrigens sehr nett verheiratet mit einem der nettesten Leute, die in der letzten Zeit hier waren. Ein Graf Bismarck aus Pommern. Sie werden sich erst tüchtig einsetzen müssen, weil der väterliche Besitz sehr verwirtschaftet ist, aber das sind ja Dinge, die man klar sieht und meistern kann. Wenn er nur leben bleibt!

Atti soll möglichst noch länger auf dem Elmhof bleiben, wenn die Baronin L. sie brauchen kann. Sie kann nichts anderes tun, bis sie gesundheitlich ganz in Ordnung ist. <…> Und dort ist die Arbeit nicht so schlimm. Wenn Sie irgendwelchen Einfluß hätten, so putschen Sie doch ein bißchen, daß Atti in der Zeit tüchtig kochen lernt. Ich fürchte, sie ist sehr Schickedanz und kommt nicht viel an den Herd. Und die Baronin L. soll das so sehr gut lehren. (Im übrigen bezahlen wir Pension, und ich geniere mich gar nicht, daß sie dafür auch etwas Brauchbares lernt.)

Friedrich-Carl ist seit dem 20. Dez. bei den Soldaten, bei einem Panzer-Regiment, und kam dann bald nach Dänemark zur weiteren Ausbildung. Sein erster Brief kam aus dem Bett. Wahrscheinlich ist es eine Grippe. Armes Kerlchen!

Lalla ist vor ein paar Tagen versetzt worden nach Tournay an der frz. Grenze in Belgien und hat dort eine selbständige Station bekommen. Sie freut sich sehr darauf, weil der Betrieb auch viel besser geleitet wird als in Rouen.

Augenblicklich sind Onkel Fedi und Frau hier, um sich nach ihrer etwas kaputten Wohnung in Berlin umzusehen.

Vielleicht bekommen wir demnächst einen aus Berlin ausgebombten Pfarrer zur Vertretung. Mein Mann will die Stelle noch nicht besetzen, bis die andern aus dem Feld zurück sind. Einer hielt neulich den Gottesdienst, der sich darum bewirbt, aber ist farblos und nimmt zu nichts Stellung.

Wir sind sehr anspruchsvoll geworden!

Übrigens wird <…> Ihnen wohl sehr ihr Herz ausschütten, daß sie gerne zum Roten Kreuz will und wir kein Verständnis dafür haben. Sie ist aber noch ein zu großes Kalb, um sich als Schwester richtig durchzusetzen. Sie hat so viele famose Eigenschaften, aber das würde sie sehr burschikos machen. Die beiden anderen Mädels haben furchtbare Angst, wir könnten es doch noch erlauben.

Ich finde es sehr nett und lieb von Ihnen, daß Sie mir diese Sorge geschrieben haben. Geb's Gott, daß die Sache doch besser geht, als wir denken.

Mit den herzlichsten Grüßen auch für Ihren Liebsten bin ich Ihre

Mami Hardenberg

Neuhardenberg, den 27. 12. 44

Liebes Schaudinchen.

Eben kam Ihr Brief vom 15. d. M. Tausend Dank für den ausführlichen Bericht. Unterdessen ist das Kind auch schon hier einpassiert. Ich habe sie heute zu unserer Ärztin geschickt, die sie gut kennt und die sagt, daß sie die Sache erstaunlich gut überstanden hat. Sie findet aber, daß sie dort viel zu sehr überanstrengt wird, nach dem, was sie erzählt. Wir hatten sie nun gerade so zurecht gekriegt mit Basedow und Unterleib, daß es doch recht sorgenvoll ist, wie sie dort verwandt wird. Oder ist etwas Übertreibung dabei? Ich wäre sehr dankbar, wenn Sie das einmal telefonisch klären könnten. Ach, verzeihen Sie nur. Das sind ja alles so geringe Sorgen gegen das Furchtbare, was dort alles passiert.

Weihnachten war nun schließlich noch so schön, wie ich es mir gar nicht träumen konnte. Ich war bei unserm

Papi und habe fast zwei Stunden mit ihm quackeln können. Er geht sehr langsam am Stock und spricht heiser und etwas mühsam, sieht aber im Gesicht gut aus. Er ist sehr dünn geworden, auch hat er noch Beklemmungen am Herzen, die aber langsam besser werden. – Und Wonte ist seit dem dem 16. d. M. zu Hause. Es lockert sich doch vielleicht alles. Geb's Gott!

Ich wünsche Ihnen auch von Herzen ein gutes Neues Jahr. Mit herzlichen Grüßen auch für Ihren Mann

bin ich Ihre

Mami Hardenberg

12. 3. 46

Mein liebes Schaudinchen.

Kinder, nein, ist das rührend. Da kommt ein Paket aus Celle in Ihrem Auftrag mit Briefpapier, Lichtern und Steichhölzern; lauter Köstlichkeiten, die wir händeringend brauchen können. Vergelt's Gott auf der ganzen Linie! – Das Briefpapier ist ganz besonders willkommen, denn mein Mann und Wonte haben jetzt die Betreuung der Hinterbliebenen vom 20. Juli übernommen. Dabei fehlte es zunächst vollkommen an Briefpapier. Schreibmaschine steht in Aussicht. Nun hilft Ihre Liebesgabe gleich ein Stückchen weiter. – Herzlichsten Dank auch für Ihren lieben Brief vom 2. des Monats. – Die Assistentin von Schmitt hat mir endlich geschrieben. Sie verreist jetzt auf kurze Zeit, und danach kann ich kommen. Lebensmittelkarten bekommt man doch, und so brauche ich nicht allzusehr zur Last zu fallen. (Sehr lieb von Ihnen, daß Sie so goldig für mich sorgen wollen.) –

Ich war gerade ein paar Tage bei Gisela in Lüdge bei Pyrmont (Fabrik Schwering und Hasse). Dort haben sie sich eine winzige Kutscher-Wohnung hübsch zurechtgemacht. Er hat seine Gespanne dort und hat einen kleinen Fuhrbetrieb. Sonst hat er als Werkmeister des Johanniter-Ordens z. Z. allerhand zu tun mit dem Sammeln und Unterbringen der Schwestern. Die Jungens sind goldig, besonders der drahtige, zweite, Heinerle genannt. Die beiden Ältesten ganz Gisela und mein Mann. Der Jüngste ein weiß-blonder Arnim-Bub!

Wie schön ist das, was Sie von Wurm schreiben! Das ist natürlich etwas ganz anderes!

Also hoffentlich bald mal „Auf Wiedersehen"!
Herzlichste Grüße auch von Papi und Wonte.
Ihre Mami Hardenberg

Nörten-Hardenberg, den 4. 12. 1946

Liebes Schaudinchen.

In meiner Mappe „unerledigt" liegt immer noch Ihr lieber Geburtstags-Brief an den Papi. Und nun seien Sie ihm nicht böse, wenn ich mich daran mache, ihn für ihn zu beantworten. Er hat sich wirklich herzlich darüber gefreut und dankt Ihnen und Ihrem Mann herzlichst für die guten Wünsche.

Er ist z. Z. ein wirklich schwer beschäftigter Mann und kommt nur für kurze Gastrollen hierher und an den Schreibtisch, und ich helfe ihm, so gut es geht, bei seiner Korrespondenz. Freilich muß er mir nur in die Maschine diktieren, weil ich nicht so schön Stenografie kann wie Sie, aber es geht auch. Nur Briefe zu schreiben, als ob er sie selber geschrieben hat, das kann ich nicht. Sonst würde ich hier vielleicht auch einen frommen Betrug vornehmen. – Ich schrieb Ihnen wohl schon, daß er die Verwaltung der Hohenzollern neu aufzieht und fürs erste übernommen hat. Ob es für dauernd sein wird, wird sich erstmal zeigen. Die Arbeit interessiert ihn sehr. Nächste Woche fährt er nach Berlin, um dort das Büro aufzulösen. – Augenblicklich ist er in Hamburg.

Vorher hatte mein Mann das „Hilfswerk 20. Juli" übernommen, was ich jetzt weitermache. Nur in den wichtigen Fragen schaltet er sich ein. Ich habe damit voll und ganz zu tun und bin froh, daß ich keinen Haushalt habe, sonst könnte ich es gar nicht schaffen. – Es ist noch immer unsicher, wo wir bleiben. Zunächst wohl noch hier. – Wonte fährt Ende der Woche nach München und ist über Puppe Hammerstein zu erreichen. (München 2, Karolinenplatz 4 I). Weiß Ihr Mann vielleicht, an welche katholische Stelle sie sich wenden könnte, um Spenden für unser „Hilfswerk" zu bekommen? Das Evang. Hilfswerk in Stuttgart und auch in Hamburg hilft uns mit ansehnlichen Summen. Wir betreuen überkonfessionell und überparteilich alle Hinterbliebenen. Nun könnten sich die Katholiken auch einmal einschalten, zumal viele Witwen katholisch sind. Die Not ist schrecklich groß, zumal sie auch unter das Gesetz 52[17] fallen, wenn auch ihre Männer im Kampf gegen den Nationalsozialismus hingerichtet wurden!

Wonte sucht eine Stellung und hofft, bei einem Verlag anzukommen. Es ist aber sehr schwer jetzt. – Atti war ein paar Tage hier; seitdem hat sie sich den Arm gebrochen, als ein Auto mit dem karambolierte, in dem sie saß.

Den Besuch bei Ihnen haben wir ganz riesig genossen.

Ich wünsche Ihnen von Herzen ein gesegnetes Weihnachtsfest.

Lalla, Wonte und Fritze grüßen mit mir herzlichst, auch Ihren Mann.
Ihre

Mami Hardenberg

Nörten-Hardenberg, den 12. 2. 47

Liebes Schaudinchen.

Ein ganz schlechtes Gewissen habe ich, daß ich mich noch gar nicht bei Ihnen bedankt habe für die beiden hübschen Hefte, die Sie mir zu Weihnachten schickten, und möchte es hiermit herzlichst nachholen. – Der Graf X., von dem Lilje schreibt, war der prachtvolle Graf Yorck aus Schlesien. Von Lilje haben wir viel gehört durch unsern Fritzi Schulenburg, der auch hingerichtet wurde. Er war sehr befreundet mit ihm.

Können Sie beiliegenden Artikel Frau Munzinger weitergeben, wenn Sie ihn gelesen haben? Sie kann ihn behalten. Bitte grüßen Sie sie herzlichst von mir. Ob sie noch kein Liebesgaben-Paket bekommen hat? Viele haben schon mehrere Sendungen bekommen. – Sehr erfreulich ist, daß die ersten 24 Kinder in die Schweiz geschickt werden konnten. Sie sind da für drei Monate eingeladen in verschiedenen Familien. Ein menschenfreundlicher Arzt aus Bern hat diese Mühe auf sich genommen und hilft damit unendlich.

Daß mein Mann die Hohenzollernsche Verwaltung übernommen hat, wissen Sie sicher schon, eine Arbeit, die ihn sehr interessiert. Nur vorläufig ohne Auto unerhört anstrengend. Hoffentlich kommt der Wagen bald, der ihm zugesagt wurde. – Ich mache die Schreibarbeiten für das „Hilfswerk 20. Juli 1944“ und bin froh, daß ich noch keinen Haushalt habe und vollkommen frei dafür bin. – Wonte ist nach München gefahren und versucht, sich da einen Broterwerb zu verschaffen.

Mit herzlichsten Grüßen auch für Ihren Mann und liebevolles Küßchen für Ihr goldiges Kind
Ihre

Mami Hardenberg

Nörten-Hardenberg, den 25. 7. 47

Hilfswerk 20. Juli 1944

Liebes Schaudinchen.

Herzlichen Dank für Ihren Brief vom 2. d. M. – Doll, daß ich ihn heute erst beantworte!

Wir sind immer sehr froh, wenn jemand uns auf solche Not aufmerksam macht. – Die Witwe des Generals von H<…> bekommt aber eine ganz ansehnliche Rente, auch soll der Sohn A<…> jetzt eine monatliche Studienbeihilfe von uns bekommen, so daß sie eigentlich für die Baronin M<…> mitsorgen müßten. Auch scheinen Care-Pakete auf unsere Veranlassung aus Amerika und England anzukommen. Eigentlich kann man nicht mehr für eine Familie tun.

Wir sind mitsamt der Verwaltung hier wohnen geblieben, d. h. es sind Räume frei geworden, die von einer Bibliothek beschlagnahmt waren. Ein Beamter ist mit Familie auch hier untergekommen. Ein Sekretär kommt noch, und eine Sekretärin kommt täglich aus Göttingen herüber. Mit der Zeit bekommen wir noch mehr Platz, und dann kann er noch einen Adjutanten einstellen, denn es ist sehr schwer, alles selber zu machen. Der

Haupt-Mitarbeiter wurde in Potsdam von den Russen gekidnappt.

Der Kronprinz wohnt in Hechingen, und sie wohnt in Kissingen in einer Pension. Mein Mann hat eben Gelegenheit gehabt, mit einem Auto mit südwärts zu fahren, und kommt nächste Woche wieder.

Wonte und Lalla sind wohl unterdessen bei Ihnen gewesen. Ich freue mich so, daß Wonte jetzt besser wohnt.

Herzliche Grüße wie für Ihren Mann

Ihre

Mami Hg.

Nörten-Hardenberg, den 11. 11. 47

Hilfswerk 20. Juli 1944

Liebes Schaudinchen.

Herzlichen Dank von uns beiden für Ihre lieben treuen Wünsche zu unseren Geburtstagen. Ich finde auch, daß Luther es sehr hübsch ausgedrückt hat, was man alles sich in heutiger Zeit wünschen muß. Wir haben unsere Geburtstage dies Jahr sehr seltsam verlebt. Am 22. haben wir einen wunderschönen Gang durch den Park von Sanssouci nach dem Antiken Tempel gemacht und einen Kranz auf dem Sarg der Kaiserin im Namen ihres ältesten Sohnes niedergelegt, denn, was Sie nicht wissen werden, der 22. Okt. ist ihr Geburtstag. Das war wirklich eine Frau, die man verehren konnte. Wie würdig hat sie damals in der Revolution ihre Familie vertreten, und mit persönlicher Tapferkeit trat sie den Revolutionären entgegen. – Der Park ist sehr schön gehalten, aber das übrige Potsdam – daß Gott erbarm! – Am 29. kam ich von Berlin kommend hier an zu einem gemütlichen Geburtstags-Kaffee. Lalla und Lotte Ludwig (aus Seidorf), die wieder bei uns ist, hatten eine wunderschöne Torte gebacken aus einem schicken Care-Paket. – Und in Berlin war es eigentlich sehr schön, trotz allem Traurigen. Die Berliner haben einen fantastischen Schwung – immer noch!

Leider kann ich Ihnen keine Hilfe verschaffen für die Frau G<....>. Wir sind nur zuständig für die Hinterbliebenen vom 20. Juli 44; eventuell noch für einige Überlebende.

Es tut mir so leid, daß Ihre Familie so zerstückt ist, aber wirklich, Sie dürften jetzt nicht nach München ziehen, solange es noch so schlecht mit der Ernährung ist. Man nimmt an, daß es im Frühling besser wird. Warum, weiß ich auch nicht. Ich sehe doch, wie schwer Wonte es hat. Wenn sie doch jetzt in die Schweiz käme! Nun ist das Permit da, aber die Einladung nach Caux abgelaufen.

<...>

Grüßen Sie Ihren Mann herzlichst und überküssen Sie Ihr Kind von mir. Es hat mir so gut gefallen. Gott schütze Sie alle drei weiter.

Herzlichst Ihre
Mami Hardenberg

Reppinchen, Görzer, Strauch, Engelke, Fahrenkampf[1] und Dr. Borchardt kamen nach Berlin und sahen eigentlich alle ganz wohl aus. Sie versorgten uns rührenderweise mit Lebensmitteln, so daß wir keinen Mangel litten.

Renate und Carl-Hans von Hardenberg Ausgewählte Briefe an Eduard Spranger (1946–1959)

Nörten-Hardenberg, den 23. April 1946

Hochverehrter Herr Professor!
Gestern traf pünktlich zum Osterfest Ihr lieber Brief vom 12. d. M. hier ein. Haben Sie und Ihre hochverehrte Gattin sehr herzlichen Dank dafür und seien Sie bitte überzeugt, daß wir – d. h. meine Frau und ich, Lalla, Wonte und Friedrich-Carl – Ihrer zum Osterfeste und auch sonst immer wieder mit den besten Wünschen gedenken. Ich hoffe sehr, daß Sie bald eine geeignete Wirkungsstätte finden werden. Schade, wenn es nicht in Göttingen sein kann, das den Vorteil hätte, gänzlich unzerstört zu sein und ernährungsmäßig sicher wesentlich besser ist als Hamburg und andere. Bei diesem Gedanken bewegt mich allerdings ein großer Egoismus, da wir wahrscheinlich 5 km vor der Stadt ein Gut pachten können und dann die Freude haben würden, Sie und Ihre Gattin wieder öfter bei uns zu sehen.

Für Ihre Gedanken, die Neuhardenberger Bibliothek betreffend, meinen aufrichtigsten Dank. Wenn es nicht zu unbescheiden ist, möchte ich Sie bitten, mit dem Leiter der Staatsbibliothek zu sprechen und in meinem Namen alles, wie es *Ihnen* richtig erscheint, abzumachen. Lieber wäre es mir, die Bücher nähme die Staatsbibliothek als die Provinzialverwaltung. Wenn es nicht unbedingt nötig ist, möchte ich nicht *verkaufen,* sondern die Werke als Leihgabe geben. Der Leiter der Bibliothek von Hannover, mit dem ich heute auf Grund Ihres Vorschlags sprach – die Bibliothek ist hier nach Nörten

z. Z. ausgesiedelt –, sagte mir, er glaube nicht, daß Transportkosten und Miete erhoben würden, da solche Betreuung zum Aufgabengebiet der Bibliotheken gehöre. Wenn nötig, könne man aber eine beschränkte Benutzungsgenehmigung gestatten.

Man kann aus der Entfernung nicht irgendwelche Bindungen aussprechen, ich kann mich nur sehr herzlich bedanken für Ihre guten Absichten und versichern, daß Sie mein hundertprozentiges Vertrauen begleitet. Das materielle Moment ist in dieser Zeit leider wichtig, aber das kulturelle steht mir trotz allem ungleich höher.

Der Brief muß zur Post, ich schließe darum mit unser aller herzlichsten Grüßen und der Bitte, Frau Spranger die Hand küssen zu dürfen

als Ihr aufrichtig ergebener dankbarer

Carl-Hans Hardenberg

Das Schicksal des verehrten Präsidenten H<....> bewegt mich sehr.

Nörten-Hardenberg, den 3. Juni 1946

Sehr verehrter Herr Professor!
Haben sie aufrichtigen Dank für Ihr gütiges Schreiben vom 13. Mai, das ich gestern abend bei meiner Rückkehr von einer Kur aus Bayern hier vorfand. Da mir von der Provinzialverwaltung in Potsdam der frühere Landrat Aegidi gut bekannt ist, habe ich an ihn anliegenden Brief[18] geschrieben. Ich hoffe, daß er etwas erreichen und Ihnen dann kurz Mitteilung machen wird. Andernfalls muß man wohl, wie Sie vorschlagen, das Ergebnis der Schritte der Staatsbibliothek abwarten.

Letzteres möchte ich auch, was die Frage des Archivs betrifft, tun, um mich dann an das Staatsarchiv zu wenden.

Bisher habe ich mir keinen Rechtsberater in Berlin genommen, weil ich mir davon nichts versprach. Ich werde mich aber erkundigen. Ich kann mir ja nicht denken, daß irgend eine Stelle die Tatsache, daß ich, wegen meines Skorbutleidens als Folge der KZ-Zeit mich zur Behandlung in den Westen begeben habe, ausnutzt, um mir Sachen wie die Bibliothek oder das Archiv wegzunehmen.

Darf ich die Gelegenheit benutzen, Ihnen, Herr Professor, besonders herzlich für Ihre sehr freundliche Hilfe zu danken, die Sie bereits getan haben bzw. in Aussicht gestellt haben. Ich darf noch mal wiederholen, daß ich bitte, in allen Sachen, wo es erforderlich ist, selbstständig zu entscheiden.

Meine Frau und die Kinder grüßen mit mir Sie und Ihre Gattin herzlich. Ich schließe mich an,

als Ihr aufrichtig dankbarer

Carl-Hans Hardenberg

Nörten-Hardenberg, den 4. Oktober 1946

Sehr verehrter Herr Professor.

Nachdem unsere Neuhardenberger Bibliothek nunmehr von der Provinzial-Regierung in Potsdam übernommen worden ist und diese meiner Tochter eine Bescheinigung ausgestellt hat, daß ich der Eigentümer wäre und sie nur die treuhänderische Verwaltung hätten, möchte ich Ihnen nochmals sehr herzlich danken. Daß dieser große Teil der Bibliothek und damit ein ebenso großer ideeller wie materieller Wert gerettet worden ist, verdanke ich nur Ihrer Initiative und Ihren Ratschlägen.

Ich werde Ihnen dieses nicht vergessen! Auch meine Frau hat mich beauftragt, ihren sehr herzlichen Dank zu übermitteln.

Lieber hätte ich gesehen, wenn die Univ.Bibliothek-Berlin die Sachen genommen hätte. Dies ließ sich aber nicht mehr ermöglichen, da die Provinz schneller gehandelt hatte. Außerdem schreibt mir meine Tochter aus Berlin, daß die Universität sich nur auf einen Verkauf einlassen wollte. Einem Abtransport der Bücher nach dem Westen, was meine Tochter eigentlich mit anderen Sachen zusammen anstrebte, hat die Provinz allerdings widersprochen. Die Bücher sind ja aber in Potsdam auch ganz gut aufgehoben.

Ich habe – zunächst vorübergehend – die Nachfolge von Plettenberg übernommen. Wenn ich das nächste mal zu meinem Brotgeber nach Hechingen fahre, werde ich versuchen, Sie richtig zu besuchen.

Bitte empfehlen Sie mich sehr Ihrer hochverehrten Gattin.

Mit herzlichen Grüßen von uns allen
verbleibe ich
Ihr sehr ergebener

Carl-Hans Hardenberg

Nörten-Hardenberg, den 5. November 1946

Sehr verehrter Herr Professor.
Sehr herzlichen Dank für 2 Briefe vom 13. und 20. Oktober. Ich war 14 Tage in Wiesbaden und Frankfurt/Main, bin aber diesmal nicht nach Hechingen gekommen, konnte infolgedessen meinen beabsichtigten Besuch bei Ihnen, auf den ich mich so sehr freue, bis jetzt nicht ausführen. Vermutlich werde ich aber noch vor

Weihnachten herunterfahren müssen und werde mich dann vorher ansagen.

Wonte (alias Reinhild) ist nach 7 Wochen Berlin und Neuhardenberg gut zurückgekommen. Sie war tief gerührt von der großen Liebe, mit der sie in unserer Heimat eigentlich von allen Anwohnern, einschließlich des Vorsitzenden der kommunistischen Partei, begrüßt worden ist. Die Bauern fürchten die Kolchose, da sie dem Abliefe-rungs-Soll nicht nachkommen können. Die Neusiedler haben wirtschaftlich schwer zu leiden in Ermangelung von Vieh und totem Inventar. Unangenehm sind eigentlich nur 2 oder 3 unter russischem Einfluß stehende ortsfremde Kommunisten. Scheinbar geht es ihnen dort wirklich schlecht, denn der Schullehrer, der aus Quappendorf dorthin gekommen ist und der sich weitgehend umgestellt hatte, versuchte auch, sich beliebt zu machen. Die mehr wie gewandte Umstellungs-Art dieser Menschen ist ein zuverlässiger Pegel für die politische Situation.

Wegen eines Nachrufes für Beck bitte ich, sich mit der Gräfin Marion Dönhoff, Klopstock-Fontenay Str. 7, in Verbindung zu setzen. Sie ist Redakteurin an der „Zeit", einer hervorragenden Wochenschrift. Ich glaube, daß sie ihn, wenn sie irgend kann, bringen wird. Sie selber war tätige Mitarbeiterin an den Vorbereitungen zum 20. Juli in Ostpreußen.

Mit Frau von R<…> haben wir Verbindung. Sie erhält durch unser Hilfs-Werk seit August 150 M monatlich, außerdem hat sie eine Rente von 112, 80 M.

Mit aufrichtigem Gruß auch an Ihre hochverehrte Gattin von meiner Frau und mir

verbleibe ich Ihr dankbar ergebener

Carl-Hans Hardenberg

Nörten-Hardenberg, den 2. Juli 1947

Sehr verehrter Herr Professor!
In meinem Schreiben vom 30. 6. vergaß ich, Ihnen sehr herzlich für Ihr vorhergehendes Schreiben vom 21. 5. zu danken, das – wie ich bei der Aufarbeitung meiner Korrespondenz sehe – auch noch unbeantwortet hier liegt.

Wegen der Persönlichkeit von Rommel habe ich Erkundigungen eingezogen, sobald diese vorliegen, werde ich Ihnen Mitteilung machen. Von Helldorff weiß ich aus eigener Erfahrung, daß er 100% auf unserer Seite bei den Vorbereitungen zum 20. Juli mitgemacht hat. Er war aus einem Saulus ein Paulus geworden, wenn auch etwas spät, und hat seinen Kopf anständig hingehalten. Jedenfalls hatte ich damals keineswegs den Eindruck, daß er es nur aus Berechnung oder Konjunktur tat. Ich bedanke mich aber für Ihre Anregung, daß man bei diesen Persönlichkeiten gegebenenfalls eine kurze Begründung hinzufügen muß.

Wer Herr Dr. David Shipley ist, kann ich auch nicht sagen. – Der Frau Kronprinzessin schreibe ich in diesen Tagen. Ich bin überzeugt, daß sie bei der nächsten Anwesenheit in Hechingen Sie aufsuchen wird; das letzte Mal erfolgte ihre Abreise etwas überstürzt, sodaß ich glaube, daß der Besuch aus diesem Grunde unterblieben ist.

Leben Sie wohl, sehr verehrter Herr Professor, in der Hoffnung auf ein baldiges Wiedersehen und mit sehr vielen Grüßen von Haus zu Haus

Ihr sehr ergebener

Carl-Hans Hardenberg

Nörten-Hardenberg, den 18. Dezember 47

Sehr verehrter Herr Professor!
Ihr Schreiben vom 29. 11., das ich vorgestern bei meiner Rückkehr aus Berlin hier vorfand, war uns allen eine große Freude. Haben Sie herzlichen Dank dafür. Ich kann Ihnen aufrichtig versichern, daß es mich außerordentlich bedrückt, nicht bei Ihnen gewesen zu sein. Jedesmal, wenn ich nach Hechingen fahre, habe ich die feste Absicht, es auszuführen. Aber dann ist immer so wenig Zeit, daß ich es aufgebe. Mein Zug von Frankfurt kommt nämlich 1.30 Uhr in Stuttgart an. Dann fahre ich von dort 3 Uhr weiter und muß in Tübingen mich schon eilen, um die Bahn nach Hechingen zu erreichen. Erschwerend kommt hinzu, daß ich in der französischen Zone keine Lebensmittelmarken erhalte und aus diesem Grunde den Aufenthalt dort immer so stark wie möglich abkürze. Zwei Momente sind es aber, die mich hoffen lassen, im nächsten Frühjahr Sie endlich besuchen zu können: Erstens ist es die Wahrscheinlichkeit, daß bis dahin das Eigenleben der französischen Zone aufgehoben ist und diese den englischen / amerikanischen Zonen angeschlossen wird; zweitens denke ich nun endlich in den Besitz eines Kraftwagens zu kommen, eine Hoffnung, die ich allerdings schon 3/4 Jahr hege. Wie es scheint, wird sie sich jetzt aber um Weihnachten herum erfüllen können. Dann komme ich bestimmt, würde ich doch besonderen Wert auf einen Gedankenaustausch mit Ihnen legen. Nach Berlin bin ich seit vergangenem Sommer drei Mal gekommen, ich hatte jedes Mal ungefähr 14 Tage dort zu tun. Mir ist nicht ganz klar, ob mein diesmaliger Aufenthalt nicht für lange Zeit der letzte gewesen ist, da ich vermute, daß der Abbruch der Verhandlungen in London zur Folge haben wird, daß die Westmächte sich in den nächsten Monaten aus Ber-

lin zurückziehen werden. Dies würde natürlich bedeuten, daß der eiserne Vorhang zum Osten für lange Zeit heruntergeht.

Sehr leid tat es mir, in Berlin zu hören, daß man von Ihrem Herrn Schwager noch nichts gehört hat. Uns geht es ja mit dem Geheimrat von Berg von der Verwaltung leider genauso. Andererseits hörte ich von einem Herrn von Schwerin, der in Mahlsdorf Kreis Zauch-Belzig gewohnt hat und dort verhaftet wurde, daß er in einem Gefangenenlager im Ural sei. Ich konnte ihm eine Karte schreiben. Er hat kurz geantwortet und geschrieben, daß es ihm gut ginge.

In Berlin hatte ich schwierige Fragen. Die Russen wollen das ausgebaute Palais des alten Kaisers und das Niederländische Palais käuflich erwerben. Der Entschluß, historische Stätten abzugeben an diejenigen, die sich – ewig unvergessen – beim Einmarsch so benommen haben, ist sehr schwer. Andererseits können wir die sehr zahlreichen Pensionen heute nur zu einem Teil auszahlen und dürfen keine Maßnahme ausschlagen, die uns diese selbstverständliche Ehrenpflicht erfüllen läßt. Vorläufig sind die Verhandlungen noch nicht so recht in Gang. Nach dem Londoner Ausgang ist mir auch fraglich, ob sie von der anderen Seite weitergeführt werden.

Ob die Arbeit des Professor Ritter, der er sich freundlicherweise unterziehen will, Erfolg haben wird, ist mir noch nicht ganz klar. Auch darüber würde ich gern mal mit Ihnen mündlich sprechen. In der Ostzone ist für die Sammlung des Materials ein Herr von zur Mühlen gewonnen, der mir bisher unbekannt war, aber bei einer Rücksprache vor 8 Tagen einen besonders guten Eindruck gemacht hat. Im nächsten Jahr soll die ganze Frage im kleinen Kreis wahrscheinlich in Freiburg durchgesprochen werden. Ich hoffe sehr, daß wir auch Sie dazubitten können.

Oben vergaß ich, Ihnen zu erzählen, daß mich in Berlin immer alte Freunde aus Neuhardenberg besuchen. Ich selber fahre dort nicht hin, weil die Leute, die man besucht, dann Unannehmlichkeiten haben. 98% der Bevölkerung sind treu, 3 bis 4 sind Denunzianten, und vorteilgenießende Leute haben sich umgestellt. Herr T<....>, unseligen Angedenkens, wohnt jetzt im Schloß mit der Schule und mit den anderen Lehrern. Sein Wunsch, Hauptlehrer zu werden, hat sich aber nicht erfüllt. Möge ihn sein wohlverdientes Schicksal noch mal erreichen.

Sehr leid tut es mir, zu hören, daß Sie von Herrn R<....> an die Wand gedrückt worden sind. Ich habe ihn hier nur kurz kennengelernt, kann mir auf Grund Ihrer Schilderungen ein sehr gutes Bild machen. Lassen Sie mich schließen, sehr verehrter Herr Professor. Meine Frau und ich erwidern Ihre und Ihrer hochverehrten Gattin Segenswünsche zum Weihnachtsfest aufrichtigen Herzens. Auch für das neue Jahr wünschen wir Ihnen alles erdenklich Gute. Ihre treue Freundschaft ist uns in diesen nicht ganz leichten Zeiten ein besonderer Gewinn.

Mit aufrichtigem Gruß von uns allen
Ihr sehr ergebener

Carl-Hans Hardenberg

Unser kleines Hilfswerk leitet jetzt meine Frau. Wir sind glücklich, daß die Pakete aus Amerika jetzt zahlreicher anlaufen. Der von Ihrer Gattin aufgestellte Zettel mit Namen lag leider nicht bei. Wenn wir ihn bekommen, werden wir gern die nötigen Feststellungen treffen. Häufig ist uns das aber nicht möglich, da Prof. K<....> die Hilfsaktion auf verschiedenste Spender verteilt hat u. wir nur immer raten können, den Absendern den Dank auszusprechen.

Nörten-Hardenberg, den 5. Juli 48.

Lieber Herr Professor.
Hier schicke ich Ihnen den Sohn von dem am 23. 4. 1945 in Moabit erschossenen Prof. Rüdiger Schleicher (seine Mutter ist eine Bonhoeffer) und möchte Sie bitten, ihm zu sagen, ob es schon eine Möglichkeit gibt, sich irgendwo um ein Stipendium zu bemühen. Er möchte so gern weiter studieren. Das übrige kann er Ihnen selber erzählen. – Ich komme nur darauf, weil ich hier in Niedersachsen Anträge an den V.V.N. wegen solcher Stipendien stellen durfte für die, die hier studieren.

Ich bitte, diesen Brief nicht zu beantworten, denn man muß jetzt die Korrespondenz einschränken bei der gewagten Teuerung. Ich habe Schleicher gebeten, mir Nachricht zu geben, wenn sich etwas Positives herausstellt. – Er <…> schrieb ganz munter, daß er sich auf keinen Fall unterkriegen lassen würde. – Bisher konnten wir ihm monatlich 150 M Studienbeihilfe von hier aus bezahlen. Aber nun werden wohl alle Quellen versiegt sein.

Eigentlich wollten wir Sie kurz vorm 20. Juli besuchen, und ich freute mich schon sehr darauf, aber mein ahnungsvoller Mann blies die Fahrt ab, und das war nur gut. Jetzt sitzt er und rechnet und macht Einsparungen mit großer Energie und glaubt, daß er die größten Schwierigkeiten schon gemeistert hat. – Aber sonst denkt man doch recht sorgenvoll nach Hause und nach Berlin.

Wir bekamen ein paar gute Bücher für unsere kleine Leihbibliothek für dies Hilfswerk aus dem Ausland. Wenn Sie etwas davon interessiert, so bitte ich um Nachricht:

Kravtschenko/Ich wählte die Freiheit
Erich Kordt/Wahn und Wirklichkeit (aus Deutschland)
Serrano Suner/Zwischen Hendaye und Gibraltar
Delp/Im Angesicht des Todes (Deutschland)
Hanns Lilje/Im finsteren Tal

Kordt, Kravtschenko und Lilje sind sehr empfehlenswert. Den unerfreulichen Gisevius kennen Sie sicher? Ich bekam ihn gestern aus der Schweiz.

Mit den herzlichsten Grüßen auch von meinem Mann
Ihnen und Ihrer Frau
bin ich Ihre

Renate Hardenberg

Finden Sie, daß Schleicher ein Typ ist, den man getrost nach Amerika für ein Stipendium empfehlen kann? Ich hätte *evtl.* dazu Gelegenheit in einigen Monaten. Aber es müssen die besten Vertreter deutscher Jugend sein. (Wenn ja, so bitte ich doch um Nachricht.)

Nörten-Hardenberg, den 9. August 1948

Lieber Herr Professor!
Heute möchte ich Sie mal wieder um eine Auskunft bitten, und es tut mir leid, wenn ich Ihnen damit Mühe mache.

Kennen Sie zufällig den Sohn vom Feldmarschall Rommel, Manfred R., der in Tübingen studiert (Ammer Gasse 11), soviel ich weiß Jura, und der auch bei Ihnen hört, wie seine Mutter meint? Kann man ihm eine Studien-Unterstützung oder Stipendium verschaffen als Sohn eines Opfers dieser Widerstands-Bewegung? – Und außerdem noch im Vertrauen gefragt: Ist er ein guter Typ Deutscher Jugend, so daß man ihn beruhigt für ein student exchange ins Ausland empfehlen kann? Dies ist natürlich noch eine sehr unsichere Sache, wie viele solcher lieb gedachten Anerbieten, aber es kann sein, daß mich nächstens eine von USA angekündigte Miss H. aufsucht, um dies durchzusprechen. Sie soll die Seele des Austausches sein und sehr interessiert für unsere Schützlinge. Dann möchte ich gern alle empfehlenswerten Jünglinge nennen.

Zu schade, daß die Zonengrenze noch nicht gefallen ist. Wir kamen vor ein paar Tagen ganz nahe bei Ihnen vorbei und hätten gerne bei Ihnen hereingeschaut. Aber der Fahrer, mein Sohn, hatte kein Permit. – Wir sehnen uns recht danach, einmal wieder mit Ihnen zu reden und Sie und Ihre Frau wiederzusehen.

Mit herzlichen Grüßen auch von meinem Mann
bin ich Ihre

Renate Hardenberg

Nörten-Hardenberg, den 17. November 1948

Lieber Herr Professor!
Sehr herzlichen Dank für Ihren Brief vom 12.11. und für die ausführliche Charakteristik von Manfred Rommel. Ich will mich nun bemühen, eine kleine Studien-Beihilfe aufzubringen, mit der er monatlich rechnen kann. – Sehr netter Weise hat Herrmann L<…> nach seiner eben erfolgten Entnazifizierung seine Pension zur Verfügung gestellt. Sowie das Geld eintrifft, werde ich Rommel schreiben. – Auf eine Auslands-Hilfe für ihn müssen wir leider verzichten. Man glaubt in Amerika nicht an einen ernsthaften Widerstand Rommels, obwohl mein Mann und manche andere es beweisen

können.– Das sind aber Anschauungen drüben, die sich rasch ändern können.

Darüber fällt mir ein, daß Professor Rothfels (früher in Königsberg, jetzt Chicago) ein sehr interessantes Buch geschrieben hat: „The German Opposition to Hitler". Ich hoffe, daß ich einige Exemplare zum Verleihen bekommen kann.

Neulich habe ich einen Anlauf gemacht, Sie zu besuchen, als ich in Tübingen 1 Stunde Aufenthalt hatte, aber das ist wohl doch zu weit vom Bahnhof. Ich versuche es aber doch mal wieder.

Mit den herzlichsten Grüßen, auch für Frau Spranger bin ich Ihre

Renate Hardenberg

Kronberg/Taunus, den 27. April 1959

Lieber Herr Professor Spranger.
Nein, wie mir das leid tut, daß ich wieder um Ihren Besuch gekommen bin! Ich hatte für das diesjährige Jugendtreffen in Bonn zu tun. – Und das erste Mal war ich krank und wagte nicht, Ihre Frau zu mir zu bitten, weil es eine grippöse Angelegenheit war.

Aber nun scheint es mir doch, als ob Sie manchmal hier zu tun hätten, und so hoffe ich, daß Sie bald einmal wiederkommen. Dann sagen Sie sich bitte an, damit ich auch möglichst da bin. Jetzt fahre ich bis Pfingsten nach Bayern. Ab 14. Mai bin ich für längere Zeit da. Und Lalla Westphalen kommt dann auch für 14 Tage und bringt mir ihren Sohn zur Aufbewahrung für längere Zeit. Wie nett wäre es, Sie kämen in der Zeit, wo Lalla da wäre.

Auf diesem Kirchhof hier liegt mein Mann nicht. Auf

seinen Wunsch wurde er eingeäschert, und die Urne ist in der Familiengruft beim Hardenberg, bis ich die Genehmigung bekomme, sie nach Hause zu bringen, wie er es gewünscht hat. – Hier habe ich eine schöne Totenmaske von ihm, die ein Künstler gemacht hat. Das ist mein kleiner Friedhof.

Ich bin jetzt 14 Tage in Berlin gewesen. Wie gern würde ich mit Ihnen darüber sprechen. Es hat mich sehr beeindruckt.

Mit herzlichen Grüßen Ihnen beiden
Ihre

Renate Hardenberg

Beiliegendes zur Erinnerung an meinen Mann.

1 Graf Hardenberg absolvierte auf dem dortigen Truppenübungsplatz eine Reservistenübung.
2 familiäre Anrede für Kurt von Plettenberg
3 familiäre Anrede für Helene Gärtner, Kindergärtnerin in Neuhardenberg
4 familiäre Anrede für Fedor von Bock
5 familäre Anrede für Mechthild Freifrau Schilling on Canstatt
6 familiäre Anrede für die Frau des Prinzen Oskar
7 familiäre Anrede für Wilfried von Hardenberg, den Bruder von Gräfin Renate Hardenberg
8 familiäre Anrede für Cay-Lorenz Graf von Brockdorff
9 familiäre Anrede für Arianne Freiin von Maltzahn
10 familiäre Anrede für Julie Laubmann, Erzieherin in Neuhardenberg
11 familiäre Anrede für Conradine Gräfin Kanitz, eine Freundin von Hardenbergs Tochter Gisela
12 Gemeint ist der Geburtstag Graf Hardenbergs am gleichen Tag
13 zeitgenössische Abkürzung für Reichswehr
14 Gemeint ist die Bekennende Kirche

15 familiäre Anrede für eine Näherin, zu der keine näheren Angaben ermittelt werden konnten

16 andere familiäre Anrede für Fedor von Bock

17 Gemeint ist die Verordnung Nr. 52 über „Verfassung und Befugnisse der deutschen Wirtschaftsverwaltung für die britische Zone", die am 8. Oktober 1946 in Kraft getreten war. In: Amtsblatt der Militärregierung Deutschland, Britisches Kontrollgebiet, o.O., o.J., S. 319 ff.

18 Die Anlage ist nicht erhalten

II. Erinnerungen von Zeitgenossen

Reinhild Gräfin von Hardenberg
Ich war die Nummer 363.44.
(aufgezeichnet von Kurt Seehafer)

Vor fünfeinhalb Jahren haben Sie, Gräfin von Hardenberg, und Ihr Bruder, Friedrich-Carl Graf von Hardenberg-Neuhardenberg, mir erlaubt, die Aufzeichnungen Ihres Vaters von Silvester 1945, dieses persönliche Papier, dieses seltene Selbstzeugnis über seinen Weg in den Widerstand, in dem Dokumentarfilm „Auch er wollte Hitler stürzen. Carl-Hans Graf von Hardenberg und der 20. Juli 1944" erstmalig zu veröffentlichen. Ich bin Ihnen noch heute für Ihr Verständnis und Vertrauen herzlich verbunden.

Wir haben uns damals beim Generalintendanten des Deutschen Fernsehfunks, Herrn Michael Albrecht, für den ausgezeichneten Film und die großartige Zusammenarbeit mit Ihnen bedankt und in dem Schreiben auch unsere Überzeugung mitgeteilt, daß die wunderbare Atmosphäre, die uns anläßlich einer bewegenden Gedenkfeier für unsere Eltern in Neuhardenberg, unserer alten Heimat, im Sommer 1990 umgab, im wesentlichen dem Film zuzuschreiben ist.

Inzwischen wird Ihre Arbeit offensichtlich wegen ihrer Authentizität in Publikationen mehrfach zitiert.

Ich bitte nachträglich um Nachsicht. Ich glaube, Sie sind mit Ihren unbestechlichen Aussagen im Film etwas zu kurz gekommen.

Das finde ich gar nicht. Im Interesse der Sache – es war ja

die erste umfangreiche Darstellung des Lebens und am Ende auch des Leidensweges meines Vaters – war das schon in Ordnung. Mit Respekt vor dem Andenken mußte ich einfach hintanstehen. Ich wollte das auch.

Umso mehr bin ich froh über das Entgegenkommen, ein halbes Jahrhundert nach den Ereignissen des 20. Juli 1944 noch einmal nachfragen, sozusagen in Ihren Erinnerungen kramen zu dürfen.

Versprochen ist versprochen. Und ich gebe Ihnen die Gelegenheit gern. Ich habe sie ja herbeigeführt.

Mit Respekt vor dem Andenken an Ihren Vater, sagten Sie vorhin. Ich glaube, hier widerspiegelt sich die Erziehung im Haus Hardenberg.

Ihre Hauslehrerin, Frau Ingeborg Geisendörfer geb. Schaudig – familiär Schaudine genannt – hat mir berichtet: „Es ging sehr streng zu. Ganz im preußischen Geist. Aufrichtig und alles sehr einfach – von der Kleidung bis zum Essen. Großer Wert wurde auf Höflichkeit gelegt. Kinder grüßen auf der Straße immer zuerst.

Hardenberg-Kinder spielen und vertragen sich mit den Kindern im Dorf und haben keinen Dünkel."

Schaudine hat natürlich völlig recht. Ja, wir wurden streng erzogen, streng, aber nicht hart. Das ist ein Unterschied.

Wir waren fünf Geschwister: vier Mädchen, ich die Viertälteste, und unser Bruder Friedrich-Carl; eine weitere Schwester ist bereits mit vier Jahren gestorben. Unsere Eltern haben uns für das Leben erzogen, ein Leben in guten und schlechten Zeiten.

Wir hatten eine schöne Kindheit. Es ging fröhlich und harmonisch zu.

Großgeschrieben wurde Sport: neben Schwimmen vor allem das Reiten. Und da stellte mein Vater immer wieder fürchterliche Mutproben, beispielsweise mit dem Pferd ganz von oben steil in eine Kiesgrube hinunterzureiten. Entsetzlich. Ich weiß noch ganz genau, wie ich einmal kapituliert habe. Ich hatte einfach furchtbare Scheu. Aber dann hatte mich das so geärgert, daß ich das am nächsten Tag heimlich im Alleinritt nachholte und so auch wieder mein Selbstgefühl gewann.

Mut und Disziplin standen bei uns zu Hause hoch im Kurs. Sentimentalität und Wehleidigkeit waren verpönt.

Unsere Eltern achteten sehr auf Pünktlichkeit, Selbständigkeit, Ordnung und Pflichtbewußtsein.

Ich will noch sagen: Meine Mutter war couragiert. Auch war sie eine gute Gastgeberin. Mein Vater war zuerst streng mit sich selber.

Das Abitur-Zeugnis des Königlichen Viktoria-Gymnasiums zu Potsdam bescheinigt Ihrem Vater in Betragen und Fleiß: Lobenswert und Gut.

Mit Musik hatte er wohl nicht allzuviel im Sinn?

Nein, damit hatte er überhaupt nichts im Sinn. Meine Mutter hat sogar das Singen aufgegeben, weil sie bei ihm damit keine Resonanz fand. Und dem Pfarrer in der Dorfkirche soll Vaters Kirchgesang mächtig in den Ohren geschmerzt haben. Er hat uns öfter bekannt: Der Pfeifton einer Lokomotive sei ihm sehr viel lieber als irgendein Musikstück, weil der schneller zu Ende ist. Also mit Musik hatte er wirklich gar nichts im Sinn.

Was hatte er außer Jagen, Reiten, Schwimmen und selbstverständlich Zigarrerauchen noch für Leidenschaften, Interessen und Neigungen? Bei Ihnen hier steht ja ein Teil der Bibliothek mit den schweinsledernen Bänden aus dem 18. Jahrhundert vom Staatskanzler Hardenberg. Was las Ihr Vater?

Er hatte profunde Geschichtskenntnis. Und es gab da immer wieder Gespräche mit seinem Bruder Wilfried, mit Kurt Plettenberg oder mit dem Forstmeister Carl-Peter Rheinen. Da prüfte man sich gegenseitig sein Wissen, ob man diese oder jene Daten wohl wüßte. Natürlich hat manchmal das Telefon geklingelt und die Sitzung unterbrochen. Einer ging dann raus ans Telefon, der andere wußte natürlich danach alles perfekt: Er hatte inzwischen in den Lexika der Bibliothek nachgesehen. Tatsächlich beschäftigte sich mein Vater viel mit Geschichte, besonders auch mit Zeitgeschichte. Außerdem las er wohl gern den Dramatiker Gerhart Hauptmann und den Gesellschaftskritiker Henrik Ibsen.

Wie Sie wissen, habe ich, um die Persönlichkeit Carl-Hans Graf von Hardenberg zu erkunden, um dem Geist und Gemüt Ihres Vaters nahezukommen, so an die zwanzig Zeitzeugen, vor allem ehemalige Lebens- und Kampfgefährten, auch Leidensgefährten, befragt.

Diese unwiderleglichen – inzwischen zum Teil unwiederbringlichen – Dokumentaraussagen sprechen von menschlicher Größe und auch von Authorität, die sich dann im Kreise der Verschwörer nicht zuletzt daran zeigte, wie früh er nach erfolgreichem Staatsstreich als Oberpräsident von Berlin und der Mark Brandenburg vorgesehen war.

In Knappheit einige Zitate.

„Er war eben ein Deutsch-Nationaler, eben Soldat durch und durch. Und wenn er zu uns in den Wald kam, war er immer der erste, der von weitem seinen Hut zog."

(Gustav Bautz).

„Er war ein Mann, der nicht nur den Namen eines Grafen Hardenberg, sondern auch die Qualitäten eines Grafen Hardenberg hatte. Und daß er am 20. Juli 1944

zur Verfügung stand, das war aus seiner Sicht eine Selbstverständlichkeit.“

(Georg-Sigismund von Oppen).

„Er war ein sehr kluger und, was auf mich einen besonderen Eindruck machte, ein sehr verantwortungsbewußter Mann. Carl-Hans Hardenberg war, wenn ich sehr zurückhaltend sagen darf, ein tief frommer Mann.“

(Ingeborg Geisendörfer).

„Die Stärken meines Vaters waren Menschenkenntnis, Menschenbehandlung, Menschenführung.“

(Friedrich-Carl von Hardenberg).

„Er war geradeaus, vertrauenswürdig, menschlich warm. Er ging immer den Dingen auf den Grund, machte sich nichts vor und stellte sich dann den Dingen, zog die nötigen Schlüsse. Der Griff ins Wesentliche hat mir bei ihm immer imponiert – ins Wesentliche und Einfache. Klarheit und Kompromißlosigkeit in Person. Man hatte immer das Gefühl: Er ist ganz fest gefügt und geht den von ihm für richtig befundenen Weg. Er fackelt nicht hin und her.“

(Margarethe Gräfin von Hardenberg, geb. von Oven).

„Er war ein Mann, zu dem man sofort Vertrauen hatte. Den man jederzeit bitten konnte, und wann und wo er helfen konnte, half er. Hardenberg war ein Konservativer, aber nie ein Reaktionär.“

(Ludwig Freiherr von Hammerstein).

„Außerdem hatte er einen Riesenhumor. Und dann war er natürlich irgendwie doch ganz der Erbe und Nachkomme des Staatskanzlers Hardenberg, einfach interessant in sich selber.“

(Axel Freiherr von dem Bussche-Streithorst).

„Er gehörte zu den großen alten Vorbildern von uns jungen Leuten.“

(Richard von Weizsäcker)

Reinhild Gräfin Hardenberg, jetzt höre ich mit den

authentischen Charakteristiken von Dritten auf, sonst bleibt Ihnen nichts mehr zu sagen. Wie lebt Ihr Vater in Ihrer Erinnerung?

Zunächst einmal: Das sind schon treffende Beobachtungen. Ich möchte sagen: Mein Vater war ein gläubiger Christ. Denn sehen Sie: Jahrelang in Opposition zu stehen, Tag und Nacht irgendwie bedroht zu sein, von der Gestapo doch gefaßt und gefoltert zu werden – dazu gehören meines Erachtens schon Mut, Ausgeglichenheit, Stärke, also Dinge, die irgendwie aus dem Geistigen herkommen, die am Ende ihre Wurzeln im Religiösen haben. Doch, er war ein gläubiger Christ, und er war ein Preuße reinster Prägung. Er war gütig, aber diese Güte war erfrischend gepaart mit Realismus, war nicht übertrieben. Es gibt ja bekanntlich auch gütige Menschen, die einen nervös machen können. Mein Vater war positiv eingestellt zur militärischen Erziehung, zu Mut und Disziplin, was sich ja, wie wir vorhin besprachen, auch in unserer Erziehung auswirkte. Er hatte großes Engagement und Fürsorge für die ihm Untergebenen oder überhaupt anvertrauten Menschen. –

Sonntäglicher Kirchgang war – wie das tägliche Tischgebet – eine Selbstverständlichkeit. Beide Eltern lasen die Bibel. Besonders begleitete sie der 90. Psalm.

Eine kleine Episode. Ich erinnere mich an eine Silvesternacht. Die Familie wollte irgendeinen Jux machen. Da hat er gesagt: Nein, bitte nicht! Er ging durch alle Räume. Er räumte die Aschenbecher aus. Und als dann um Mitternacht die Glocken erklangen, öffnete er die Fenster und las den 90. Psalm. Das war in den für die Landwirtschaft schweren Jahren um 1930, und ein Reichstagsmitglied hatte den Vater übel verleumdet. Da brauchte er den 90. Psalm.

Da möchte ich, wenn Sie erlauben, doch einmal nachschlagen. In der alten Bibel steht geschrieben: „Der 90. Psalm. Von des menschlichen Lebens Hinfälligkeit. 10. Unser Leben währet siebenzig Jahre, und wenn es hoch kommt, so sind es achtzig Jahre, und wenn es köstlich gewesen ist, so ist es Mühe und Arbeit gewesen; denn es fähret schnell dahin, als flögen wir davon." Oder „17. Und der Herr, unser Gott, sei uns freundlich, und fördere das Werk unserer Hände bei uns, ja das Werk unserer Hände wolle er fördern."

Ja, das könnte es gewesen sein.

Mein Vater, obwohl sehr gesellig, konnte auch Zwiesprache mit sich selbst halten. Unübertrefflich war sein Humor.

Da gibt es zwei Geschichten, Am 25. November 1921 nach dem Tode seines Onkels, des Geheimen Regierungsrates Kuno Graf von Hardenberg, erbte er dessen Besitz, die Standesherrschaft Neuhardenberg.

Ja, diese Geschichten will ich Ihnen gerne erzählen. Meine Eltern lebten nach dem Ersten Weltkrieg auf einem kleinen Bauernhof, der meinem Großvater Schulenburg gehörte. In der Woche war mein Vater in Cottbus und lernte Landwirtschaft, um eines Tages den Besitz Neuhardenberg zu übernehmen. Meine Eltern hatten wenig Geld. Sie besaßen aber eine Kuh. Eines Tages starb die Kuh. Als mein Vater dann am Wochenende nach Hause kam, empfing ihn meine Mutter mit dem schmerzlichen Ausruf: „Hanni, die Kuh ist tot." Darauf mein Vater: „Macht nichts, Onkel Kuno ist auch tot." Vater konnte in ernsten Situationen schlagfertig sein.

Die andere Geschichte:

Im Jahr 1928 besuchte die Kronprinzessin mit ihrem Sohn Prinz Wilhelm Neuhardenberg. Kommunisten in Berlin hatten davon gehört. Sie kamen mit einem Autobus an und demonstrierten um das Schloß. Mein Vater ging auf die Terrasse. Meine Mutter beobachtete am Fenster, wie er mit den Leuten sprach. Auf einmal lachten alle und zogen ab. Meine Mutter wollte wissen, was vor sich gegangen war. Die Erklärung meines Vaters: Einer in der ersten Reihe hätte seinen Nachbarn mit dem Ellenbogen angestoßen und gemeint: „Kiek mal, ist det scheen hier." Darauf hätte mein Vater gesagt: „Wenn De des hättst, wär'st De nich Kommunist!" So einfach war die Demonstration friedlich aufgelöst worden.

Was hat Ihrer Meinung nach Ihren Vater mehr und mehr zum Antinazismus bewogen?

Ich möchte gar nicht mal sagen „mehr und mehr". Er hat sich schon Ende Januar 1931 eindeutig von Hitler und der NSDAP schroff distanziert.

Er war als Vorstandsmitglied des Brandenburgischen Landbundes zu einer Besprechung im kleinen Kreis im Hause Bechstein in Berlin eingeladen worden. Und da hat Hitler vor einflußreichen Leuten für sich werben wollen und seine Pläne dargelegt. Aus denen ging hervor: Beseitigung der Arbeitslosigkeit nur über Aufrüstung bzw. Krieg. Und das Zweite war die rücksichtslose Ausrottung der Juden.

Mein Vater sah darin Grund genug, um nie der NSDAP oder einer ihrer Organisationen beizutreten. 1933 legte er deshalb sogar alle öffentlichen Ämter, die er bis dahin inne gehabt hatte, nieder. Er wollte sich auf gar keinen Fall etwa der Gefahr aussetzen, irgendwie in den Hitlerklüngel reinzurutschen. Wie Sie wissen hat mein Vater 1936 dafür gesorgt, daß der Dorfpfarrer eben wegen seines Bekenntnisses zu den Nazis aus dem Amt entlassen wurde. Also er hat Hitler frühzeitig durchschaut. Er mochte die Methoden nicht und seine Leute nicht und hat die Entwicklung sehr aufmerksam verfolgt. Er ist damit logischerweise sehr früh und dann immer mehr in die Opposition gekommen. Außerdem hat er dann im Kriege als Soldat viele – zum Beispiel Tresckow, Schlabrendorff und andere – getroffen. Alle waren sich einig, daß man Hitler so schnell wie möglich beseitigen müsse, um Deutschland zu retten. Also er war schon bereit, sein Leben für ein besseres Ziel als das des Krieges einzusetzen: den Aufstand des Gewissens gegen den brutalen Terror. Schließlich hat er dann als Adjutant des Feldmarschalls Bock in Rußland die grauenhaften Exekutionen gesehen. Da war er rigoros zu allem entschlossen. Er hatte ja auch wie seine Freunde einen ganz anderen Ehrbegriff vom Vaterland. Und das hat abgefärbt. Ich war auch von Anfang an gegen die Nazis. Da sind wir wieder beim Thema Ansehen, Respekt, Autorität des Vaters. Ich finde, das hat mein Bruder auf die bange Frage meines Vaters in seinem Abschiedsbrief vom 20. Juli 1944 „Was wird einst Dein eigener Junge sagen?“ Ihnen gegenüber nach so vielen Jahren der Distanz auf den Punkt gebracht, lapidar und einleuchtend: „Ich war sehr dankbar, daß er das gemacht hat. In dem Augenblick, da ich von dem Attentat und der Mitwirkung meines Vaters gehört hatte, war mir klar, daß es richtig ist. Das lag daran, daß mein Vater einen sehr großen Einfluß auf mich hatte. Er hätte wahrscheinlich umgedreht aus mir auch einen Nationalsozialisten machen können, wenn er es gewollt hätte. Ich wäre nie dem Glauben verfallen, daß er etwas falsch gemacht haben könnte.“

Soweit mein Bruder. Ich weiß noch ziemlich genau, wie eines Tages unser Landrat vom Kreis Lebus, Hans Kreutzberger, uns besuchte. Ein großartiger Mann. Ein Freund der Eltern. Und er kam an diesem Tage in SA-Uniform und grüßte mit „Heil Hitler“. Mein Vater machte das auch. Ich war verblüfft. Ich fand das unmöglich. Aber mein Vater erklärte mir hinterher: „Mein Kind, bleib ganz ruhig. Ich werde doch nicht die große Sache, der ich mich verschrieben habe, durch eine Kleinigkeit gefährden. Außerdem bin ich kein Reaktionär."

Jedenfalls wurde Schloß Neuhardenberg letztlich zum Treffpunkt für die Vorbereitung zum Staatsstreich. Man kam nicht dahin, wie mir Axel Freiherr von dem Bussche erzählte, „allein wegen der hübschen Töchter".

Gewiß ist: Der engere Kreis der Verschworenen um Claus Schenk Graf von Stauffenberg geht im Hause Hardenberg ein und aus.

Unser Gästebuch hat ja die Gestapo gleich mitgenommen. Es hat sich auch nie wieder angefunden. Also wer kam?

Vor allen Dingen zu den Wochenenden kamen Claus Stauffenberg, mein Freund Werner Haeften, Ludwig Hammerstein, der Vater Hammerstein, Ewald Heinrich Kleist, Georg-Sigismund Oppen, Kurt Plettenberg, Heini Lehndorff, Fritz-Dietlof Schulenburg, der Botschafter in Moskau Friedrich Werner Schulenburg, Fritz Jäger, Ulrich Hassell, Axel von dem Bussche, Friedrich Karl Klausing, der Hochschulprofessor Eduard Spranger, der Nationalökonom Werner Sombart, Elard von Oldenburg-Januschau, Ludwig Beck nicht zu vergessen, und, und, und …

In den letzten anderthalb Jahren besuchten uns in der Regel, wie wir immer sagten, die „Verräter-Freunde", die wirklichen Freunde in dieser Zeit.

Mein Freund Werner Haeften, sagten Sie eben. Wann hatten Sie ihn persönlich kennengelernt?

Ich würde sagen, etwa im Sommer 1943.

Ich weiß, er hatte ein Segelboot auf dem Wannsee.

Er segelte leidenschaftlich gern.

Mit ihm und mit Stauffenberg sind Sie auf dem Wannsee gesegelt. War das nur Freizeit oder …

Es war in der Freizeit. Es war auch der Bruder von Stauffenberg, Berthold Stauffenberg, dabei.

Aber irgendwann kam es zu einem Flirt ?

Ja, sicher, sehr bald.

Es war also mehr als Freundschaft?

Es war mehr als Freundschaft. Wir waren verlobt. Ich war bis über beide Ohren verliebt. An Werner Haeften begeisterte mich das ungewöhnlich Strahlende, das von ihm ausging. Er war immer heiter, fröhlich. Er lachte gern, ohne etwa oberflächlich zu sein. Seine vielen Freunde konnten ihm vertrauen. Sie konnten sich fest auf ihn verlassen. Als gläubiger Christ gehörte er der Bekennenden Kirche an. Auch seine strikte Ablehnung des nationalsozialistischen Regimes hat uns zueinander finden lassen. Über seine Tätigkeit an den Vorbereitungen des geplanten Attentats auf Adolf Hitler und später bei dessen Durchführung haben wir nie ein Wort verloren. Wir stimmten in diesen Dingen überein. Es mußte nicht geredet werden.

Ihr Vater hatte Sie im Sommer 1943 in die Verschwörertätigkeit eingeweiht, im Gegensatz zu allen anderen Geschwistern. Wie erklären Sie sich das?

Das ist ganz einfach zu erklären. Gisela war verheiratet und lebte in Arnimshain in der Uckermark. Renate, also Lalla, war Lazarettschwester in Rouen, in Frankreich und später in Tournai in Belgien. Atti, Astrid, war in Bayern. Bruder Fritze war beim Panzerregiment 5/6 in Neuruppin. Ich war also die Einzige, die zu Hause war. Ich war damals Sekretärin meines Vaters und arbeitete natürlich eng mit ihm zusammen. Schon dadurch ergab sich die Notwendigkeit der Mitwisserschaft

Wie war das, als Sie am 19. Juli 1944, mittags, durch einen Geheimcode erfuhren, daß der nächste Tag für das Attentat vorgesehen sei?

Ja, ich würde meinen, es war eine gewisse Erleichterung für uns alle, besonders für meinen Vater. Endlich hatte man die Gewißheit, daß nun gehandelt würde, nach dieser langen Zeit des Abwartens und Zögerns.

20. Juli 1944, dieses persönliche Datum in Ihrem Leben. Wie haben Sie diesen Tag verbracht?

Wir mußten im Hause bleiben, um keine Aufmerksamkeit zu erregen. Ich weiß, es war ein unbeschreiblich schwüler Tag. Wir waren nervlich sehr beansprucht. Wir waren unruhig. Wir waren voller Sorge, ob alles klappt. Wie wir den Tag im einzelnen verbracht haben, kann ich heute nicht mehr genau sagen. Ich erinnere mich nur noch an den furchtbaren Augenblick, als plötzlich durch das Radio die verhängnisvolle Meldung kam, daß das Attentat mißlungen sei.

Welche Erinnerungen haben Sie überhaupt an diese Tage zwischen dem 20. Juli und dem 24. Juli?

Am 21. Juli kam unser Vater aus Berlin zurück. Lalla und ich holten ihn vom Bahnhof ab. Und dann hat er uns diese schrecklichen Einzelheiten mitgebracht – auch die traurige Nachricht, daß Werner Haeften erschossen worden war. Wir haben uns dann auf langen Spaziergängen im Park, denn das war die Form, in der man sich unterhalten konnte, ohne Gefahr, abgehört zu werden, unterhalten. Er hat mir erstens gesagt, er würde sich im Falle einer Verhaftung das Leben nehmen. Dies hätte er mit seinem Freund Kurt Plettenberg so besprochen. Sie wollten beide nicht der Gefahr ausgesetzt werden, durch Folterungen Namen preiszugeben. Kurt Plettenberg hat sich dann auch das Leben genommen. Dann informierte er mich, wie die Methoden der Gestapo bei der Vernehmung sind. Er sagte, sie würden beispielsweise erst ganz stark schimpfen und drohen und dann im schnellen Wechsel schmeicheln und an den Christenmenschen appellieren. Das passierte später alles haarklein genau so mit mir. Aber ich war vorbereitet. Die dritte Sache war, daß wir uns darüber unterhalten haben, ob mein Vater eventuell untertauchen sollte. Nach langen Überlegungen hat mein Vater das für sich abgelehnt, weil er einmal durch seine Größe und zweitens durch seine Verwundung aus dem Ersten Weltkrieg – er hatte eine schwere Schulterverletzung – doch leicht zu erkennen gewesen wäre.

Später hat Ihre Mutter Ihnen gesagt, eine Verhaftung des Vaters könne nur ein Irrtum sein.

Ja, das hat sie. Sie hat sich das praktisch eingeredet, um dagegen Sturm zu laufen. Um der Gestapo gegenüber glaubwürdig zu erscheinen, hat sie überall gesagt, daß Vater ganz umsonst eingesperrt wurde, daß er absolut bedeutungslos war.

Einmal bin ich ausgerastet. Ich hab das nicht mehr aushalten können. Und das habe ich dann meiner Mutter auch beim Spaziergang klar gesagt. Ich wisse doch schließlich, daß mein Vater dabei war. Und ihr müßte ich es auch wieder einmal sagen.

Am 22. Juli mußten Sie auf Geheiß Ihres Vaters auf dem Dorfplatz eine widerliche gehässige Rede über sich ergehen lassen, die der Bürgermeister Zubke gegen Stauffen-

berg und seine Freunde vor einer Menge hielt. Wie sind Sie damit fertig geworden?

Es war ein unheimlich beklemmendes Gefühl. Es war eine unbeschreibliche Nervenanspannung. Aber wir waren ja bekanntlich schon so erzogen worden, eiserne Disziplin zu haben. Und das hat mir jetzt sehr geholfen.

Es gab aber auch eine rührende Geschichte. Unser französischer Diener Taillout und andere Kriegsgefangene luden meine Mutter ein, und zwar auf die Kuhweide, weil das ein Gebiet war, bei dem kein Gebüsch, kein Wald die Sicht versperren konnten, so daß beobachtet werden konnte, ob man nach uns ausspäht. Und da haben sie auch eine Rede gehalten, eine sehr freundliche Rede, weil sie wußten, was da vorgegangen war. Sie dankten für Vaters großartigen Einsatz. Da half unser ganzes Theaterspielen vor unserer Umgebung nichts. Aber es waren schon schlimme Tage. Ich durfte mir Schmerz und Trauer um Werner Haeftens Tod in keiner Weise anmerken lassen. Und jedes Mal, wenn ein Auto vorfuhr, dann die panische Angst: Da sind sie. Jetzt holen sie uns. Bis es dann tatsächlich so weit war.

Schildern Sie uns bitte, was am 24. Juli mit Ihnen geschah, nachdem die Gestapo in Neuhardenberg eingetroffen war.

Es war Abendbrotzeit. Wir aßen im Gartensaal gerade die Nachspeise, Kirschröster, als sie kamen.

Die Gestapoleute fragten uns nach unseren Namen. Ich sagte also Reinhild, meine Schwester Lalla sagte Renate und dann kam ganz aufgeregt: „Und wo ist Wonte?" Da habe ich gesagt: „Das bin ich", und dann hat er gesagt: „Ja also, wir müssen Sie verhaften." Ich habe mich dann von meinem Vater verabschiedet; denn ich glaubte, ihn nie mehr wiederzusehen. Wir fuhren mit zwei Autos, zwei Onkel von mir wurden auch noch verhaftet, mit zwei Autos nach Berlin. Ich fuhr in dem einen Auto mit dem angeschossenen Gestapomann. Sie hatten sich ja in der Bibliothek meines Vaters im Eifer des Gefechts selber beschossen. Und dieser Gestapomann, stellen Sie sich das vor, versuchte unterwegs, mit mir anzubändeln. Plötzlich vor Berlin Fliegeralarm. Da war's mit dem Anbändeln vorbei. Und es war schon sehr kurios, wie schnell unsere Bewacher im Straßengraben verschwanden. Die Nacht haben wir dann in der Dienststelle der Gestapo in der Französischen Straße verbracht. Ich bin vier Monate im Frauengefängnis Moabit gewesen und dann vom 18. November 1944 im Justizgefängnis in der Kantstraße. Da war ich bis zum 16. Dezember. Als Entlassungsgrund vermerkte das Gefängnisbuch „über Gestapo".

Können Sie uns noch einiges aus dieser Zeit schildern?

Ich war im Frauenhaus der Zugang Nr. 363.44. Eine Wärterin nahm mich in Empfang, und los ging es – durch unzählige Türen, über Höfe, über Gänge, über Treppen. Tor auf, Tor zu. Hier war man nur noch eben eine Nummer, die hin und her geschoben wurde. Ich war der Zugang für Zelle 31. Ich war alleine. Ich wußte nicht, für wie lange. Ein in die Wand eingelassenes Brett war die einzige Sitzgelegenheit, Tisch und Klo – das war meine Welt. Unendlich viele Wanzen. Wenn aufgeschlossen wurde, bekam man eine Scheibe Brot, Kommißbrot. Ein Stück Käse mit Maden, einen Becher Kaffee. Das Essen kostete schon Überwindung. Nachts dann Fliegeralarm. Ich mußte in verschlossener Zelle bleiben. Ich kauerte mich in eine Ecke, zog die Decke über Kopf. Ich versuchte überhaupt nicht daran zu denken, was passieren könnte. Morgens dann um 6 Uhr früh das Wecken und Aufstehen. Die Zelle mußte gesäubert werden. Dann gehörten Krug und Eimer vor die Tür.

Die sogenannte Freistunde war die einzige Abwechslung. Drei, vier Schritt Abstand und dann Rundgang in einem kleinen Hof. Und wehe, man versuchte mit jemanden zu sprechen, dann bekam man – wie wir sie anreden mußten – von der Frau Erste Hauptwachtmeisterin Astrid Prange, einer scharfen, weißhaarigen Beamtin, die leicht hinkte, sofort eine Verwarnung.

Nach anfänglich schwieriger Zeit gewöhnt man sich an die Isolation. Später habe ich sie sogar als Segen empfunden, weil man auf diese Weise mit sich selber ins reine kommen kann. Natürlich wußte man, daß Widerstand auch immer ein großes Wagnis ist. Trotzdem wollte man ja nicht im Gefängnis landen.

In Moabit bekam ich endlich etwas zu arbeiten. Strümpfe mußten gestopft werden. Die stanken fürchterlich. Dann mußten wir auch Knöpfe an Männerhemden nähen. Egal, man war wenigstens von dem tödlichen Nichtstun erlöst.

Es war ein brütend heißer Sommer, in den Zellen war es sehr stickig und drückend.

Abwechslung brachten immer die Zeitungsstücke, die wir als Toilettenpapier erhielten. Ich weiß, daß ich unendlich viel verbraucht habe, um möglichst viele Informationen über Persönlichkeiten, Prozesse und Urteile zu erhalten, obwohl es immer schlimme Nachrichten waren.

Eines Tages machte ich unter der Brause die Bekanntschaft von Hilde Mertz von Quirnheim. Von da an hielten wir – wie später auch mit Clarita Trott – treue Freundschaft – trotz Sprechverbot. Das Gefühl der Verlassenheit wich. Schon bald wurde die Zellentür aufgeschlossen, und herein kam ein Mann, ein Pfarrer. Es war der katholische Gefängnisseelsorger von Plötzensee, Domkapitular Peter Bucholz. Ich dachte, es sei ein getarnter Gestapomann. Er fragte: „Warum sind Sie hier?"

Darauf ich bockig: „Weiß ich doch nicht." Zum Schluß, und da wußte ich, daß das kein Gestapomann war, riet er mir: „Lügen Sie, soviel Sie nur können. Ich erteile Ihnen Absolution." Er war versehentlich gekommen. Er dachte, ich sei katholisch. Später kam dann der evangelische Gefängnispfarrer Harald Poelchau.

Nach zehn Wochen Einzelhaft wurde eine kleine, zarte, zierliche Frau mit schmalem feinem Gesicht, mit langem grauem Haar, in meine Zelle verlegt: Mika Stauffenberg. Nun war ich nicht mehr alleine. Wir konnten uns manches aus unseren Schicksalen erzählen. Davor war Mika in einer Zelle mit einer Wanderpredigerin der Bibelforscher. Die wurden ja auch verfolgt. Von ihr hörte Mika, daß jeder Mensch im Jenseits schwer büßen müßte, wenn er auf Erden von der Heilslehre der Bibelforscher gewußt, sie aber nicht angenommen hätte. Sie nahm sich das sehr zu Herzen und las unaufhörlich die Offenbarung in der Bibel, die nur für wenige Menschen, glaube ich, verständlich ist. Für mich schon gar nicht. Ich habe dann eine zusätzliche Zellenordnung bestimmt. Am Tage sollte sie mit mir stopfen und flicken und mir dabei über die Familie Stauffenberg erzählen. Abends zwischen sechs und sieben Uhr könnte sie sich dann mit der Heilslehre der Bibelforscher befassen. Danach reichte das Licht sowieso nicht mehr zum Lesen.

Nie werde ich vergessen den Tag, an dem Mika erfuhr, daß ihre Kinder abgeholt worden seien – abgeholt mit unbekanntem Ziel. Qualvoll erschienen die Sonntage, weil man da nicht herausgelassen wurde. Und für uns vom 20. Juli war jeglicher Kirchgang durch strengste Anweisung der Gestapo verboten. Wir hielten zusammen wie Pech und Schwefel. Clarita Trott lag in der Zelle nebenan.

Am 19. September hatte sie Geburtstag. In mühsamer

Kleinarbeit habe ich ein Hemd zerrissen und ein Hohlsaumtaschentuch für sie gearbeitet. Wenn man bedenkt, daß ich in Handarbeit in der Regel früher eine Fünf gehabt hatte, war das eine Meisterleistung. Es ist merkwürdig – auch in einem Gefängnis lebt am Ende eine Welt. Man befindet sich als Glied eingefügt in eine Kette. Man bewegte sich wie selbstverständlich in dieser Atmosphäre. Von der wirklichen Welt war man ja abgeschirmt.

In der Abgeschlossenheit des Gefängnisses schossen immer wieder Gerüchte wie Pilze aus dem Boden. Hoffnung keimte auf.

Unsagbar grauenhaft waren Verzweiflungsschreie. Man sah immer wieder Gefangene mit verbundenen Handgelenken. Das bedeutete, sie hatten versucht, sich die Pulsadern zu öffnen und dem Schrecken ein Ende zu machen. Und immer wieder das flehentliche Betteln: „Nur nicht schlagen!" Unglaublich, daß es auch freudige Momente gibt. Eine Freude besonderer Art. Clarita und ich grüßten uns über Klopfzeichen an Heizungsrohren. Und Not macht erfinderisch. Wir ließen an Stopfwollfäden uns mancherlei zukommen. Von Hilde Mertz bekam ich auf diese Weise Brot. Hunger hatte ich eigentlich Tag und Nacht. Ab Ende September wurde es auch empfindlich kühl. Ich fror erbärmlich, bis ich einen Pelz von meiner Mutter beim Gestapoverhör bekam. Eines Nachts, auch im September, war meine Zelle hell erleuchtet vom Widerschein eines großen Brandes. Auf der Stuhllehne stehend, verfolgte ich alles, was ich nur erblicken konnte. Die Hoffnung kam auf, daß dies vielleicht ein Zeichen des endlich erwachten Widerstandes der Berliner gegen den Terror sei. Aber es hatte nur ein Uniformlager gebrannt. Ich glaube, ich mußte fünfmal zur Gestapovernehmung, meistens sonntags oder ganz spät abends, so gegen zehn Uhr. Ich habe mich natürlich dümmer gestellt, als ich war. Es ist mir gelungen, niemanden unserer Freunde zu belasten – einzig und allein Vater Hammerstein, der schon im April 1943 gestorben war. Er wäre ein unerträglicher Pessimist gewesen. Sollte ich eines Tages in den Himmel kommen, werde ich dafür wohl eine schallende Ohrfeige bekommen. Was man schon gar nicht mehr zu hoffen gewagt hatte, man sollte wieder aufgenommen werden in die menschliche Gemeinschaft: Es kam der Tag der Entlassung. Die Formalitäten wurden erfüllt. Wir bekamen eine Arbeitsbelohnung von 13,40 Mark.

Wie ganz anders klirrten jetzt die schweren Schlüsselbunde, die Tor für Tor öffneten und uns dem freien Leben wiedergaben. Daheim bekam ich schweren Nervenzusammenbruch. Die dicken Mauern des Gefängnisses hatten mich davor bewahrt.

Ich habe viele der Frauen der Widerständler im Gefängnis erlebt. Großartige Freunde: Hildur von Hammerstein, die Mutter Maria Hammerstein, Philippa Bredow, Clarita von Trott zu Solz, Mika Stauffenberg, Barbara Haeften, die Frau Olbricht, Hilde Mertz von Quirnheim, Elisabeth Freytag von Loringhoven, Marion Yorck. Ich hoffe, niemanden vergessen zu haben. Es war eine schwere Zeit. Es waren aber auch großartige Erfahrungen. Und die möchte ich nicht missen. Ich habe mich oft gefragt und habe da meine Zweifel, ob ich die Kraft hätte, so etwas noch einmal zu überstehen.

Was wollen Sie mitteilen über das Leben nach 1945?

Mein Vater stellte sich noch im Mai 1945 dem Magistrat von Groß-Berlin zur Verfügung. Er wollte mithelfen, die Versorgungskatastrophe abzuwenden. Er wollte am Wiederaufbau in der sowjetischen Besatzungszone teilhaben. Er war eben ein Preuße. Er wollte in seiner Heimat bleiben. Aber dann waren seine Dienste doch unerwünscht. Als er zum zweiten Male im September 1945 enteignet wurde, verließ er die Mark Brandenburg, ging nach Nörten-Hardenberg unweit von Göttingen. Meine Mutter war bereits Ende Oktober dort angekommen – dort auf der Burg Hardenberg, von wo aus unsere Vorfahren in die Welt aufgebrochen waren. Auch mein Bruder, der zum Ende des Krieges in Kurland war, kehrte gesund heim. Ende November war die Familie wieder vollzählig beisammen. Die Nörtener Verwandten haben uns liebevoll aufgenommen. Der Verlust des Besitzes – wir waren ja schon 1944 enteignet worden – war nicht von Bedeutung. Wir begannen ein neues Leben. Ich weiß noch, wie ich meinem Vater sagte: „Ein Glück, daß wir alles verloren haben, sonst hättest Du mir doch nicht länger sagen können, daß wir kein Geld haben!"

Das andere ist schnell gesagt. Darüber wurde ja auch schon geschrieben. 1946/47 wurde mein Vater Bevollmächtigter der Vermögensverwaltung des Hauses Brandenburg-Preußen. Es war meines Vaters letzter Treuedienst für sein ehemaliges Herrscherhaus. Dem war er ja seit Eintritt in das Erste Garde-Regiment zu Fuß, und zwar im Herbst 1910, verbunden. Und das zweite war: Im Herbst 1945 übergab Fabian von Schlabrendorff meinen Eltern eine Liste mit den Opfern und Überlebenden des 20. Juli. Er bat, nach ihrem Verbleiben zu suchen und besonders nach ihren Angehörigen. Das war gar keine leichte Arbeit, aber es sollte, so gut dies ging, den Hinterbliebenen Hilfe geleistet werden.

So wurde im August 1947 die Stiftung „Hilfswerk 20. Juli 1944" geboren, die mein Vater gemeinsam mit Eugen Gerstenmaier, dem späteren dritten Bundestagspräsidenten, und mit anderen Überlebenden des Widerstands, auch mit mir, gründete. Meine Mutter begann mit 58 Jahren ihre erste „richtige" Arbeit und leitete diese Stiftung bis zu ihrem Tode als Geschäftsführerin. Viele Witwen, Töchter und Söhne der Männer, die im Widerstand ermordet worden waren, erhielten in den schweren Jahren nach Kriegsende nicht nur eine finanzielle Unterstützung, sondern auch menschliche Betreuung.

Meinen Eltern war es leider nicht vergönnt, ihre Heimat wiederzuerleben. Aber sie hatten nie die Hoffnung aufgegeben, irgendwann einmal in der Heimaterde ruhen zu dürfen. Im Oktober 1991 wurden die Urnen von dem kleinen Friedhof Bühle bei Göttingen nach Neuhardenberg überführt und umgebettet. Elterlicher Wunsch hat sich am Ende erfüllt.

Richard von Weizsäcker hat in dem Hardenberg-Film die Worte gefunden: „Ich glaube, die Männer und Frauen, die mit dem 20. Juli bekannt geworden sind, haben Maßstäbe gesetzt, die dann, wenn es wirklich hart auf hart kommt, im Leben letzten Endes die wichtigsten sind. Sie haben in einer Zeit, in der es politisch und militärisch gar nichts zu hoffen gab, im Geiste der Freiheit und Menschenwürde und des Rechts ihr eigenes Leben aufs Spiel gesetzt. Dies Zeichen, das sie gesetzt haben, bleibt maßgeblich für uns in allen Zeitläuften der Geschichte."

Was, glauben Sie, hat der 20. Juli 1944 den heute Lebenden zu sagen?

Ich würde sagen, man muß ja die Geschichte seines eigenen Volkes, seines eigenen Landes kennen, schon um zu verhindern, daß solche Situationen noch einmal entstehen. Deswegen ist es immer gut, wenn man sich als junger Mensch auch die Geschichte seiner Vorfahren, seines Landes in Erinnerung ruft und dann auch zu einem kritischen Urteil kommt. Diese Debatte ist ja immer wieder geführt worden über die Leute des 20. Juli. Sie wird wohl auch weitergeführt werden.

Ich versuche, den Jüngeren immer klar zu machen, wie schwer das war. Das kann sich heute keiner vorstellen. Hinterher gesehen, ist alles so selbstverständlich. Wie schwer das für unsere Freunde war, kann man daran ermessen, wenn man sich klarmacht, daß sie sich für ein Unrecht entscheiden mußten: entweder mußte man den Mord auf sich nehmen, oder man mußte das Unrecht erdulden. Einen Mittelweg gab es nicht. Und diese schwere Entscheidung mit dem Gewissen abzumachen, das kann sich einer, der das nicht selber tun mußte, nicht vorstellen. Eine Schuld mußte man auf sich nehmen. Die Männer des 20. Juli hatten erkannt, daß Hitler das Böse an sich für uns alle war. Sie haben das aus ihrem tiefsten religiösen Gewissen getan. Das war ein Gang, der eigentlich gar nicht auf sie paßte, zu dem sie gar nicht erzogen worden waren. Aber es gab keinen anderen Weg. Und als sie das erkannt hatten, da kam dann irgendwie eine gewisse innere Ruhe in ihnen auf. Es ist ja auch so oft furchtbar mißglückt wegen sogenannter Zufälle. Wenn sie endlich zu dem Entschluß gekommen waren, dann kam wieder so ein Ereignis, die sogenannte Vorsehung trat ein, und all ihre Pläne wurden zunichte. Und diese Unsicherheit, die immer wieder durch neue Gewissenskonflikte bereinigt werden mußte, das hat alles so erschwert. Das hat so unendlich viel Nerven gekostet.

Ich möchte noch eine Beobachtung erwähnen, die Historiker gemacht haben: Bis zum 20. Juli 1944 kamen in Deutschland rund 2.800.000 Soldaten und Zivilpersonen ums Leben. Nach dem 20. Juli starben nocheinmal rund 4.800.000 Menschen. Wäre das Attentat gelungen, wären die größeren Verluste vermieden worden. Denn möglicherweise hätte sich eine neue deutsche Regierung mit den Alliierten über eine schnelle Beendigung des Krieges arrangieren können.

Am Kamin bei uns zu Hause befand sich die Kaminplatte mit der Aufschrift: „Pro patria." Und das war für meinen Vater das wirkliche Motto. Er sah, daß es sich hier um das Böse an sich handelte, daß man diese Art der Bekämpfung nicht in einer offenen Feindschaft führen konnte, sondern daß sie zu dem Heimlichen, Hinterhältigen gezwungen waren. Sie konnten nicht mit offenem Visier kämpfen. Und sie haben sich oft danach gesehnt, wieder mit offenem Visier über die Straße gehen zu können und nicht alles so heimlich und hinterhältig machen zu müssen. Das ging gegen ihr Wesen. So waren sie nicht aufgewachsen. Sie waren ganz anders erzogen. Deshalb ist ihnen die Entscheidung so schwergefallen. Aber es war die Entscheidung pro patria.

Gräfin Hardenberg, Sie hatten es mit mir schwer. Sie durften nicht der Versuchung unterliegen, Ansichten, Meinungen, Verhalten von vor 50 Jahren mit der Sicht von heute geschönt darzustellen.

Ich danke Ihnen für Ihre Geduld, meine Fragen beantwortet zu haben.

20. Februar 1994

Ingeborg Geisendörfer (geb. Schaudig)
„... ein prägender Teil meines Lebens."
Als Hauslehrerin in Neuhardenberg

Im Frühjahr 1928 bekam ich von einem meiner damaligen Professoren eine Anfrage, ob ich nicht 1929 eine Hauslehrerinnenstelle in der Mark Brandenburg annehmen wolle. Und er schlug mir zwei Familien vor. Ich wählte Neuhardenberg. Dort hatte eine meiner älteren Kolleginnen aus München das Amt inne. Aber nun wollte sie einen der Patronatspfarrer auf einem der Hardenbergschen Güter heiraten, und die Stelle wurde frei.

Ich hatte auch schon einiges weniges von dort gehört. Mein Professor schilderte mir Neuhardenberg so: „Es herrscht ein sehr frischer und angeregter Geist in Neuhardenberg ... Graf und Gräfin Hardenberg sind sehr arbeitsfreudige und energische Naturen, die bei allem gesellschaftlichen Leben (es sind auch öfter Mitglieder des ehemaligen kaiserlichen Hauses zu Gast) sich doch sehr um ihre Kinder und ihre Angestellten kümmern."

Das erste, was ich nun dort erlebte, war die Hochzeit meiner Vorgängerin, die von Grafens ausgerichtet wurde, da die Braut Vollwaise war. Der Graf als „Brautvater" hielt eine überaus herzliche Tischrede und lobte die Braut mit ihren Vorzügen über alle Maßen. Am Abend dieses Tages fand er mich heulend unter einer Treppe: „Was fehlt Ihnen denn?" Ich: „Wie kann ich Nachfolgerin einer solchen Perle werden?!" Er wischte mir die Tränen ab und tröstete mich: „Sie werden's schon schaffen!"

Ein paar Wochen später erschien der Graf eines Morgens in der Schulstube und sagte: „Ihr habt heute schulfrei. Zur Feier von Schaudines Geburstag fahren wir in den Spreewald!“

Und nun sind 65 Jahre seitdem vergangen, in denen ich ununterbrochen herzlich sowohl mit den Eltern – die inzwischen verstorben sind – wie auch mit den Kindern verbunden bin. Die Kinder wandelten damals meinen Mädchennamen Schaudig in Schaudine oder Schaudinchen um, die Eltern übernahmen das. Und die Eltern unterschrieben ihre Briefe an mich auch immer mit der Anrede der Kinder: Papi und Mami oder Mameline Hardenberg. Ebenfalls ein Ausdruck lebenslanger Herzlichkeit.

Warum brauchten die Kinder eigentlich eine Hauslehrerin und gingen nicht in die Dorfschule, da doch die Eltern so sozial eingestellt und eng mit den Dorfbewohnern verbunden waren? Die dortige Schule war eine einklassige Schule, in der alle Jahrgänge in einem Raum gleichzeitig unterrichtet wurden. Der Lehrplan einer solchen Schule genügte nicht – die Kinder hätten später die Aufnahmeprüfung in weiterführende Schulen nicht bestehen können. Ich selber aber mußte 6 Wochenstunden an dieser Schule hospitieren, weil ich vom Kultusministerium beurlaubt worden war und nur unter dieser Bedingung meine Anwartschaft auf den bayrischen Staatsdienst aufrechterhalten konnte. Ich erteilte auch den gesamten Turnunterricht an dieser öffentlichen Schule, an dem natürlich auch die Privatschüler teilnahmen und allein schon dadurch engen Kontakt mit allen Schulkindern hatten. Außerdem wurde auch immer ein Kind aus dem Dorf mit-unterrichtet, damit es die Möglichkeit zum Übergang an eine höhere Schule bekam. (Auch dieser Kontakt der Mitschüler untereinander ist nicht abgerissen, wie sich gleich bei der ersten Begegnung nach der Wiedervereinigung in dem Ort zeigte.)

Kontakte wurden aber auch anderweitig praktiziert:

Auf den Koppeln im Neuhardenberger Schloßpark weideten die Kühe, und bei unseren abendlichen Spaziergängen mit den Kindern sahen wir den Schweizern beim Melken zu. Da aber befand Papi Hardenberg: „Das geht nicht, daß Ihr den Arbeitern nur so zuschaut, wie sie sich plagen. Ihr lernt gefälligst jetzt selber melken!" Und so zogen wir abends mit unserem Melkkübelchen auf die Koppeln, ließen uns unterweisen und merkten, wie einem dann oft die Arme wehtaten, je nachdem die jeweilige Kuh schwerer oder leichter zu melken war. Daß die Schweizer unsere Schwächen erkannten und berücksichtigten, merkten wir dankbar an. Zum Schluß waren wir sehr stolz, daß wir bei der abschließenden Prüfung unter den aufmerksamen Augen von Papi doch einige Milch in unseren Eimern vorweisen konnten.

Damals um die Wende der 30er Jahre war eine sehr schwierige Zeit für die ostdeutsche Landwirtschaft, und der Staat suchte ihr durch die sogen. Osthilfe etwas zu begegnen.

Trotzdem aber bedeutete das große Sparsamkeit überall. Im Schloß wollte man mit gutem Beispiel vorangehen: eine ganze Weile kam statt Butter nur Margarine auf den Tisch, obwohl draußen vor den Fenstern große Herden von Kühen weideten. Zeichen wurden aber auch zu Weihnachten gesetzt, und die gräflichen Kinder bekamen weniger als manches Dorfkind geschenkt. Die leeren Stellen auf den Weihnachtstischen durften auch nicht mit Tannenzweigen zugedeckt werden: „Die Kinder sollen sehen, daß Notzeit ist!" Sollte jemand auf den Gütern entlassen werden, wurde zuerst der Rentmeister vom „Fürstlichen Rentamt" mit dem Privat-Kontobuch unter dem Arm zitiert, und es wurden alle Posten – selbst bei der Gutsherrschaft – streng nachgeprüft, bei denen man noch sparen und einschränken könnte. Auch die Privatsekretärin, die aus persönlichen Gründen fortging, wurde nicht ersetzt, und so übernahm ich – nicht auf jemandes Drängen, sondern freiwillig und voller Begeisterung – dieses Amt.

Ich habe in meinen Neuhardenberger Jahren 1929 – 1933 viel gelernt, ohne damals auch nur zu ahnen, wie sehr mir diese Erfahrungen viel später für meine politischen Ämter, u.a. als MdB, nutzen sollten. Und manche Persönlichkeiten, die ich damals kennenlernte, habe ich in dieser Eigenschaft wiedergetroffen und mit ihnen zusammengearbeitet.

Auch die Anfänge des Widerstands gegen Hitler lernte ich kennen: Ich erlebte die Überlegungen des damaligen Chefs der Heeresleitung, Freiherrn von Hammerstein, der vor der Entscheidung stand, ob er mit der Reichswehr putschen sollte. Er tat es nicht, weil nicht zu übersehen war, ob man danach wieder alles und alle in eine Ordnung bringen könnte und ob Offiziere den auf die Verfassung geschworenen Eid unter den neuen Umständen, d. h. unter Hitler, zu brechen bereit wären – denn eigentlich kann man von einem Eid nur entbunden werden.

Auch andere Persönlichkeiten, die später noch eine Rolle im Widerstand spielten, verkehrten damals in Neuhardenberg: Kommandeure aus Frankfurt/O, Generäle wie von Bock, Beck, Kluge, Fritsch usw. oder junge Offiziere aus Potsdam vom IR 9, dem Traditionsregiment des 1. Garderegiments zu Fuß, dem auch Graf Hardenberg angehört hatte, unter ihnen Graf Baudissin, Henning von Tresckow, L'Estoque, ebenso Kurt von Plettenberg, ein enger Freund des Hausherrn.

Damals begann auch schon der Kirchenkampf. Die „Deutschen Christen“ gewannen überall Anhänger und mit ihnen der „ReiBi“, der Reichsbischof Müller, dem Führer treu untertan. Auch der Neuhardenberger Pfarrer schloß sich ihnen an, und ich überlegte mit anderen, ob wir noch in seine Gottesdienste gehen könnten, wo er das Evangelium in nazistischer Interpretation auslegte und dadurch unseren Widerspruch hervorrief. Aber Mami Hardenberg war anderer Ansicht: „Ihr geht in die Kirche! Es wird doch immer das Evangelium verlesen, und dann könnt Ihr selber darüber nachdenken." Später, als ich schon wieder in Bayern war, übernahmen Laien, sogen. Lektoren, die Gottesdienste, und ich lieferte die sogen. Lesepredigten aus der Bekennenden Kirche. Graf Hardenberg nahm sein Amt als Patron der Kirchen auf seinen Gütern sehr ernst und sorgte dafür, daß bei Neubesetzungen nur bekenntnis„treue" Pfarrer berufen wurden.

Besondere Ereignisse im Jahresablauf waren immer auch die großen Jagden, die morgens durch die Jagdhörner der Förster mit dem „Fürstengruß" eingeleitet wurden, mittags von dem Jagdfrühstück draußen im Walde unterbrochen, einem Eintopf aus großen Feldkesseln, und die abends mit dem „Halali" endeten, wieder von den Förstern geblasen. Auch hier, bei den abendlichen Jagddinners, wurde kein großer Aufwand betrieben, und doch waren es festliche Stunden mit den goldenen Tafelaufsätzen, die den langen Tisch schmückten und die noch aus der Zeit des Staatskanzlers stammten wie auch das echte handgemalte Sèvres-Porzellan. (Eine Kopie dieses Tafelaufsatzes sah ich Jahre später wieder – bei einem festlichen Essen im Palais Beauharnais, dem Sitz der Deutschen Botschaft in Paris.)

Neben solchen festlichen Anlässen stand aber ein anderes Mal ein Gespräch des Vaters mit seinen Kindern bei einer Kutschfahrt über die Felder: „Wer nicht einen Tag im Straßengraben und am nächsten Tag in einem Schloß schlafen kann, ohne die Haltung zu verlieren, der hat keine Kultur!"

Und „Haltung ganz selbstverständlich“ bewiesen meine Schülerinnen auch, als wir bei einer 14-tägigen Radfahrt die Mark Brandenburg heimatkundlich erleben und kennenlernen wollten. Wir übernachteten z.B. in einer Jugendherberge in einem alten Turm, wo altes Stroh aus den Matratzen quoll und nachts die Mäuse hörbar an unseren Rucksäcken knabberten und über unsere Betten liefen, und das nächste Mal in einem befreundeten Gutshaus, in dem wir in weichen Betten schlafen und uns ordentlich waschen konnten. Und nie taten die Hardenberg-Kinder einen Mucks und nahmen alles ganz selbstverständlich hin.

Wie von meinem Professor angekündigt, kamen auch Angehörige der kaiserlichen Familie zu Besuch nach Neuhardenberg: der Kronprinz und seine Frau, Prinz Oskar und seine Frau (genannt Oskarina). Prinz Oskar fuhr von Neuhardenberg aus zum Ritterschlag des Johanniterordens, dessen Herrenmeister er war, zur historischen Kirche in Sonnenburg bei Küstrin, und ich durfte mit dabeisein. Auch Bayerns Thronfolger, Herzog Albrecht von Bayern, war öfter unser Jagdgast. Er störte dann gern meinen Unterricht und erzählte meinen Schülern von seinen Schulstreichen in Ettal!

Ein anderes Mal übernachtete Hindenburg anläßlich der Herbstmanöver 1932 in Neuhardenberg, und schon damals gab er im kleinen Kreis seiner Ablehnung gegenüber Hitler deutlichen Ausdruck. Nachdem spätere Wahlen als Voten des Volkes für Hitler sprachen, konnte er nicht umhin, ihn als Reichskanzler einzusetzen.

In Erwiderung auf eine Tischrede des Neuhardenberger Hausherrn sagte er: „Ich danke Ihnen für Ihre Worte, die mir wohlgetan haben. Mein Handeln mußte sich immer nur darauf richten, wie *ich* es vor Gott und meinem Gewissen verantworten kann.“

Im Jahre 1934 beendete das Bayrische Kultusministerium meine Beurlaubung und berief mich zurück nach München. Und ich mußte folgen, wollte ich nicht meine Anwartschaft auf Anstellung im bayrischen Staatsdienst aufgeben.

Aber der Kontakt zum Hause Hardenberg riß nicht ab. Am 21. Juni 1934 bekam ich einen Brief von Papi Hardenberg: „Mein bayrischer Jagdfreund (daß das Herzog Albrecht war, war für mich nicht schwer zu erraten) will von mir eventuell Berichte haben, die man besser nicht direkt schickt... Ich habe dieser Tage mit ihm gesprochen, daß Sie vielleicht dieses ausführen würden. Bitte, teilen Sie mir offen mit, ob es Ihnen peinlich wäre. ... Staatsfeindliche Mitteilungen sind es natürlich nicht. Im Gegenteil hat er mir versichert, daß es auch seiner Meinung nach unsere Pflicht wäre, mitzuarbeiten... Gegebenenfalls müßten Sie bei anliegender Anschrift anfragen, ob und wann der Jagdfreund nach München kommt. – PS.: Brief und Zettel nicht rumliegen lassen!"

Mir war natürlich sofort klar, in welchem Zusammenhang diese Anfrage an mich kam, und ich sagte sofort zu. Daß ich keine Einzelheiten wußte, war damals selbstverständlich. Aus Sicherheitsgründen wußte jedes Glied der Kette nur wenig, um gegebenenfalls nichts verraten zu können.

Ich hatte ein erstes Gespräch im Münchner Palais Leuchtenberg mit einem Baron Redwitz. Sehr schnell aber brach der Kontakt ab – der Röhm-Putsch u. a. hatten wohl die Lage verändert.– Nichtsdestotrotz sprach ich mit Herzog Albrecht und seinem Sohn, Prinz Franz von Bayern, vor kurzem darüber, und die Unterlagen wanderten ins Hausarchiv der Wittelsbacher.

Und wieder sind Jahre vergangen. Ich mußte letzten Abschied von Papi nehmen, der in einer Münchner Klinik lag, bei einem Arzt, den er seit seiner KZ-Zeit kannte, und auch Mami lebt nicht mehr...

Aber nun erlebte ich mit den – inzwischen auch „in die Jahre gekommenen" – Kindern ein Wiedersehen in dem inzwischen aus Marxwalde wieder zurückbenannten Neuhardenberg, und auf der Dorfstraße sprachen mich manche meiner damaligen Schüler, inzwischen auch schon ergraut, voller Freude an.

So ist Neuhardenberg auch ein prägender Teil meines Lebens geworden und geblieben.

Gottfried von Bismarck
Mein Bataillonskommandeur Hardenberg

„... vier kurze Episoden aus meiner Rekrutenzeit beim Infanterie-Regiment 9 (Oktober 1939–Januar 1940), einer Zeit, als Graf Hardenberg Kommandeur des Ersatzbataillons in Potsdam war. – Hardenberg war als Kommandeur bei allen – Offizieren wie Mannschaften – hochgeschätzt. Er strahlte *persönliche* Autorität aus, die völlig unabhängig war von seinem Dienstgrad. Ich glaube, die von mir geschilderten kleinen Erlebnisse mit ihm sagen einiges über seine Souveränität, seine Großzügigkeit und seine Unabhängigkeit aus. – ... Ich würde mich freuen, wenn ich helfen könnte, das Bild von Hardenberg, den ich hochverehrt und bewundert habe und der mir in seiner integeren Menschlichkeit Vorbild bleibt, abzurunden..."

(aus einem Brief an den Herausgeber)

1.

Wegen des sehr engen Kasernenhofes des Infanterie-Regiments 9 in der Potsdamer Priesterstraße fand unsere

Grundausbildung – exerzieren, richtig laufen lernen, Gewehrübungen, Zielübungen – direkt vor dem Stadtschloß im Lustgarten statt, einem öffentlichen Platz, der allen Zivilisten zugänglich war. Angehörige der Rekruten sahen oft und gern zu, wie ihre Söhne ausgebildet wurden. Dieses fachkundige und kritische Publikum stellte an die Ausbilder hohe Anforderungen, und diese mußten sehr aufpassen, den schmalen Grat zwischen Ausbildung und „Schleifen" nicht zu überschreiten.

Eines Tages leitete die Ausbildung ein junger Leutnant, der offensichtlich mit den ungeschriebenen Regeln dieses speziellen Exerzierplatzes nicht vertraut war. Er ließ uns in Reihe aufmarschieren und befahl: „Links schwenkt – marsch, marsch" „rechts schwenkt – marsch, marsch", in mehrfacher Wiederholung. Das bedeutete für uns, die Schwenkungen immer in höchstmöglichem, kräftezehrendem Tempo durchführen zu müssen. Wir empfanden das als der Ausbildung nicht förderlich und daher als Schikane.

Nachdem wir seiner Ansicht nach nicht schnell genug liefen, drohte er lautstark: „Wenn Ihr nicht endlich schneller lauft, scheuche ich Euch alle bis in die Havel!" Und weiter gings mit „Links schwenkt – rechts schwenkt!" in verschärftem Tempo. Beim letzten Schwenk kamen die drei äußersten Mann der Reihe – und ich war dabei! – direkt an die wadenhohe Einfassung des großen, relativ tiefen Neptunbrunnens, der sich unmittelbar neben der Havel im Lustgarten befand. Große Frage, was nun? Zusammendrängeln – oder? Ein kurzer Blick genügte, wir machten kein Ausweichmanöver, sondern sprangen, ohne zu zögern im Gleichschritt – in den Brunnen!

Nachdem wir wieder aufgetaucht und triefend „an Land" waren, brüllte uns der hochrote Leutnant wütend an und schickte uns in Begleitung eines Unteroffiziers in die Kaserne.

Kaum dort eingetroffen, wurden wir auch schon zum Kommandeur, zu Hardenberg, befohlen, der bereits über den Vorfall unterrichtet war. Wir meldeten uns – immer noch triefend naß – und auf seine barsche Frage: „Bismarck, was war los?" ließ er uns nach kurzer Schilderung des Hergangs längere Zeit in strammer Haltung stehen und sagte dann, verhalten schmunzelnd: „*Ich* wäre auch gesprungen – raus!"

Während für uns der Vorfall ohne Folgen blieb, wurde der Leutnant 2 Tage später versetzt.

2.

Wie üblich, gab es auch beim IR 9 unterschiedliche Kantinenräume für Mannschaften, Unteroffiziere und Offiziere (das Essen war zwar das gleiche, es wurde nur bei Offizieren und Unteroffizieren serviert).

Hardenberg erschien aber häufig in der Mannschaftskantine, stellte sich in die Reihe der zum Essen-Fassen anstehenden Soldaten und ließ sich – wie alle anderen auch – vom Küchen„bullen" an der Ausgabe eine Essensportion in die vorschriftsmäßig hingehaltene Schüssel füllen. Dann ging er mit seiner Schüssel an einen der Tische und verglich seine Portion genau mit der der dort sitzenden Soldaten – und wehe, der Küchen„bulle" hatte ihm mehr zugeteilt!

3.

Silvester 1939 hatte ich Wachdienst vor der Kaserne in der Priesterstraße.

Kurz vor Mitternacht erschien der Kommandeur, Graf Hardenberg, inspizierte die Wache und das Wachlokal und fragte beim Hinausgehen, auf die herumstehenden Teetassen zeigend: „Was habt Ihr denn da zu trinken?"

Der Wachhabende meldete wahrheitsgemäß: „Tee, Her Major!" Darauf Hardenberg: „Lassen Sie mal probieren", und nachdem er einen Schluck getrunken hatte: „Es schmeckt ja erstaunlich langweilig, und lauwarm ist es auch!" Darauf verabschiedete er sich, wünschte uns ein frohes neues Jahr – und ging.

Wenig später erhielten wir von der Kantine auf seine Anordnung hin eine große Kanne mit dampfendem Inhalt – Glühwein! Und das, obwohl natürlich vor und während des 24-stündigen Wachdienstes jeglicher Alkoholgenuß strengstens verboten war.

4.

Unser Zug mit Reserve-Offiziersanwärtern war unter Aufsicht von Hardenberg zum „Scharfschießen des Einzelschützen" auf dem Truppenübungsplatz, als auch der Wehrkreiskommandeur, ein General, zu dieser Übung erschien.

Nach Beendigung der Übung meldete Hardenberg das Ergebnis dem General, der sich danach zu seinem Fahrzeug begab und von dort den besten Schützen zu sich befahl. Moritz von Knyphausen – wie fast immer auch diesmal der Beste – sprintete eiligst zum General, meldete sich und bekam etwas in die Hand gedrückt – und ab fuhr der General.

Als Knyphausen wieder bei uns war, fragte Hardenberg: „Na, Knyphausen, was haben Sie gekriegt?" Er meldete: „ Eine Schachtel Juno (damals eine der billigsten Zigarettenmarken), Herr Major!" Hardenberg „staunte": „Großzügig, großzügig, so was kann ich mir natürlich nicht leisten", ließ aber dann seinen Fahrer kommen (das war, wenn ich mich recht erinnere, sein Chauffeur aus Neuhardenberg, der miteingezogen worden war) und befahl ihm, eine Kiste Zigarren zu holen. Und als er zurück war, bekamen wir jeder eine Zigarre *mit Spitze!*

Als alle mit Zigarren versorgt waren, befahl er uns, in Marschordnung anzutreten, ließ uns die Zigarren anzünden – und ab ging's in die Kaserne. Es ist wohl nie vorher oder nachher eine militärische Einheit in der Garnisonsstadt einmarschiert – mit geschultertem Gewehr und alle eine Zigarre an langer Spitze rauchend. Potsdam staunte ...

Ludwig Freiherr von Hammerstein-Equord
Bei Hardenberg traf man keinen Nazi!

Anfang der dreißiger Jahre haben meine Eltern und wir Kinder häufig die Ferien in der Komturei Lietzen verbracht, die ca. 18 Kilometer Luftlinie von Neuhardenberg entfernt liegt und zum Besitz des Grafen Hardenberg gehörte. Von dort aus kamen wir nicht sehr häufig nach Neuhardenberg. Eher war es umgekehrt: Graf Hardenberg und seine Frau, die Gräfin, besuchten uns dort. Sie kamen zu Pferde oder mit dem Auto. Und wenn sie kamen, schauten sie nach ihrem Gut, redeten mit ihrem Oberamtmann Bräuninger, der seinen Sitz in der Komturei hatte. Oder Graf Hardenberg besuchte seine Tante, die im Herrenhaus wohnte. Wenn wir ihn anreiten sahen, gingen wir hin und sagten „Guten Tag", wie sich das gehört. Und dann traf man ihn bei dortigen Jagden, an denen auch mein Vater teilnahm. Und wir Jungs durften da auch mittun.

Die Komturei Lietzen liegt an einem schönen See, und auch der Wald ist nahe. Dort gab es viel Wild – Rotwild, Hasen, Rehe, Enten auf dem See. Man konnte dort alles jagen. Außerdem konnte man mit dem Fischer auf den See hinausfahren und zuschauen, wie der angelte. Eine der beiden Passionen, die Graf Hardenberg mit meinem Vater verbanden, war die Jagd. Und die andere war die Politik.

Als Junge habe ich dort beim Schmied und beim Stellmacher gearbeitet und habe gelernt, wie z. B. ein Pferd beschlagen wird. Ich durfte nicht etwa nur zusehen, sondern konnte mitarbeiten und Hand anlegen. Auch bei der Ernte haben wir mitgeholfen. So hatten wir natürlich Kontakte zu den gleichaltrigen Jungen dort, spielten mit denen Fußball, freuten uns, wenn wir gewannen. Ich hatte einen großen Freund, den Sohn vom Förster, Försters Bubi hieß er im Dorf, Kurt Kresinszky, er lebt noch heute. So waren wir immer voll „beschäftigt" auf dem Lande, und wir Städter lernten eine ganze Menge. Und erholsam war es auch.

Wenn der Herr Graf kam, standen wir stramm: er war der „Chef". Damals hatten wir noch wenig Kontakt mit den Hardenberg-Kindern – sie kamen selten nach Lietzen. Nur wenn wir nach Neuhardenberg hinüberfuhren, trafen wir sie.

Das ging so bis 1935. Dann wurden unsere Aufenthalte dort seltener, denn dann mußte man mehr in der Schule sein und härter arbeiten.

Ich kannte Graf Hardenberg damals nur als „Freien Standesherrn", nicht als Soldaten. Als Soldat bin ich ihm das erste Mal 1940 voll begegnet. Ich war damals Bergbaubeflissener und kam aus Oberhausen im Ruhrgebiet nach Berlin zurück. Der Krieg war im Gange, und die Frage tauchte auf: Was macht man? Ich habe mich dann Januar 1940 erkundigt, was das Wehrbezirkskommando mit mir vorhätte. Und das sagte: „Sie sind ja Bergmann, und demzufolge werden wir Sie demnächst zu den Pionieren einziehen." Aber ich wollte nicht zu den Pionieren! Da erinnerte ich mich, daß Graf

Hardenberg Kommandeur des Infanterie-Ersatzbataillons 9 in Potsdam ist. Ich habe ihn angerufen: „Herr Graf, die wollen mich zu den Pionieren einziehen. Ich möchte nicht gerne dahin. Kann ich zu Ihnen kommen?“ Darauf sagte er sofort: „Selbstverständlich. Sie kommen zur ersten Kompanie des Infanterie-Ersatzbataillons 9. Ich werde Sie sofort anfordern.“ Wenige Tage später, am 23. Januar 1940, kriegte ich die Anforderung, fuhr nach Potsdam und wurde dort Soldat.

Mit Hardenberg hatte ich in dieser Zeit nur entfernten Kontakt – immerhin war er der Bataillonskommandeur und ich nur kleiner Grenadier. Aber wenn wir im Potsdamer Lustgarten vor dem alten Stadtschloß exerzierten, erschien oft der Bataillonskommandeur und sah sich an, wie wir jungen Soldaten dort das Exerzieren lernten. Er beachtete einen jedoch nicht weiter besonders, sondern behandelte einen wie jeden anderen.

Nach vier Wochen wurde ich gefragt, ob ich nicht Offizier werden wolle. Es war gleichzeitig seit Dezember eine Fahnenjunker-Ausbildung im Gange, und ich überlegte mir, es wäre gar nicht schlecht, Offizier zu werden. Wenn man schon einmal Soldat ist – wie sollte man noch weiter kommen?! Und ich sagte ja. So wurde ich zur Fahnenjunker-Ausbildung versetzt. Bei den älter gedienten Fahnenjunkern stieß ich zunächst auf etwas Spott: „Was will denn der hier? Der ist ja gerade erst Soldat geworden, und wir sind schon viel länger da!“ Ich hatte da bald den Spitznamen „Der Onkel Zivilist“. Das war witzig und kritisch, aber auch anerkennend, denn ich war schon etwas gelassener in Sachen Soldat-Sein und Soldat-Werden.

Einmal ließ mich Graf Hardenberg kommen. Wenn man zum Bataillonskommandeur ging, mußte man umschnallen, den Stahlhelm aufsetzen und sich stramm melden. Hardenberg sagte zu mir: „Hammerstein, kümmern Sie sich mal um Wilfried Krosigk!“ Der war dort auch Soldat, der Sohn des Reichsfinanzministers Graf Schwerin von Krosigk. „Der soll schließlich auch Offizier werden, sitzt aber dauernd in der Kantine, spielt Skat und kümmert sich zu wenig um den Dienst. So geht das nicht!“ Ich sagte: „Jawohl, Herr Graf!“

Man sagte damals nicht „Herr Major“. Wenn einer Graf war, sagte man „Herr Graf“. Erst wenn er General wurde, sagte man „Herr General“ zu ihm.

Ich sagte also: „Jawohl, Herr Graf, werde ich tun!“ und ging in die Kantine, in der Wilfried Krosigk saß. Ich kannte ihn, denn in Berlin waren wir Nachbarn, und sagte ihm: „Du, hör mal, Du fällst hier auf, daß Du nischt tust. Wenn man Soldat wird, muß man so tun, als ob... Jedenfalls zum Anfang. Ich kann das durchaus verstehen, daß Du lieber Skat spielst. Aber nun tun wir beide mal so, als ob...“ Und das haben wir dann auch gemacht.

Später ist Wilfried Krosigk im Infanterie-Regiment 9 Offizier geworden, ein hervorragender Zugführer. Ich habe unlängst einen Obergefreiten getroffen, der unter ihm in Rußland gedient hat, und der sagte, daß sie einen so guten Zugführer, der sich so für seine Leute eingesetzt habe wie Wilfried Krosigk, nie wieder gehabt hätten. Wilfried Krosigk wurde dann in Rußland schwer verwundet und konnte nicht geborgen werden.

Unsere Ausbildung damals erfolgte auf dem Lustgarten am Stadtschloß, auf dem Bornstedter Feld und auf dem Truppenübungsplatz Döberitz. Wir marschierten zum „Landsmann“, dem Schießplatz der Garnison Potsdam, und schossen da mit Gewehr und Maschinengewehr. Solche Schießübungen beobachtete der Bataillonskommandeur selten, das machten die Kompanieführer. Auszeichnungen für gutes Schießen gab es nicht, aber wir freuten uns halt, wenn wir gut geschossen hatten. Es gab aber Urlaubsstreichung. Ich habe mal zum

Schießplatz das Maschinengewehr hingetragen und sollte es auch wieder zurücktragen. Aber das war mir nicht recht, denn dabei wechselt man sich mit den Kameraden ab. Da habe ich zu dem Unteroffizier gesagt: „Schlepp ick hin, schlepp ick her – ist mir ooch egal!" Da wurde der etwas wütend und sagte: „Dieser Herr von muß das Maschinengewehr tragen." Dann habe ich's getragen. Der Unteroffizier berichtete das dem Kompanieführer, und da wurde mir der Urlaub gestrichen, es war an einem Wochenende. Aber es war uns auch egal, wenn der Urlaub gestrichen wurde, denn dann fuhren wir nicht mit der S-Bahn nach Berlin, sondern mit der Straßenbahn bis zur Glienicker Brücke. Dort stiegen wir in den Omnibus „P" um, und der wurde nicht kontrolliert!

Meine Ausbildung in Potsdam dauerte bis Mai 1940, Graf Hardenberg hat das Bataillon schon Anfang März verlassen. Während der nächsten Jahre hatte ich eine zeitlang keinen Kontakt zu Hardenberg.

Ende 1942 kam ich aus dem Lazarett nach Berlin zurück, ich war 1941 in Rußland verwundet worden und krank gewesen. 1943 war ich dann wieder häufiger in Neuhardenberg, habe Graf Hardenberg getroffen und mich öfter mit ihm auch politisch unterhalten. Wir haben nicht über konkrete Pläne gegen Hitler oder über Attentate gesprochen, sondern über die militärische Lage überhaupt. Er vertrat entschieden den Standpunkt, daß dieser Krieg ein Verbrechen und nicht zu gewinnen sei.

Man traf in Neuhardenberg auch andere, die ähnlich dachten, z. B. Herrn von Plettenberg, der ein großer Freund von ihm war. Ich erinnere mich noch, daß ich einmal beide dort traf und wir in der Beurteilung der Kriegslage und der Nazis übereinstimmten. Man wußte genau: Bei Graf Hardenberg, in Neuhardenberg, traf man keinen Nazi!

Hardenberg war der Ältere, ich sagte nach wie vor „Herr Graf" zu ihm, und man benahm sich auch entsprechend. Aber er hörte jüngere Leute gerne an, weil er auch wissen wollte: wie denken die eigentlich? Man tauschte Meinungen aus. Und man konnte in einzelnen Punkten durchaus verschiedener Meinung sein und ihm das auch sagen. Das vertrug er ohne weiteres. Auch Widerspruch vertrug er. Und er war in gewisser Weise auch neugierig und provozierte unter gewissen Umständen durchaus auch einen Widerspruch.

Man wußte damals genau, daß man – wenn man unvorsichtig redete und denunziert wurde – im KZ landete oder im Gefängnis oder wurde vom Reichskriegsgericht verurteilt. Es war ja damals äußerst gefährlich, seine Meinung zu sagen. Ich erinnere mich noch genau an ein Gespräch mit einem Oberst Kriegsgerichtsrat, der hier für Berlin zuständig und der kein Nazi war. Der sagte meinem Bruder und mir: „Ihr jungen Offiziere redet zuviel! Und wenn Ihr dann vor Gericht kommt, weil Ihr eben Bemerkungen gemacht habt, die strafbar sind, dann gebt Ihr immer gleich alles zu. Dann können wir als Kriegsrichter Euch nicht einmal mehr helfen! Ihr müßt lügen und alles abstreiten. Dann können wir Euch helfen!"

Das gehörte damals zur allgemeinen Lage: Man mußte sehr genau wissen, mit wem man redet. Mit Hardenberg und seinen Freunden zu reden – da war alles völlig klar, da war kein Nazi dabei, und da waren diese Gespräche, dieser Austausch von Meinungen für alle Beteiligten von großer Bedeutung. In dieser Zeit, in der es die Goebbelssche Lügenpropaganda gab und die Wehrmachtsberichte hinten und vorne nicht stimmten, war es sehr wichtig, daß man seine Informationen und seine Erfahrungen offen austauschen konnte.

Ich habe 1943 in Berlin an der Technischen Hochschule

als nicht mehr felddiensttauglicher Offizier zu studieren begonnen und hatte dann auch viele Kontakte zu zivilen Leuten, auch durch mein Elternhaus.

Bei den Gesprächsrunden in Neuhardenberg war natürlich auch die Gräfin anwesend. Wenn sie nicht anwesend war, weil sie nicht in Neuhardenberg war, ging es gleich etwas lockerer zu: die Gräfin war streng und achtete sehr auf gute Manieren, der Graf war da etwas lässiger. Natürlich fuhren wir jungen Leute auch wegen der sehr hübschen und gern zu habenden Hardenberg-Töchter dorthin, mit denen wir uns gut verstanden und die uns offen behandelten, weil sie genau wußten, wie ihr Vater und wie wir dachten.

Anfang März 1943 traf ich Graf Hardenberg einmal in Dahlem an der U-Bahn, und da sagte er mir, es sei ja doch tragisch, daß ausgerechnet jetzt, wo Entscheidungen anstünden, der Generaloberst Beck schwer krank sei und mein Vater auch todkrank sei – die beiden Leute, auf die man vertrauen könnte. Daraus entnahm ich, daß er über Planungen voll informiert war, denn mich hatte im Februar der Graf Fritz-Dietlof von der Schulenburg in Potsdam angesprochen und mich gefragt, ob ich bereit sei, mich an einer bevorstehenden Aktion zu beteiligen. Ich habe damals „Ja" gesagt. Es kam dann nicht zu dieser Aktion. Gemeint war das versuchte Attentat vom 13. März 1943 mit einer Bombe im Flugzeug Hitlers, als er von der Heeresgruppe Mitte in sein Hauptquartier zurückflog. Die Bombe zündete dann nicht. Und wenig später das versuchte Attentat im Berliner Zeughaus. Das war das erste Mal, daß ich selber direkt an möglichen Aktionen beteiligt war. Man redete über solche Dinge, über direkte Aktionen, nur mit denjenigen Leuten, die es direkt anging. Deshalb habe ich von Hardenbergs Beteiligung nichts erfahren. Ich habe ihn auch am 20. Juli 1944 nicht in der Bendlerstraße getroffen.

Aber das hat gar nichts zu sagen, denn dort war ein solcher Betrieb, daß man, wenn man sich nicht zufällig beim Rein- oder Rausgehen traf, eigentlich nicht wußte, wer da war oder wer nicht da war. Ich kannte mich in dem riesigen Gebäude gut aus. Der Befehlshaber des Ersatzheeres und sein Stab saßen in einem Teil des Bendlerblocks, der früher die Dienstwohnung des Chefs der Heeresleitung war. Stauffenberg hatte sein Büro in einem Raum, in dem früher die Chefs der Heeresleitung ihre Gäste empfingen. Generalobert Beck und Hoepner saßen am 20. Juli 1944 in dem alten Eßzimmer, in dem Hitler 1933 seine erste Ansprache an die Generalität gehalten hatte. Mein Vater war Chef der Heeresleitung von Ende 1930 bis Anfang 1934, und unsere Wohnung lag dort, und deswegen kannte ich mich dort gut aus. Das hat mir dann das Leben gerettet: als der Staatsstreich gescheitert war und man sich fragen mußte, ob man sich verhaften lassen oder versuchen sollte auszureißen, bin ich eben ausgerissen und bin rausgekommen, weil ich Gebäude und Gegend genau kannte.

Nachdem ich in Berlin untergetaucht war, habe ich dann auch gehört, daß Hardenberg verhaftet worden sei, nicht die komplette Wahrheit, aber doch, daß er irgendwo säße. Ab und an kriegte man ja doch Informationen. Mich hat besonders gut der Sohn des Botschafters von Hassell, Wolf-Ullrich, informiert, der war frei. Mit ihm habe ich mich wiederholt getroffen. Er sagte mir, was los war, wer verhaftet war, welche Verfahren liefen, wer schon tot sei, all das, was man nicht in der Zeitung lesen konnte. Sein Vater war schon hingerichtet. Dann hatte ich noch zwei, drei andere Kontakte, die mich besuchten. So war ich relativ gut informiert und wußte auch über Hardenberg Bescheid.

Als der Krieg zu Ende war und ich wieder nach Zehlendorf in mein elterliches Haus kam, als der russische

Stab, der dort untergebracht war, wieder auszog, überlegte ich: Wen gibt's noch von den Freunden? Telefon gab's nicht, Post gab's nicht. Da bin ich – es war am 21. Mai 1945 – erstmals nach Potsdam gelaufen, was gar nicht so einfach war. Die Glienicker Brücke lag im Wasser, aber man konnte vorsichtig rüberkrabbeln.Ich hatte sogar noch ein Fahrrad, was ganz selten war. Ich bin dann zu Mädy Schilling gegangen. Ihr Haus stand noch. Und siehe da: dort traf sich alles, auch Vater Hardenberg war da. Hardenberg und Vater Schilling waren Schwäger. Und wenn jemand gesucht wurde, kriegte man dort seine Auskunft. Und da habe ich Hardenberg zum ersten Mal wiedergetroffen.

Ich habe dort übernachtet und bin dann am nächsten Tag mit ihm zurück nach Berlin gelaufen. Hardenberg war dann wieder sehr hilfreich, denn er hat mir meine erste Stelle nach dem Kriege verschafft.

In Berlin war der neue Magistrat schon gebildet worden, und es gab eine Ernährungsabteilung unter der Leitung von Dr. Andreas Hermes. Da waren lauter Leute, die am 20. Juli beteiligt waren, im Gefängnis gesessen hatten, aber mit dem Leben davon gekommen waren, darunter auch Friedrich Carl von Zitzewitz-Muttrin, der für die Landwirtschaft zuständig war, den wiederum Hardenberg von früher her gut kannte. Und Hardenberg hatte auch sofort Kontakte zu diesen Herren aufgenommen und sagte mir dann: „Wir brauchen dringend junge Leute, die die Verbindungen herstellen, praktisch Briefträger. Da Sie noch ein Fahrrad haben, sind Sie natürlich besonders geeignet und: als Entgelt gibt's ein warmes Mittagessen!“ Und das war in dieser Zeit Gold wert.

Dieses Ernährungsamt saß am Fehrbelliner Platz, wo heute das Bezirksamt Wilmersdorf untergebracht ist. Dahin bin ich gegangen, und die waren sehr froh, daß sie nun einen Fahrradboten hatten. Ich habe dann ein paar Wochen Briefe ausgetragen, was sehr interessant für mich war, denn man gab die Briefe ja nicht einfach ab, sondern man suchte ja oft erst nach dem Adressaten. Wenn man ihn fand, unterhielt man sich mit ihm. Und dadurch kriegte man sehr viel Informationen über die Lage des einzelnen und seiner Gegend.

Ich erhielt eine Bescheinigung vom Ernährungsamt in deutsch und russisch, in der stand, daß ich Bote dort sei und Verbindungen zu halten hätte und man solle mir mein Fahrrad belassen. Da wurde ich mal nach Rüdersdorf geschickt, um zu sehen, ob die Kalkwerke noch vorhanden und arbeitsfähig seien. Ich habe auch weitere Touren gemacht, aber bis nach Neuhardenberg bin ich als Fahrradbote nicht gekommen. Das war also für mich eine interessante Zeit, und die verdanke ich nicht zuletzt dem Grafen Hardenberg.

Ich habe damals auch Jakob Kaiser wiedergetroffen, der auch nach dem 20. Juli untergetaucht war. Er vertrat im Magistrat die Interessen der Ernährungsabteilung. Es wurden in dieser Zeit auch die neuen Parteien gegründet, Jakob Kaiser hat die CDU mitgegründet. Man hat damals vielerlei Verbindungen nach allen Seiten gehabt. Und: wir wußten damals alle noch nicht, was werden wird. Kommen die Westmächte nach Berlin, kommen sie nicht? Aber alle Leute, die hier waren, waren bereit, mit den Russen zusammenzuarbeiten, um das Schicksal dieses Landes wieder in Ordnung zu bringen, vor allem, um die Ernährung zu sichern.

Ich habe auch Hardenbergs Oberamtmann, Herrn Bräuninger, getroffen. Hardenberg selbst war ja – auch durch seine Haftzeit – gesundheitlich angeschlagen. Außerdem mußte er erst mal Kontakt zu seiner eigenen Familie aufnehmen, und das hat er dann auch getan. Er kam dann im September 1945 mit der Gräfin wieder nach Berlin, um mit Bräuninger die Wirtschaft anzukurbeln. Aber die politische Situation machte es unmöglich.

Am 1. Juli zogen die Westalliierten in Berlin ein, die Stadt wurde in vier Sektoren aufgeteilt. Mein Job als Fahrradbote wurde beendet, weil die Ernährungsabteilung vom Fehrbelliner Platz nach Ostberlin verlegt wurde. Auch die Besetzung der Abteilung wurde gewechselt: Hermes wurde Ende Juli abgelöst, ebenso Zitzewitz.

Ein langjähriger Freund meines Vaters, Herr von Heydebreck, ein alter Journalist, bekam 1946 das Angebot, für „Die Welt", damals in Hamburg neugegründet als Zeitung für die britische Besatzungszone, als Berliner Korrespondent zu arbeiten. Heydebreck sagte, er sei ja schon reiferen Alters und brauche einen jungen Mann, der überall hingehen könne, und er fragte mich, ob ich dazu bereit wäre. Ich sei ja politisch sehr interessiert, schreiben könne ich wahrscheinlich auch, und ich sollte für ihn arbeiten. Und so habe ich angefangen, als Journalist zu arbeiten. Das war im April 1946. Ich bin dann später Redakteur dort geworden. Eine Berliner Ausgabe der „Welt" wurde 1947 gegründet.

Hardenberg war da schon in Nörten-Hardenberg, dem Stammsitz der Familie. Dort habe ich ihn mal auf der Durchreise besucht: alte Freunde besucht man. Seine Tochter Wonte kam auch mal nach Berlin. Damals war es noch sehr schwierig, zwischen den Zonen hin und her zu reisen. Ich hatte einen englischen Freund, Jan Colvin, der bereits vor dem Kriege hier gewesen war und schon immer der Opposition geholfen hatte. Der war nun nach dem Krieg als Berichterstatter hierher zurückgekommen. Er und seine Kollegen trugen englische Uniformen, fuhren Militärautos. Colvin hat mir einmal den Gefallen getan und Wonte und noch einen anderen in seinem Auto versteckt, so daß sie von den Russen unkontrolliert in den Westen fahren konnten. Wonte war vorher in Neuhardenberg gewesen und hatte da noch einiges eingesammelt.

Ich bin, als ich Hardenbergs im Juni 1946 das erste Mal im Westen besuchte, als Chauffeur von Jan Colvin dahin gefahren. Dafür mußte ich eine englische Uniform anziehen und saß stramm als englischer Fahrer hinter dem Steuer. Als ich drüben war, konnte ich sie wieder ausziehen. So war das damals.

Hardenberg arbeitete bereits als Vermögensverwalter des vormals regierenden preußischen Königshauses. In dieser Eigenschaft kam er auch mal im Dezember 1946 nach Berlin und besuchte hier die alten Mitarbeiter der Vermögensverwaltung. Diese hatten unter anderem den letzten goldenen Teller des Tafelservices von Friedrich dem Großen gerettet. Friedrich der Große hatte in seinen Kriegen sein goldenes Tafelservice einschmelzen lassen, weil er kein Geld mehr hatte, um den Krieg zu finanzieren. Als Erinnerung aber hatte er einen goldenen Teller behalten, und der war gerettet worden. Und ich brachte Hardenberg zum Bahnhof Charlottenburg, von dem der britische Militärzug abging, der von den Sowjets nicht kontrolliert wurde. Hardenberg durfte mit diesem Zug fahren. Auf dem Bahnsteig machte Hardenberg seine Tasche auf und sagte: „Das mußte Dir mal ansehen. Den haben wir noch!“ Das war sehr eindrucksvoll.

Wir hofften damals alle, daß die Einheit Deutschlands erhalten bliebe. 1946 funktionierte der Alliierte Kontrollrat auch noch, und die vier Siegermächte wollten Deutschland gemeinsam verwalten. Und deswegen hoffte man, daß man wieder in seine Heimat zurückkönne, so auch Hardenberg.

Die Bodenreform hatte inzwischen stattgefunden,

und der Besitz Hardenbergs war aufgeteilt worden. Aber Hardenberg war durchaus ein fortschrittlicher Konservativer. Er sagte, daß die Heimatvertriebenen auch wieder zu Grund und Boden kommen müßten und er natürlich bereit sei, von seinem Land etwas an sie abzugeben. Daß er wieder nach Neuhardenberg zurückwollte, war für ihn selbstverständlich. Und: er wußte auch, daß seine eigenen Leute dort ihn alle gern wieder zurückhaben wollten, denn er war dort sehr angesehen, sie mochten ihn alle. Und deswegen sah er dort überhaupt keine Schwierigkeiten.

Es ist sehr schwer zu sagen, ab wann Hardenberg seine Hoffnung auf Rückkehr aufgegeben hat. Mit der Blockade Berlins, der Währungsreform und dergleichen wurde klar, daß der Zustand der Teilung Deutschlands länger dauern würde. Damals wurde auch Neuhardenberg in Marxwalde umbenannt.

Vieles über die Opposition gegen Hitler war nach dem Krieg in der Öffentlichkeit kaum bekannt. 1945 schon kam Herr von Schlabrendorff nach Berlin. Er hatte den Auftrag und den Willen, das gesamte Material über die Opposition gegen Hitler zu sammeln, das hier in Berlin verfügbar war. Der engagierte mich, ihm zu helfen, und er tat es wiederum mit Hilfe der Amerikaner. Auch die Westmächte hatten absolutes Interesse, die beteiligten Leute zu hören und dies Material zu finden. Schlabrendorff hat ja auch eines der ersten Bücher darüber geschrieben.

Aber die ersten, die mich nach dem 20. Juli gefragt haben, waren die Russen. Schon im Mai 1945 waren bei unseren Nachbarn Russen erschienen und wollten den Mann verhören, weil er etwas auf der Seite der Nazis tätig gewesen war: jener Oberst Kriegsgerichtsrat Dr. Kuenzer, von dem ich schon berichtet habe. Die Russen bedrängten ihn, und er sagte: „Ich bin kein Nazi gewesen. Ich kann Ihnen das auch beweisen – hier in der Nachbarschaft wohnt der junge Hammerstein. Der kennt mich!“ Ich wurde hinübergerufen und traf zwei Offiziere des NKWD, die ganz gut Bescheid wußten. Ich sagte ihnen, daß ich diesen Oberst Kriegsgerichtsrat Dr. Kuenzer gut kenne und daß er uns vor den Nazis gewarnt hätte. „Das ist ein anständiger Mann“. Die suchten damals Leute für die zentrale Verwaltung Deutschlands. Dr. Kuenzer erhielt nun von russischer Seite die Aufforderung, am Aufbau einer Justizverwaltung mitzuwirken. (Das hat zwar nicht lange gedauert, aber immerhin.) Dann sagten diese russischen Offiziere zu mir: „Schreiben Sie doch mal auf, was Sie über den 20. Juli wissen!“ Das habe ich dann getan. Mir wurde noch gesagt: „Das wird bei Dr. Kuenzer abgeholt.“ So passierte es auch nach zwei Tagen.

Diese drei Seiten Aufzeichnungen habe ich noch. Ich habe sie damals auch dem Grafen Hardenberg und Schlabrendorff gezeigt, und die waren alle mit meiner Darstellung zufrieden.

Die Alliierten suchten das Gespräch mit Leuten, die dabeigewesen waren. Mit meinem Namen war bei allen die Erinnerung an meinen Vater verbunden, über den sie gut Bescheid wußten, auch die Russen. Deswegen war man bei ihnen nicht irgend jemand, sondern der Sohn des Generals. Dadurch hatte man es bei ihnen auch oft einfacher als andere.

Zu Hardenbergs 65. Geburtstag 1956 habe ich ihm ein Telegramm geschickt. Wir haben ihm gratuliert und bedauert, „daß die traditionelle Geburtstagsjagd zur Zeit nicht stattfinden kann. Aber es passiert ja allerlei in der Welt. Manches, wenn auch nicht alles, kann wiederkehren. Und wir hoffen, daß spätestens zum 70. Geburtstag wieder gejagt werden kann.“ Hardenberg hat die Zwischentöne dieser Zeilen gut verstanden, denn er bedankte sich herzlich für das „liebe heimatumwobene Telegramm“: „Ich werde es mir aufheben!“

Hardenberg hat die Wiedervereinigung Deutschlands nicht mehr erlebt. Aber sein Sohn Friedrich Carl wird die Geburtstagsjagd in der Heimat alsbald nachholen.

(Nach einem Tonbandinterview vom Hrsg. aufgezeichnet)

Paul Hofmann
„... sein Lebensinteresse zurückgewinnen“. *Meine Erlebnisse mit dem Oberstleutnant Carl-Hans Graf von Hardenberg im Konzentrationslager Oranienburg-Sachsenhausen von Ende Juli 1944 bis zum 21. April 1945*

Als aktiver Kämpfer gegen das faschistische Regime in Deutschland wurde ich am 12. Juli 1935 von der Gestapo verhaftet und nach 15 Monaten Untersuchungshaft vom Oberlandesgericht Dresden zu sechs Jahren Zuchthaus wegen Vorbereitung zum Hochverrat verurteilt. Meine Haftzeit verbrachte ich im Zuchthaus Waldheim in Sachsen. Am 12. Juli 1941 wurde ich in Waldheim entlassen, aber sofort der Geheimen Staatspolizei in Leipzig überstellt.

Nach weiteren wochenlangen Vernehmungen wurde ich ins Konzentrationslager Oranienburg-Sachsenhausen gebracht, wo ich bis zur Auflösung des Lagers am 21. April 1945 verblieb.

Wir wurden an diesem Tag in Zügen von 500 Häftlingen unter SS-Bewachung auf die Straße getrieben, sollten bis zur Ostsee marschieren, dort auf Schiffe verladen und im Meer versenkt werden. Damit wollte man die letzten Zeugen des gemeinen Verbrechens beseitigen.

Dies wurde durch das Eingreifen des Internationalen Roten Kreuzes und den raschen Vormarsch der Sowjetarmee verhindert, die uns zur Freiheit verholfen haben.

Im Konzentrationslager wurde ich nach mehreren Außenarbeitskommandos wegen eines schweren Gelenkrheumatismus Anfang 1942 in das Krankenrevier eingeliefert. Als ich wieder einigermaßen auf den Beinen war, machte ich mich bei der Pflege der Kranken nützlich. Ich konnte das, weil ich als ehemaliger ausgebildeter Arbeitersamariter gute Kenntnisse im Krankendienst hatte.

Das erregte bei den SS-Ärzten Aufmerksamkeit, und ich wurde als Krankenpfleger in das Arbeitskommando „Krankenbau“ aufgenommen. Nach einigen Einsätzen im unmittelbaren Pflegedienst holte man mich in die chirurgische Abteilung und beauftragte mich, als Narkotiseur im aseptischen Operationssaal zu arbeiten.

Außerdem bekam ich zwei Krankensäle zur Pflege der neuoperierten Häftlinge. In dieser Eigenschaft lernte ich Graf Hardenberg kennen.

Es war einige Tage nach dem 20. Juli 1944, dem mißglückten Attentat auf Adolf Hitler. Mehrere Beamte der Geheimen Staatspolizei brachten den Grafen Hardenberg in eines meiner Krankenzimmer. Sie sagten zu mir: „Du bist hier Krankenpfleger. Wir übergeben dir dieses Schwein. Er muß leben, denn wir brauchen ihn noch. Stirbt er, dann stirbst du mit!“ Ich sagte zu ihnen: „Damit könnt ihr mich nicht schrecken. Ich werde ihn pflegen, wie ich jeden Kranken pflege. Alles andere liegt nicht in meiner Macht!“

Zu dieser Zeit wußte ich noch nicht, wer der Patient

war und was mit ihm los war. Er machte einen sehr schwachen und müden Eindruck. Ich bereitete ihm sofort ein Bett vor, und dabei sah ich, was mit ihm los war. Er hatte zwei Brustdurchschüsse und aufgeschnittene Pulsadern. Wie es aussah, konnte es sich nur um einen versuchten Selbstmord handeln.

Unser leitender Häftlingsarzt, Prof. Dr. Emile Condère, ein Franzose, untersuchte ihn sofort genau, und wir verbanden seine Wunden. Dabei wurde festgestellt, daß sein Zustand nicht lebensgefährlich war. Die Schüsse waren glatte Brustdurchschüsse, ohne ernstliche innere Verletzungen. Durch die Verletzungen an den Handgelenken hatte er zwar viel Blut verloren, nach der Versorgung der Wunden bestand auch hier keine Gefahr.

Jetzt erfuhr ich auch, wer der Patient war.

Es handelte sich um den Oberstleutnant Carl-Hans Graf von Hardenberg, Teilnehmer an der Vorbereitung des Attentats auf Adolf Hitler.

Normalerweise hätten die Wunden schnell und gut heilen müssen. Doch als die Gestapobeamten nach einigen Tagen wiederkamen, mußten sie erkennen, daß er nicht vernehmungsfähig war. Der Zustand war auch bei einem weiteren Besuch nicht besser. Bei einem dritten Besuch erklärten sie, daß sie zur Zeit kein Interesse mehr an ihm hätten, wir sollten nur dafür sorgen, daß er bald wieder auf die Beine käme, um ihn für alle Fälle bei der Hand zu haben.

Danach haben sie sich bis zur Auflösung des Lagers auch nicht mehr sehen lassen.[1]

Für die SS-Ärzte und für „unseren" Professor aber blieb es unerklärlich, warum die Wunden des Patienten nicht heilen wollten.

Da machte ich bei meiner Pflegearbeit folgende Entdeckung: Als ich dem Patienten die Füße waschen wollte, sah ich, daß seine großen Zehen ganz schwarz geworden waren. Nun war für mich klar: der Patient war zuckerkrank!

Ich ließ sofort eine Blutprobe machen, und da zeigte sich, daß ich richtig erkannt hatte, der Patient war hochgradig zuckerkrank. Er hatte bereits 200 mg Blutzucker, ein lebensgefährlicher Zustand. Ich informierte sofort den Professor über meine Entdeckung, sagte zu Emile, ce malade a sucre. Er aber meinte, pas possible – unmöglich, bis er sich nach genauer Untersuchung überzeugen konnte, daß ich recht hatte. Er beauftragte mich, sofort eine Blutprobe machen zu lassen. Ich konnte ihm nicht sagen, daß ich sie schon machen ließ, denn ohne seinen Auftrag war ich nicht befugt, solche Maßnahmen eigenmächtig durchzuführen. Ich sagte ihm, daß ich es sofort machen ließ und daß er das Ergebnis bald bekommen würde. Als ich ihm dann das Ergebnis des Labors vorlegte, war er ganz erschrocken, vor allem darüber, daß er die Krankheit nicht selbst erkannt hatte.

Er informierte sofort den zuständigen SS-Arzt, und es wurden entsprechende Maßnahmen festgelegt. Nach Normalisierung des Blutzuckers heilten auch bald die Wunden ab.

Ich nahm mir nun meinen Patienten vor und fragte ihn, warum er uns seinen Gesundheitszustand verschwiegen habe, wir hätten ihm dann doch sofort helfen können.

Er sagte, daß er es bewußt nicht gesagt habe, weil er nicht weiterleben wollte, um nicht wieder in die Hände der Gestapo zu kommen. Er wußte, daß er ohne Behandlung seiner Krankheit bald sterben würde.

Nun bekam meine Pflegetätigkeit einen ganz anderen Sinn. Ich mußte sein Lebensinteresse zurückgewinnen.

Anhand meines eigenen Beispiels und aller langjährigen Häftlinge machte ich ihm klar, daß man, wenn man sich für etwas einsetzt, dann nicht einfach kapitulieren darf, schon gar nicht, indem man sich bewußt und heimlich aus dem Leben schleicht.

Wir haben uns stundenlang unterhalten und auseinandergesetzt. Nach und nach gelang es mir, seinen Lebensmut zurückzugewinnen. So erwuchs zwischen dem Mann aus dem Großadel und dem einfachen Textilarbeiter eine Freundschaft, die bis zur Trennung bei der Auflösung des Lagers gehalten hat.

Eines Tages erhielt Graf Hardenberg den Besuch seiner Frau, ein Ereignis, das wohl nicht viele Male im KZ Sachsenhausen vorgekommen ist. Als sein Pfleger mußte ich ihn in die politische Abteilung begleiten, die außerhalb der Lagermauern lag und wo der Besuch stattfand. Dadurch lernte ich auch seine Frau kennen, die von ihm erfuhr, in welchem Verhältnis wir zueinander standen, und was ich für ihn getan hatte. Als die Häftlinge des KZ Sachsenhausen am 21. April 1945 aus dem Lager auf den bekannten Todesmarsch getrieben wurden, nahmen wir Abschied voneinander, weil die kranken Häftlinge im Lager blieben. Wir tauschten noch unsere Heimatadressen aus und versprachen uns, wenn wir die letzte Etappe überleben und die Heimat wiedersehen würden, einander zu schreiben.

Ich war am 2. Juni 1945 nach mehr als zehnjähriger Trennung wieder zu Hause.

Nach einiger Zeit bekam ich von Graf Hardenberg einen ersten Brief. Er schilderte mir seine abenteuerliche Heimkehr nach Schloß Hardenberg und sein Wiedersehen mit seiner Familie. Auch ich habe ihm über die letzten Tage unseres Todesmarsches und meine Heimkehr geschrieben.

Wir tauschten noch einige Male Briefe aus und schilderten uns unser neues Leben.

Später bekam ich von ihm Post aus Westdeutschland.

Er war mit seiner Familie auf ein Schloß seiner Verwandten nach Nörten-Hardenberg umgesiedelt.

Von dort schrieb er mir, daß er als Großgrundbesitzer zwar unter die Bodenreform gefallen sei, aber als antifaschistischer Widerstandskämpfer ein 100 Hektar großes Gut behalten sollte. Außerdem habe man ihm angeboten, die Stellung des Landrates seines Kreises zu übernehmen.

Das habe er aber abgelehnt und vorgezogen, die sowjetisch besetzte Zone zu verlassen.

Er teilte mir auch später mit, daß er eine Stellung als Finanzbevollmächtigter des ehemaligen Kronprinzen von Deutschland angenommen habe.

Die verschiedenen politischen Entwicklungen in Deutschland führten dazu, daß wir unseren Schriftverkehr beendeten.

Damit endeten dann auch unsere freundschaftlichen Beziehungen.

Im Jahre 1957 erhielt ich von Frau Gräfin Hardenberg, die Nachricht, daß ihr lieber Gatte verstorben sei.

Sie hatte ihm auf dem Sterbebett versprechen müssen, mir sein Ableben mitzuteilen und mir noch einmal seinen aufrichtigen Dank und seine Achtung zu mir für die große Hilfe und den persönlichen Beistand, den ich ihm in den schweren Stunden seiner Haft im KZ Sachsenhausen gegeben hatte, zu übermitteln.

Das war das letzte Zeichen, das ich von ihm erhalten habe.

Berlin, im Juli 1993

1 Graf Hardenberg wurde von der Gestapo im KZ Sachsenhausen mehrfach verhört, wovon offenbar Paul Hofmann nichts erfuhr

Fritz Perlitz
Im Kampf gegen den Faschismus erstarkte der Wille …

… Ein besonderes Erlebnis zum Volksfrontgedanken hatte ich im Konzentrationslager Sachsenhausen. Ich war in Sachsenhausen bei einer Baubrigade. Auf der Baustelle am Hansa-Ufer hatte ich einen Unfall, das Bein wurde verletzt, und ich kam ins Revier Sachsenhausen. Dort war der Genosse Hofmann als Betreuer im Krankenhaus tätig. Im Revier lag auch der Graf Carl-Hans von Hardenberg. Den Grafen Carl-Hans von Hardenberg kannte ich schon aus der Vergangenheit, er kam aus dem Kreis Lebus, zu dem meine Heimatstadt gehörte. Im Kreis Lebus war er der größte Rittergutsbesitzer.

In meiner Heimatstadt Fürstenwalde übte ich, ehe der Kampfbund gegründet wurde, die Funktion eines Landobmanns aus und kümmerte mich um den politischen und ökonomischen Kampf der Landarbeiter. Das Gut Hardenberg gehörte dem Grafen. 1931 organisierten die Landarbeiter dieses Gutes einen Streik, um ihre soziale Lage zu verbessern. Der Streik fand während der Frühjahrsbestellung statt. Die Leitung des Landarbeiterverbandes sagte zuerst zu, den Streik zu unterstützen. Als sie aber merkte, daß Kommunisten, u. a. Kurt Graßner, die Führung des Streiks in der Hand hatten, gab es bald Differenzen. Der Landarbeiterverband zahlte keine Streikunterstützung mehr. Hardenberg forderte Polizei und Gendarmerie an. 31 Landarbeiterfamilien wurden brotlos und verloren ihre Wohnungen, 15 Familien kamen nach Müncheberg und 16 nach Fürstenwalde.[1] Wir mußten ihnen irgendwie Unterkunft verschaffen. Die Landarbeiter erhielten Wohlfahrtsunterstützungen und wurden in das große Heer der Arbeitslosen eingereiht.

Diese Geschichte hatte ich bis 1944 natürlich nicht vergessen. Aber nun kamen meine Genossen und sagten: „Nun paß' einmal auf! Mit dem Grafen müssen wir auch diskutieren." Ich sagte: „Macht mit mir, was ihr wollt." (Ich lag mit dem Grafen von Hardenberg im gleichen Raum.) „Zu dieser Diskussion habe ich keine große Lust. Die Haltung des Grafen während des Streiks 1931 kann ich nicht vergessen." „Ja, aber du siehst doch, er war doch jetzt auch gegen Hitler. Er gehört zu den Offizieren, die am 20. Juli den Putsch durchführten, und wir müssen jetzt dafür sorgen, daß er zumindest ein Stück des Weges mit uns gemeinsam geht. Du kannst doch diese Frage mit ihm besprechen, aber wenn Du Erfolg haben willst, darfst Du nicht nur schimpfen. In Spanien hast Du gelernt, wie man Verbündete für den Kampf gegen den Faschismus gewinnt. Wende diese Erkenntnisse und Kenntnisse an. Wir wollen mit jedem gemeinsam kämpfen, wenn er gegen den Faschismus ist."

Mit jedem – schon, aber der Graf von Hardenberg wollte mir zuerst als Verbündeter nicht gefallen. Die Genossen rückten unsere Betten zusammen, und die Gespräche begannen. Zuerst mußten wir aber alles tun, um dem Grafen das Leben zu erhalten. Er hatte versucht, sich vor der Verhaftung durch die Gestapo das Leben zu nehmen, und sich dabei zwei Durchschüsse über dem Herzen beigebracht. Genosse Willi Engel, später in unserer Volksarmee tätig, heute Rentner, brachte ihm das Essen, das dann der Graf mit meiner Hilfe zu sich nahm. Regelmäßig holte die Gestapo ihn in die Prinz-Albrecht-Straße. Unsere Sanitäter machten ihn aber vorher immer vernehmungsunfähig, um ihm Leiden und eventuelle durch Folterungen erzwungene Aussagen zu ersparen.[2]

Wir kamen ins Gespräch, und mit der Zeit überwindet man auch böse Erinnerungen, wenn es um eine gute Sache geht. Graf von Hardenberg war im Führerhauptquartier tätig gewesen. Er hatte dort die sogenannten „feindlichen Sender" gehört, um sich zu informieren.[3] Ich konnte ihm berichten, daß wir über die politische und militärische Situation nicht schlechter informiert waren als er. Wir haben dann unsere Informationen ausgetauscht und dadurch unser Bild über die Lage vervollständigt. Natürlich unterhielten wir uns dann auch über die Frage, wie das zukünftige Deutschland nach der Zerschlagung des Faschismus aussehen sollte. Über diese Frage konnten wir keine gültige Übereinstimmung erzielen. Er konnte nicht ganz meiner Meinung sein, da er davon träumte, daß eine Regierung gebildet werden sollte, in der wir eventuell einige untergeordnete Funktionen erhalten könnten. Aber Ministerposten hat er uns nicht zubilligen wollen. Er war immer noch der Meinung, die Arbeiterklasse sei gar nicht in der Lage, den Staat zu leiten und zu regieren. Mit der Zeit haben wir es bewiesen, daß wir es können. Das Hauptziel der Diskussion bestand aber nicht darin, daß wir uns über diese zuletzt genannte Frage einigen wollten. Wichtig war es für uns, daß wir uns darüber verständigten, gemeinsam gegen den Faschismus zu kämpfen. Hardenberg bestätigte, daß er längst eingesehen habe, daß die Hitlerdiktatur zum Unglück des deutschen Volkes geführt habe. Hardenberg und seine Freunde waren sich auch mit uns darüber einig, daß ein neues Deutschland zu schaffen sei, das anders aussehen sollte als das Deutschland, das die Faschisten hinterlassen sollten. Unsere Diskussion ging zu Ende, wir wurden ja beide gesund. Einige Zeit habe ich dann nichts mehr vom Grafen von Hardenberg gehört. Er wurde 1945 in Sachsenhausen befreit und entlassen. Unsere

Freunde haben sich um ihn bemüht. Er erhielt eine Tätigkeit im Bereich Handel und Versorgung in Berlin zugewiesen und besuchte in dieser Zeit auch seine Güter im Kreis Lebus. Selbstverständlich wurde er im Rahmen der Bodenreform enteignet. Da er in Westdeutschland noch einige Güter besaß, verzog der Graf nach Hannover. Er hat mir einmal einen Brief geschrieben. Überall, wo er in den letzten Jahren aufgetreten ist, hat er von den Kommunisten nie schlecht gesprochen. Oftmals ist von Hardenberg auf Grund unserer Diskussionen mit der in Westdeutschland herrschenden antikommunistischen Staatsdoktrin in Widerspruch geraten. Er gehört zu denen, die sagen, wenn wir von der Widerstandsbewegung gegen den Faschismus sprechen, dann müssen die Kommunisten zuerst genannt werden. Ich habe sie kennen- und schätzengelernt. Das hat er getan, und das tut er heute noch. ... (Auszug)

1 Ein Zusammenhang zwischen Graf Hardenberg, dem gen. Landarbeiterstreik und der Exmittierung von Landarbeiterfamilien konnte nicht ermittelt werden.
2 Die Gestapo verhörte Graf Hardenberg nicht in der Berliner Prinz-Albrecht-Straße, sondern im KZ Sachsenhausen.
3 Graf Hardenberg war weder im Führerhauptquartier tätig gewesen, noch hatte er feindliche Sender abgehört.

III. Aufsätze

Albrecht Schönherr
„Ich weiß, was ich tun muß“

„Sie sind ja ein furchtbarer Mensch!“ rief der Gestapobeamte dem Grafen v. Hardenberg zu, als der nach seiner Verhaftung durch zwei Schüsse in die Brust seinem Leben ein Ende machen wollte. Er hatte vermutet, daß Hardenberg seine Schergen treffen wollte, als die Schüsse fielen: Daß der Verhaftete Hand an sich selbst legte, ging weit über seinen Horizont. Hardenbergs Worte „Überlassen Sie das doch mir!“ und später „Ich weiß, was ich tun muß“ konnten dem Mord und Terror Gewohnten nur unheimlich sein.

Hardenberg begründete sein Tun ausführlich:

„Ein Nichtgelingen (des Aufstandes), das wußten wir seit Monaten, bedeutete den Tod für uns alle. Das konnte uns nicht schrecken, damit hatten wir in der Zeit der Vorbereitungen immer rechnen müssen. Wir waren gewillt, in diesem Fall freiwillig aus dem Leben zu scheiden, trotzdem wir uns bewußt waren, daß dies vom Standpunkt eines Christen zu verurteilen war. Doch die Ethik der Standesehre verlangte es gebieterisch. Die Methoden mittelalterlicher Folterung, die die Gestapo schon bei einer größeren Zahl von unseren Freunden, die vor dem 20. 7. verhaftet worden waren, angewandt hatte, ließen die Gefahr offen, daß einem doch aus körperlicher Schwäche ein Namen erpreßt würde. Dieses Verrates wollte keiner schuldig werden.“

Sein Freund Plettenberg, so berichtet er, habe vor seinem Sprung aus dem Fenster des Vernehmungsraumes im Gestapo-Gebäude in seiner Zelle einen Zettel hinterlegt, auf dem die Worte standen: „Ich hoffe auf einen milden Richter."

Wie ist der „Standpunkt eines Christen" zur Frage der Selbsttötung? Was können wir über das Urteil Gottes sagen? So eindeutig, wie Hardenberg meint, liegen die Dinge nicht. In der Bibel ist mehrmals von Selbsttötungen die Rede (Saul, Simson, Judas), ohne daß diese verurteilt werden. Simson erscheint sogar in der „Wolke von Zeugen" (Hebräer 11, 32), die die bedrängte, christliche Gemeinde im Glauben bestärken sollen. Ambrosius und Hieronymus, anerkannte Kirchenlehrer, preisen die Hlg. Pelagia, die sich mit ihren Begleiterinnen in einen reißenden Strom stürzt, um ihren Glauben und ihre Keuschheit vor den Verfolgern bewahren zu können. Erst Augustin verurteilt die Selbsttötung ausnahmslos. Und so wurden „Selbstmörder" bis in unsere Zeit hinein am Rande des Friedhofs begraben. Selbstmord ist eine besonders schwere Sünde, weil man ja keine Buße dafür tun könne – eine offensichtliche Überbewertung des „letzten Augenblickes": Auch fromme Christenmenschen werden unmittelbar vor ihrem Sterben nicht selten von schweren Zweifeln befallen. Nicht umsonst erscheint in den Kirchenliedern die Bitte um „ein seliges Ende".

Die Ereignisse der NS-Zeit haben zu einer tieferen Beurteilung geführt. Ich stütze mich auf die Erkenntnisse Dietrich Bonhoeffers; als Mitverschworener des Aufstandes, der zum Attentat des 20. Juli 1944 geführt hat, ist er für diese Fragen besonders kompetent. Er widmet in seiner Ethik dem Thema „Der Selbstmord" einen besonderen Abschnitt[1]. Karl Barth bezieht sich in den entsprechenden Passagen seiner „Kirchlichen Dogmatik" ausdrücklich auf Bonhoeffers Darlegungen.[2]

Im Unterschied zum Tier hat der Mensch die Freiheit, sein Leben zu bejahen oder zu vernichten. „Der Selbstmord ist eine spezifisch menschliche Tat, und es ist nicht verwunderlich, daß er als solche immer wieder Beifall und Rechtfertigung durch edle Menschen erfahren hat ... Kann er (der Mensch) die Anerkennung seines Rechtes nicht von der Welt erzwingen, so kann er sie sich in letzter Einsamkeit selber schaffen. Der Selbstmord ist der Versuch, Einsamkeit selbst zu schaffen. Der Selbstmord ist der Versuch des Menschen, einem menschlich sinnlos gewordenen Leben einen letzten menschlichen Sinn zu verleihen".[3] Der Mensch hat das Recht, sein Leben zum Opfer zu bringen, um dadurch ein erstrebtes, hohes Ziel zu erreichen. Es ist klar, daß hiermit nur ein kleiner, aber ein Ausschnitt von grundsätzlicher Bedeutung zum Phänomen der Selbsttötung angesprochen ist. Psychologische Momente stehen auf einem anderen Blatt.

Das Problem stellt sich jedoch völlig anders dar, wenn wir als Christen den Willen Gottes einbeziehen. „Indem Gott der Schöpfer den Menschen zu sich ruft und seinen Mitmenschen zuwendet, heißt er ihn, das Leben – sein eigenes und das jedes anderen Menschen – als Leihgabe zu Ehren zu bringen und gegen alle Willkür zu schützen, um es zu seinem Dienst und zur Zubereitung für seinen Dienst tätig ins Werk zu setzen".[4] Im reformierten Heidelberger Katechismus heißt es zum 6. (im luth. Katechismus 5.) Gebot – trotz der altertümlichen Sprache höchst aktuell – „Ich soll meinem Nächsten weder mit Gedanken noch mit Worten oder Gebärden, erst recht nicht mit der Tat, auch nicht mit Hilfe anderer, schmähen, hassen, beleidigen oder töten. Ich soll vielmehr alle Rachgier ablegen, *auch mich selbst nicht beschädigen oder mutwillig in Gefahr begeben...*" (Hervorhebungen vom Verf.).

Verwerflich ist die Selbsttötung nicht vor dem Forum menschlicher Moral, sondern vor dem Forum Gottes. „Es gibt keinen anderen zwingenden Grund, der den Selbstmord verwerflicher macht als die Tatsache, daß es über dem Menschen einen Gott gibt“.[5] Selbsttötung ist nicht eine Sünde der Unmoral, sondern des Unglaubens. Unglauben aber ist keine moralische Verfehlung, sondern ist sowohl edler wie gemeiner Motive fähig. Seine Sünde besteht allein darin, daß er weder im Guten noch im Schlechten mit Gott rechnet. Er sucht sich selbst zu rechtfertigen, er ist blind für die Tatsache, daß er sich, auch durch seinen Tod, nicht aus der Hand des Schöpfers freimachen kann. Die Freiheit zum Tode wird daher mißbraucht, wo sie nicht im Glauben Gottes gebraucht wird. Gott hat sich das Recht über das Ende des Lebens selbst vorbehalten, weil nur er weiß, zu welchem Ziel er das Leben führen will. Er allein rechtfertigt oder verwirft.

Nicht die Niedrigkeit der Motive macht die Selbsttötung verwerflich. „Man kann aus niedrigen Motiven am Leben bleiben und aus edlen Motiven aus dem Leben gehen“ (a.a.O.). „Das Leben ist der Güter höchstes nicht “ (Schiller). Wichtig allein ist: „Gott, der Schöpfer und Herr des Lebens, nimmt das Recht des Lebens selbst wahr. Der Mensch braucht nicht Hand an sich zu legen, um sein Leben zu rechtfertigen“[6]. Es geht nicht um christliche gegen „weltliche“ Moral, nicht um moralisches Gesetz gegen religiöses Gesetz. „Den am Leben Verzweifelnden hilft nur die rettende Tat eines andern, das Angebot eines neuen Lebens, das nicht aus eigener Kraft, sondern aus Gottes Gnade gelebt wird. Wer nicht mehr leben kann, dem hilft auch der Befehl, daß er leben soll, nicht weiter, sondern allein ein neuer Geist“.[7]

Das sind allgemeine Grundsätze. Aber jeder hat Einzelfälle vor Augen, die so einfach nicht zu lösen sind.

Die Selbsttötung ist eine Tat der Einsamkeit. Darum bleiben letzte, entscheidende Motive fast immer verborgen. „Es wäre kurzsichtig, jede Form der Selbsttötung ohne weiteres dem Selbstmord gleichzusetzen. Dort nämlich, wo es bei der Selbsttötung um ein bewußtes Opfer des eigenen Lebens für andere Menschen geht, muß ein Urteil zum mindesten *suspendiert* werden, weil hier die Grenze menschlichen Erkennens erreicht ist. Allein, wo ausschließlich und bewußt in Rücksicht auf die eigene Person gehandelt wird, wird Selbsttötung zum Selbstmord. Wer aber wollte über diese Ausschließlichkeit und Bewußtheit mit Gewißheit etwas zu sagen wagen? *Wo ein Gefangener sich das Leben nimmt, weil er fürchten muß, unter Verwendung der Folter sein Volk, seine Familie, seinen Freund zu verraten*, wo ein Staatsmann, dessen Auslieferung der Feind unter Androhung von Repressalien gegen sein Volk fordert, nur durch freien Tod seinem Volk schweren Schaden ersparen kann, dort tritt die Selbsttötung so stark unter das Motiv des Opfers, daß eine Verurteilung der Tat unmöglich wird (Hervorhebungen des Verf.).[8] Ähnliches gilt für den unheilbar Kranken, der befürchten muß, daß seine Pflege den materiellen und seelischen Zusammenbruch seiner Familie zur Folge hat. „Eine Absolutsetzung des Verbotes der Selbsttötung gegenüber der Freiheit des Lebensopfers läßt sich angesichts solcher Fälle schwerlich begründen".[9]

Daß die Dinge anders liegen, wenn rein persönliche Not, etwa Verletzung der Ehre, abgewiesene Liebe, finanzieller Zusammenbruch, Spielschulden oder irgend eine schwere persönliche Verfehlung zum Selbstmord führen, verschweigt Bonhoeffer nicht. Auch hier ist der Unglaube letzter Grund der Tat. Gott kann auch einem gescheiterten Leben einen neuen Sinn und neues Recht geben. „Es wird auch hier wieder ganz deutlich, daß eine rein moralische Verurteilung des Selbstmordes nicht möglich ist, daß der Selbstmord vielmehr vor einer atheistischen Ethik wohl bestehen kann. Das Recht des Selbstmordes zerbricht allein an dem lebendigen Gott".[10]

Bonhoeffer spricht vom „Suspendieren" unseres Urteils über die Selbsttötung. D. h.: Wir haben kein Recht, eine Selbsttötung, die Opfer für andere sein will, zu verurteilen. Weil niemand das Herz des Menschen, auch das eigne, bis auf den Grund kennen kann, weil also niemand weiß, ob der, der sein Leben zum Opfer bringt, wirklich die „größere Liebe" hat, die „das Leben läßt für seine Freunde" (Johannes 15,13), haben wir uns jedes Urteils in einem solchen Falle zu enthalten. Gott ist unser aller Richter, er wird alles klar machen. Das ist der Trost der Christen. Ein solches Handeln wie das des Grafen Hardenberg kann also nicht in ein ethisches System gepreßt werden. Es kann keine christliche Regel geben: Selbsttötung ist unter diesen oder jenen Umständen erlaubt oder gar geboten. „Suspendierung" bedeutet eben Verzicht auf moralische Reglementierung.

Es mag irritieren, daß Hardenberg die „Ethik der Standesehre" über den „Standpunkt eines Christen" setzt. Damit meint er offenbar nicht eine aus Adels- und Offiziersdünkel zusammengesetzte Moral. Er bekennt sich zu einer Ethik, in der sich Hingabe des Lebens „für seine Freunde", von der das Evangelium spricht, „nichtreligiös" aktualisiert.

Hierhin gehört eine Passage aus der kleinen Arbeit Bonhoeffers „Nach zehn Jahren", die er seinen engsten Freunden und Mitverschworenen an der Jahreswende 1942/43 gewidmet hat. Unter der Überschrift „Wer hält stand?" heißt es: „Aus der verwirrenden Fülle der möglichen Entscheidungen scheint der sichere Weg der *Pflicht* herauszuführen. Hier wird das Befohlene auf das

Gewisseste ergriffen, die Verantwortung für den Befehl trägt der Befehlsgeber, nicht der Ausführende. In der Beschränkung auf das Pflichtgemäße aber kommt es niemals zu dem Wagnis der auf eigenste Verantwortung hin geschehenden Tat, die allein das Böse im Zentrum zu treffen und zu überwinden vermag. Der Mann der Pflicht wird schließlich auch noch dem Teufel gegenüber seine Pflicht erfüllen müssen ... Wer hält stand? Allein der, dem nicht seine Vernunft, sein Gewissen, seine Freiheit, seine Tugend der letzte Maßstab ist, sondern der dies alles zu opfern bereit ist, wenn er im Glauben und in alleiniger Bindung an Gott zu gehorsamer und verantwortlicher Tat gerufen ist, der Verantwortliche, dessen Leben nichts sein will als eine Antwort auf Gottes Frage und Ruf".[11]

In den gleichen Sach- und Problemkreis gehören Hardenbergs Diskussionen mit seinen Freunden, ob er den Aufstand gegen das Hitlerregime ethisch verantworten könne. Schon 1941 beklagt er angesichts der unmenschlichen Behandlung der sowjetischen Kriegsgefangenen den „Geist religionsloser Überheblichkeit". Da sich gegen die immer offener zutage tretenden, befohlenen Verbrechen und gegen den militärischen Wahnsinn niemand aufzulehnen wage, werde Hitler immer hemmungsloser in seinen Zumutungen, umkleide er sich um so mehr mit Gottähnlichkeit. „Es galt, mit allem zu brechen, was uns von den Vätern gelehrt und was mit der Ehre eines preußisch-deutschen Soldaten verbunden war ... War es zu vereinbaren mit den ethischen und christlichen Gesetzen, denen wir unterstanden?" (a.a.O.) Unter ständigen Gewissensbissen rang sich Hardenberg endlich zur Entscheidung durch: „Wir müssen handeln. Das Wohl des Volkes verlangt den vollen Einsatz von uns. Auch im Falle des Mißglückens muß der Welt gezeigt werden, daß es in dieser Zeit Männer gegeben hat, die, wie der Grabstein von Marwitz in Friedersdorf zeigt, Ungnade wählten, wo Gehorsam nicht Ehre einbrachte“ (a.a.O. Johann Friedrich Adolf v. d. Marwitz verweigerte Friedrich dem Großen im Siebenjährigen Krieg den Gehorsam, als dieser ihm befahl, das sächsische Hubertusburg zu plündern, der Verf.). Und dann, unmittelbar vor dem 20. 7. 1944: „Die Frage, ob eine solche Tat vom Standpunkt eines Christen zu vertreten sei, hat uns immer wieder beschäftigt. Die Mehrzahl von uns stand auf dem Standpunkt des positiven Christentums evangelischer oder katholischer Konfession. Wir konnten nicht leugnen, daß sowohl vom militärischen wie vom religiösen Standpunkt der Schritt nicht zu verteidigen sei und daß wir *doch* zur Ausführung schreiten mußten. Daß wir von irdischen Richtern verurteilt werden *mußten*, auch bei Gelingen der Tat, wußten wir, und nahmen wir in Kauf. Am Stuhle Gottes hofften wir auf einen milden Richter, der in das Herz der Menschen sehen konnte“ (Hervorhebungen Graf H.).

Nein, die Männer des 20. Juli haben es sich nicht leichtgemacht. Für sie galt immer noch die alte Mahnung des Apostel Paulus „Jedermann sei Untertan der Obrigkeit, die Gewalt über ihn hat“ (Römer 13,1). Dies Wort war der Hauptsatz der Staatsethik des christlichen Bürgers über Jahrhunderte gewesen. Aber bei Paulus heißt es dann auch: „Willst du dich aber nicht fürchten vor der Obrigkeit, so tue Gutes; so wirst du Lob von ihr erhalten“ (Vers 3). Die Freunde Hardenbergs hatten erfahren, daß sie unter einer Diktatur leben mußten, die gerade nicht diejenigen belohnte, die Gutes taten, sondern die das Verbrechen für Recht ausgab. Die Männer, die aus christlicher Verantwortung die Konspiration auf sich nahmen, wollten gerade durch die Durchbrechung der Gesetze das Gesetz heiligen. Die Rollen sind vertauscht: „Der lautstarke Patriot war in Wahrheit der Vaterlandsverräter und der vermeintliche Vaterlandsverräter der echte Patriot ... Der Vermeintliche Durchbrecher von Gebot und Gesetz war der wahre Gläubige und der Gläubige, der sich heraushielt, zum Verräter an der Liebe Gottes geworden". [12]

Freilich gilt auch hier, was schon zum Thema „Selbsttötung" gesagt wurde: Allgemeingültige Regeln für Verschwörung und Attentat kann es im Kanon einer christlichen Staatsethik nicht geben. Hardenberg wollte sich nach der Tat – so das erwähnte Zitat – dem Richter stellen und sich also dem positiven Recht unterziehen. So bald wie möglich sollten demokratische Wahlen stattfinden und Rechtsstaatlichkeit wiederhergestellt werden. „Die ultima ratio liegt jenseits der Grenze der ratio, sie ist irrationales Handeln. Alles wird im tiefsten Grunde verkehrt, wenn die ultima ratio selbst wieder zu einem rationalen Gesetz gemacht wird, wenn aus dem Grenzfall das Normale; wenn aus der necessità eine Technik gemacht wird. Baldwin hat recht, wenn er sagt, daß es nur ein größeres Übel gebe als die Gewalt, nämlich die Gewalt als Prinzip, als Gesetz, als Norm". [13] Der Freie „rechtfertigt nie den notwendigen Akt der Gewalt, aber ... verantwortet ihn und opfert sich in der Freiheit zum Kompromiß für das am Ort und zur Zeit Mögliche ... Den notwendigen Akt der Tat kann aber nur der Freie verantworten und begrenzen. Der Freie ist dann auch frei, die Konsequenzen eines negativen Ausgangs auf sich zu nehmen, so daß noch aus der tödlichen Niederlage ein lebendiges Zeugnis für Machteingrenzung und Menschenrechte wird". [14]

Dietrich Bonhoeffer hat am 21. Juli 1944, am Tage nach dem fehlgeschlagenen Attentat, seinem Freund das Gedicht „Stationen auf dem Weg zur Freiheit" gesandt. Die zweit Strophe steht auch für das Denken und Handeln des Grafen Carl-Hans von Hardenberg:

Nicht das Beliebige, sondern das Rechte tun und
wagen,
nicht im Möglichen schweben, das Wirkliche tapfer
ergreifen,
nicht in der Flucht der Gedanken, allein in der Tat
ist die Freiheit.
Tritt aus ängstlichem Zögern heraus in den Sturm des
Geschehens,
nur von Gottes Gebot und deinem Glauben getragen,
und die Freiheit wird deinen Geist jauchzend
empfangen.

1 Bonhoeffer, Dietrich, Werke, München 1989, Bd. IV, S. 192 ff.
2 Barth, Karl, Kirchliche Dogmatik, Zürich 1986, Bd. III, 4, S. 459 ff.
3 Bonhoeffer, a.a.O., S. 193
4 Barth, a.a.O., S. 366
5 Bonhoeffer, a.a.O., S. 194
6 ebenda, S. 195
7 ebenda, S. 196
8 ebenda, S. 196 f.
9 ebenda, S. 197
10 ebenda, S. 198
11 Bonhoeffer, Dietrich, Widerstand und Ergebung, Neuausgabe, Berlin 1970, S. 13 f.
12 Bethge, Eberhard, Am gegebenen Ort, München 1979, S. 169
13 Bonhoeffer, Werke, a.a.O., S. 273
14 Bethge, a.a.O., S. 172

Martin von Essen: Wendezeit.
Als Pfarrer in Marxwalde/Neuhardenberg

Ich bin am 17. Juni 1986 von Berlin-Friedrichshain nach Marxwalde gezogen und war bis zum 31. Dezember 1992 als Pfarrer in Marxwalde bzw. Neuhardenberg tätig. Es gibt dort eine aktive evangelische Gemeinde. Im Ort leben auch einige katholische Familien. Die betreut ein Priester aus Bad Freienwalde, der alle 14 Tage einen katholischen Gottesdienst in unserer Kirche abhält.

Ich bin in der DDR groß geworden und habe von der Familie Hardenberg nur das gewußt, was man damals im Geschichtsunterricht der Schule erfuhr: der Anteil des Staatskanzlers Hardenberg an den Stein-Hardenbergschen Reformen. Sonst nichts. Mit der Geschichte der Familie Hardenberg in ihrem Ort wurde ich erst in Marxwalde konfrontiert. Als ich gerade umgezogen war und meine Frau und ich die Wohnung im Pfarrhaus renovierten, kamen schon die ersten Touristen und wollten in die Kirche, die eine gewisse Attraktion bildet, weil sie sehr schön aussieht und weil kein Geringerer als Schinkel sie umgebaut hatte. Die Touristen wollten etwas über die Kirche, das Dorf und ihre Geschichte erzählt bekommen, und mir war es äußerst peinlich, daß ich anfangs nicht viel sagen konnte, weil ich nicht viel wußte. Also blieb mir nichts anderes übrig, als mich rasch mit der Geschichte des Ortes und der Familie Hardenberg auseinanderzusetzen. Und ich habe auch relativ bald Kontakt mit den Angehörigen der Familie Hardenberg bekommen, die zu uns ins Pfarrhaus kamen und von ihrer Seite aus den Kontakt suchten. Dabei haben wir gegenseitig vielerlei Informationen ausgetauscht, und ich habe praktisch noch ein Stückchen Geschichtsunterricht nachgeholt. Damals erfuhr ich zum ersten Mal von Hardenbergs Teilnahme an der Opposition gegen Hitler und seinem KZ-Aufenthalt.

Für die Familie gab es gewisse Schwierigkeiten: Offiziell war sie in Marxwalde unerwünscht. Sie hatte natürlich das Bedürfnis, den Kontakt zu ihrer Heimat, in der sie als Kinder aufgewachsen waren, zu pflegen. Es gab aber nur wenige direkte Beziehungen zu einigen Bewohnern im Ort. Zu wem geht man, wenn man in einem Ort Kontakt sucht? Also geht man zum Pfarrer. Nun hatten sie gehört, daß ein neuer Pfarrer gekommen war. Wir haben uns recht schnell angefreundet und haben einen intensiven, guten Kontakt über die Jahre hinweg erlebt, der noch bis heute anhält.

Ich erfuhr sehr bald in Marxwalde eine alte Geschichte: als Graf Hardenberg gestorben war, hat er sich einäschern lassen. Er wollte auf dem Familienfriedhof an der Schinkelkirche beigesetzt werden. Das war auch der Wunsch der Gräfin Renate. Der damalige Bürgermeister Linse hat auf diesen Wunsch ziemlich rabiat geantwortet und ihn abgelehnt mit den Worten: „Wir haben in unserem Land die Junker und Großgrundbesitzer von dannen gejagt und wollen weder sie noch ihre Asche wiederhaben." Als nun die Wende kam, sahen die Kinder der Hardenbergs die Möglichkeit, den Wunsch der Eltern zu erfüllen. Der Gemeindekirchenrat, der für den Friedhof verantwortlich ist, hat seine Zustimung gegeben, daß die Urnen der Hardenberg-Eltern dort beigesetzt werden können. Dann war alles weitere recht unkompliziert. Sie haben das Organisatorische erledigt, und ich habe einen Gottesdienst gehalten, als die Urnen der beiden Hardenbergs hier beigesetzt wurden. Das war für alle ein bewegender Augenblick, in dem viel Geschichtliches zusammentraf. Ich habe über den Psalm 90 gesprochen, ein Lieblingstext der Eltern Hardenberg, die ihr Leben lang als Christen lebten und sich in der Bibel auskannten.

Als ich nach Marxwalde/Neuhardenberg kam, fand ich diesen kleinen Familienfriedhof der Hardenbergs hinter der Schinkel-Kirche völlig verwildert vor. Ich habe ihn als Friedhof gar nicht erkannt. Den haben wir saubergemacht, neue Wege geschaffen und die Grabplatten freigelegt, sodaß man ihn wieder als Friedhof erkennen konnte.

Der Ort Marxwalde/Neuhardenberg ist zum einen durch die Familie der Hardenbergs und durch das Schinkel-Ensemble geprägt. 40 Jahre DDR aber haben den Ort auch auf spezielle Weise beeinflußt. Ich erinnere mich noch, als ich zum ersten Mal in den Ort kam: Man spürte deutlich, daß hier zwei Welten lebten. Die eine Welt war die des Militärs, die Elite-Einheit der NVA mit einem Jagdfliegergeschwader und der Regierungsstaffel, die Honecker und seinen Leuten jederzeit zur Verfügung stand und die hier geparkt war. Diese Elite-Truppe war im Ort immer irgendwie ein Fremdkörper. Ihr gegenüber stand die einheimische Bevölkerung der Bauern und Handwerker. Die beiden Gruppierungen haben sich nie sehr gut vertragen, im Gegenteil, man hatte nichts miteinander zu tun. Die Spannungen zwischen beiden haben sich praktisch zur Wende hin entladen. Und da entstand dann eine besonders gefährliche Situation in – damals noch – Marxwalde, denn die Ortsbevölkerung fühlte sich massiv unterdrückt, weil sie zu DDR-Zeiten eine Minderheit darstellte; etwa 1200 Bauern und Handwerker gegenüber 2300 Armeeangehörigen.

Als nun die Bevölkerung im Herbst 1989 merkte, daß sich etwas im Lande veränderte, sprach man zum ersten Mal auch freier über diese Belastungen. Schlimm war vor allen Dingen die Lage in den Schulen. Dort arbeiteten durchweg Offiziersfrauen, sodaß Kinder, die z. B. Kontakt zur Kirche suchten, unter massivsten ideologischen Druck gerieten. Das reichte bis zum Kindergarten und war für die Ortsbevölkerung ein großes Problem.

Die Wende in Marxwalde begann relativ spät. Die Oktober-Demonstrationen in Berlin fanden natürlich auch ihr Echo in Marxwalde, und der ganze angestaute Frust der Ortsbevölkerung entlud sich allmählich. Die einzige Möglichkeit, das ein bißchen aufzufangen und nicht eskalieren zu lassen, war letztendlich die Kirche. Wir haben sie geöffnet, haben dort Friedensgebete und Friedensdekaden veranstaltet, Podiumsdiskussionen durchgeführt und haben die verschiedenen Gruppierungen erstmalig an einen Tisch gebracht, in der eiskalten Kirche im November. Da wurde über die Probleme, die es über Jahre hinweg in Marxwalde gegeben hatte, erstmalig gemeinsam gesprochen.

Das war zeitweilig eine ziemlich gefährliche Situation. Andererseits hat sich auf diese Weise die Lage auch etwas entspannt. Ich habe diese Gespräche moderiert, mir blieb nichts anderes übrig, es gab keinen anderen. Die anderen Leute waren auf die eine oder andere Weise vorher politisch vorbelastet und fanden keine Akzeptanz mehr. Sie hatten zudem ihre Autorität und ihre Macht verloren. Der Zusammenbruch des einen gesellschaftlichen Systems hat sich relativ schnell vollzogen, aber der Aufbau des neuen ging schwerer und langsamer vonstatten, es hapert da heute noch. Aber es mußte damals gehandelt und reagiert werden. Es mußte einer sagen, wie wir was machen, weil es in der Übung von Demokratie ja auch überhaupt keine Erfahrungen gab. Die Mitarbeiter der Kirche mußten dafür fast überall einspringen. So war es in Neuhardenberg auch. Und so kam ich fast zwangsläufig zu dieser auch für mich ungewohnten und neuen Rolle. Ich habe die runden Tische geleitet und z. B. auch die ersten Wahlen als Wahlleiter verantwortet, sonst wären viele Leute aus dem Ort überhaupt nicht zur Wahl gegangen, weil sie den alten Leuten mißtraut haben. Und so haben wir Schritt für Schritt Demokratie geübt. Und ich war in dieser Situation die einzige Person, die sowohl von den Armeeangehörigen als auch von der Ortsbevölkerung akzeptiert wurde.

Der runde Tisch, der in Marxwalde probiert wurde, ist ein Instrument der Armeeangehörigen gewesen, die letztendlich auch mich instrumentalisieren wollten, um ihre Situation besser handhabbar zu machen. Das habe ich sehr schnell gemerkt. Demzufolge hat der runde Tisch als solcher nicht sehr lange funktioniert. Es gab nur drei, vier Sitzungen, dann habe ich ihn wieder aufgelöst.

Die Überführung der Urnen der beiden Eltern Hardenberg und die Orts-Rückbenennung von Marxwalde in Neuhardenberg am 1. Januar 1991 waren Initiativen, die aus der Ortsbevölkerung wuchsen. Gerade die Rückbenennung ging auf die Ortsbevölkerung zurück und ist per Gemeinderatsbeschluß zustandegekommen. Dabei wirkte die Rückbenennung von Karl-Marx-Stadt in Chemnitz wie eine Initialzündung. Frau Behnke hatte daran großen Anteil. Ich habe nur mitgeholfen, auch bei Verhandlungen mit entsprechenden Stellen. Das war ein schöner Augenblick, als der damalige Bürgermeister Burkhard Lier und ich die Schilder am Ortsausgang auswechseln durften. Ich kann mir gut vorstellen, daß solche Rückbenennung heute nicht mehr möglich wäre, weil die Altkommunisten dort auch nach der Rückbenennung ein massives politisches Übergewicht haben. Ich erinnere mich noch sehr gut: Bei den ersten Kommunalwahlen gab es in Marxwalde eine Ortsgruppe von ca. 500 eingetragenen PDS-Mitgliedern. Im Vergleich dazu gab es eine Ortsgruppe der SPD mit 32 Mitgliedern und der CDU von 44 Mitgliedern. So war das Kräfteverhältnis. Die Regionalwahl ist nur deswegen einigermaßen glimpflich ausgegangen, weil sich die CDU und die SPD mit den Liberalen relativ schnell zu einer großen Koalition zusammengeschlossen haben. Nur so konnten sie in Marxwalde die Mehrheit bekommen, und durch diese Mehrheit konnten sie dann diese Umbenennung per Beschluß durchsetzen. Ansonsten wäre das nicht möglich gewesen. Die Kommunisten hatten natürlich massives Interesse daran, aus den alten Zeiten zu retten, was zu retten war. Dazu gehörte natürlich auch Marx, der dem Ort den Namen gab.

Im Verlauf und im Ergebnis der Wende konnten wir, meine Frau und ich, in den Schulen von Marxwalde durchsetzen, daß wir freiwilligen Religionsunterricht anbieten durften. Dieses Angebot ist von den kleineren Kindern angenommen worden, die älteren hatten dazu weniger Zugang.

Auch kamen viele Lehrer zu mir ins Pfarrhaus und wollten selbst ein Stückchen Religionsunterricht nachholen. Sie bekamen ja damals ein anderes Deutsch- und ein anderes Geschichtslehrbuch. Diese Bücher konnten sie aber nur verstehen, wenn sie mehr von christlicher Religion wußten als bis dahin. Sie hatten ja vordem keinerlei Berührungspunkte mit dem Christentum. Ich habe dann zwei sehr intensive Kurse mit Lehrern gehalten und sie dazu eingeladen. Wir haben uns jeden Mittwochabend mit Grundbegriffen des Christentums, der Religionsgeschichte und der Bibel beschäftigt. Das half ihnen, ihre neuen Lehrbücher zu verstehen und war auch für mich eine interessante Aufgabe.

Die Armeeangehörigen in der DDR lebten selbst unter einem massiven Druck. Den spürten wir deutlich. Ich kann zwei Beispiele nennen. Angehörige der NVA durften generell in keinen Kontakt mit dem Pfarrhaus treten. Das war ein ungeschriebener Befehl. Ich erinnere mich, daß einmal die Frau eines Offiziers in das Pfarrhaus kam. Schräg gegenüber dem Pfarrhaus war eine Bushaltestelle. Die Frau fragte meine Frau lediglich, ob sie wisse, wann der nächste Bus fährt. Zwei Tage später ist der Mann dieser besagten Frau zu seinem Chef zitiert worden. Diesem Mann wurde ganz deutlich gemacht, er solle dafür sorgen, daß seine Frau den Kontakt zum Pfarrhaus meidet. Damit wußten wir, daß wir rundum bespitzelt wurden. Und ich habe mir das später auch von einem Kommandeur erzählen lassen.

Nach der Wende kamen Armeeangehörige erstmalig ins Pfarrhaus. Sie haben mir erzählt, was für eine große Schwierigkeit es für sie bedeutete, die Schwelle eines Pfarrhauses zu übertreten. Einer erzählte, daß sie ideologisch so ausgerichtet wurden: in Neuhardenberg – und überhaupt – ist das Pfarrhaus die letzte Bastion des imperialistischen Feindes. So sind sie getrimmt worden. Mit dem Pfarrer ins Gespräch zu kommen, war für sie fast unmöglich. Sie haben aber in ihrer Not den Pfarrer als Vertrauensperson angenommen. Wir sind dann von vielen Offizieren, die sehr verzweifelt waren, besucht worden. Wir haben uns oft abends heimlich bei mir getroffen und haben über ihre seelischen Nöte und Schwierigkeiten gesprochen.

Darunter waren auch ältere Offiziere mit höheren Dienstgraden, die eine Person brauchten, mit der sie über die Situation in der Kaserne sprechen konnten. Es brodelte, die Konfrontation war so stark, daß man nur über das Gespräch miteinander versuchen konnte, die Spannungen nicht eskalieren zu lassen. Es kam zum Beispiel vor, daß Jugendliche nachts einen Offizier in Uniform zusammengeschlagen haben. Das ist Gott sei Dank nur einmal passiert, macht aber deutlich, unter welchem massiven Druck der ganze Ort damals stand.

Meine schlimmsten Erlebnisse im Ort waren, wenn junge Menschen sich das Leben genommen hatten. Das gab es leider häufig. Meine erste Beerdigung in Marxwalde war die Beerdigung einer jungen Frau, die sich das Leben genommen hatte. Meine letzte Beerdigung in dem Ort war ebenfalls anläßlich eines Selbstmordes. In solcher Lage den Menschen in ihrer seelischen Not beizustehen und am Grab die richtigen Worte zu finden, das waren für mich die schwersten Situationen.

Die auffällige Häufung von Selbstmorden während meiner Zeit in Neuhardenberg kann ich mir nicht erklären, eine Gesetzmäßigkeit dafür gibt es sicherlich nicht. Aber ich denke manchmal, daß das Mißtrauen, das da überall war, wohl eine Rolle mitgespielt hat. Die Leute haben sich mit ihren Problemen keinem anvertraut und alles in sich hineingefressen. Für manche gab es dann keinen Ausweg mehr. Auch den Weg zum Pfarrer fanden sie nicht.

Die schwierigste Situation für mich in Neuhardenberg war eine Einwohnerversammlung, die in dem neuen Jugendklub stattfand. In dem Saal waren 400 Leute, mehr Armeeangehörige als Dorfbewohner, und der Druck, der auf dem Ort lag, konzentrierte sich erstmalig in einem Raum – und ich saß da oben und sollte die Leute zum Gespräch bringen. Es wurden dann sehr massive Wortgefechte geführt, z. B. gegen Lehrer. Da sind Mütter aufgestanden, haben unter Tränen ihren ganzen Frust losgelassen und kamen in heftigen Streit mit Lehrern, die ihre bisherige Erziehung natürlich vehement verteidigt haben. Da bin ich dann auch von Lehrern total mißverstanden worden, weil ich ein Zitat von Christa Wolf in den Raum geworfen habe, an das ich mich heute leider nicht mehr erinnere, das aber damals wie eine Explosion wirkte. Ich habe meine Rolle als Moderator auf dem Podium verlassen müssen, um den Leuten im Ort ein Stückchen Gerechtigkeit zukommen zu lassen.

In der Kirche von Neuhardenberg haben wir viele schöne Gottesdienste gefeiert. Das Haus ist ja auch ein sehr schöner Bau mit alter Geschichte.

Dazu gehört auch ein Kuriosum: Wenn man in Richtung Altar blickt, befindet sich rechts vorn die offene Empore, auf der die gräfliche Familie früher im Gottesdienst saß. An der Brüstung dieser Empore war das Hardenbergsche Wappen – der Keilerkopf – angebracht. Nach dem Kriege sollte dies Wappen übermalt werden. Die damit beauftragten Handwerker haben in das Feld dieser Brüstung ein Stück Sperrholz eingepaßt, damit das Wappen überdeckt und angemalt wie die Felder der anderen Brüstungen auch. Ich hatte von dieser Geschichte gehört, und als ich einmal einen Adventskranz in der Kirche aufgehängt habe, habe ich mir die Sache genau angesehen, 4 Nägel herausgezogen, diese Abdekkung abgenommen – und das alte Wappen kam unversehrt wieder zum Vorschein. Der Gemeindekirchenrat hat darüber diskutiert und den Beschluß gefaßt, fortan beides zu zeigen – das alte Wappen und seine zeitweilige Abdeckung. Übrigens: Das schöne Buntglas-Wappen der Hardenbergs, das ebenfalls in der Kirche angesehen werden kann, stammt von einem der Kirchenfenster. Wir haben es mit Hilfe der Denkmalspfleger gerettet und einstweilen in der Kirche ausgestellt.

Ich denke gern an meine Zeit in Neuhardenberg zurück – es war eine sehr bewegte und sehr bewegende Zeit, die ich nicht missen möchte.

(Nach einem Tonbandinterview vom Hrsg. aufgezeichnet)

Günter Agde
Denkmäler und Draufsichten

In Quilitz/Neuhardenberg/Marxwalde/Neuhardenberg standen und stehen nur wenige Denkmäler. Der Umgang mit ihnen durch wechselnde Obrigkeiten, durch anonyme Kräfte und durch die Zeitläufte über zwei Jahrhunderte hinweg spiegelt und bündelt deutsche Geschichte auf eigene Weise und in einem abgezirkelten, überschaubaren, sozial deutlichen Raum.

Denkmäler setzen Zeichen mit Bedeutung. Sie erinnern, mahnen, ehren, sie sind Gesten und gestaltete Fingerzeige der Geschichte: öffentlich und offen wie nur irgend etwas. Jedermann kann sie sehen, auf sie zu- und um sie herumgehen, sich von ihnen abwenden, sie lesen. Der tägliche Straßenbenutzer wird sie anders sehen als der Tourist bei einmaligem Besuch oder als ein Festgast.

Das Allgemeine und das Besondere der Denkmäler in Neuhardenberg und ein Blick auf den Umgang mit ihnen vermag viel über die Entwicklungen dieses Ortes auszusagen, ohne Anspruch auf Vollständigkeit natürlich, aber mit Anspruch auf Charakteristisches in deutscher Geschichte.

Und eine Wanderung durch die Geschichte der Denkmäler in Neuhardenberg und des Umgangs mit ihnen flankiert auf eigene Weise auch das Schicksal der Familie Hardenberg in „ihrem“ Ort.

1.

Das älteste Denkmal des Ortes blieb bis heute am besten erhalten. Es hat nie seinen Standort verlassen (müssen) und wurde selbst nicht verändert. Lediglich die Inschrift im Sockel wurde zu DDR-Zeiten getilgt. Dabei formulierte sie nichts weiter als eine lakonische Widmung des Stifters Prittwitz und seiner Ehefrau an Friedrich II.

Und es ist das merkwürdigste Denkmal: Der Denkmalsstifter kannte den Geehrten persönlich gut, er hat ihm das Leben gerettet – aber das Bildnis des Geehrten muß man erst durch Suchen ausmachen. Schon 1792, 6 Jahre nach Friedrichs Tod, wurde es errichtet und war das erste Denkmal für den Preußenkönig auf deutschem Boden und das erste Denkmal in Neuhardenberg überhaupt, das damals noch Quilitz hieß. Stifter und Gestalter waren Zeitgenossen des Königs. Und es ist wohl eines der ganz wenigen Denkmäler, das diesen Monarchen eher marginal und versteckt zeigte, überragt durch lebensgroße Figuren der griechischen Mythologie: die trauernden Mars und Minerva. Alle anderen, noch folgenden deutschen Friedrich-Denkmäler zeigen den König in persona, lebensgroß und ähnlich, meist reitend und mit den überlieferten Insignien Krückstock, Dreispitz, Orden.

Die hell-weiße Gruppe wurde aus carrarischem Marmor gefertigt, ein edles, aber das fremdeste Material in dieser kargen Landschaft, auch das dauerhafteste, wie sich bis heute zeigt. Die Gruppe steht nicht im Dorf oder auf einem verkehrsreichen Platz, sondern im Park: der war jederzeit frei zugänglich, ihn umgaben keine Mauern, nur der Nimbus gräflichen Besitzes. Ob freilich die Bauern des Ortes jemals ausreichend Muße hatten, Denkmal und Landschaft zu genießen, und ob sie die antike Allegorie entziffern und wirklich auf sich beziehen konnten, bleibt dahingestellt.

Das Denkmal steht der breiten Gartenseite des Schlosses und seiner geräumigen Terrasse gegenüber: immer im Licht der wandernden Sonne, immer im Blick von den Gartenfenstern des Schlosses aus, nicht zu nahe, aber auch nicht zu weit weg entfernt. Fontane bemerkte dahinter „eine dunkle Wand von Bäumen als Hintergrund", wie eine inszenierte Abschirmung. Standort, Umgebung und Struktur der Placierung bilden sichtbar eine individuelle Beziehung zwischen dem per Denkmal Geehrten und dem Schloßherrn nach.

Rund 50 Jahre lang war das Friedrich-Denkmal das einzige Denkmal in Neuhardenberg.

Das Denkmal steht auf einem Hügelchen im Park. Diese Erhöhung wird durch ein klotziges, künstlerisch gestaltetes Postament verstärkt. Steht man unmittelbar vor dem Denkmal oder umschreitet es, um die Plastiken und Bildnisse anzusehen und Friedrichs Medaillon zu erkunden, so muß man in einem sehr schrägen Winkel von unten nach oben gucken, der die Figuren perspektivisch reichlich verzerrt.

Das Weiß des carrarischen Marmors muß einst hübsch mit dem Weiß der kleinen hölzernen Brücke, im dichten Grün der Landschaft, korrespondiert haben. Die Kinder erinnern sich an das Klappern der Bohlen, wenn das Auto der Eltern oder der Gäste darüberfuhr, wie an ein Signal. Die Denkmalspfleger haben 1987/88 das heutige steinerne Brücklein gebaut und halten diese Version für die authentische. Einige kleine Putten, die früher ebenfalls das Neuhardenbergsche Grün belebten, sind spurlos verschwunden, keiner weiß genau, wann und wie und wohin. Sie waren Spielfiguren, keine Denkmäler.

Keiner der Besitzer oder Verweser des Ortes, nicht einmal die verschiedenen einflußreichen Garten- und Parkgestalter, haben das Denkmal und seinen Standort angetastet. Der den Hohenzollern verbundene Graf Hardenberg hat es immer im Blick gehabt, auch dann, wenn er mit seinen Freunden über die Opposition gegen Hitler sprach. Und als er im Juli 1944 zwischen Attentatsversuch und Gestapo-Verhaftung, vor seinem Selbstmordversuch, durch den Park geht (wie er es beschreibt) und gewissermaßen Abschied von seiner Heimat nimmt, wird er mit Sicherheit auch einen Blick auf das Denkmal des großen Königs gerichtet und an ihn gedacht haben (wovon er nichts schreibt).

2.

Das am auffälligsten placierte und zweitälteste Denkmal in Neuhardenberg existiert nicht mehr: ein Obelisk, der den Mittelpunkt des Ortes markierte.

Der Obelisk ging in Trümmer und wurde weggeräumt. Auf seiner massiven Bodenplatte sollte Anfang der 50er Jahre, als der Ort schon Marxwalde hieß, ein Karl-Marx-Denkmal aufgestellt werden. Da aber stand im Blickwinkel zum Schloß hin bereits ein anderer Obelisk: gedrungener, breiter, massiger als der andere, alte, an seiner Spitze rote Sterne, Denkmal für die Gräber russischer Soldaten darunter.

Näher zum Dorfkern hin, in der Achse zur Kirche, wurde in den 20er Jahren ein würfelförmiger, halbhoher, massiver, an den Ecken verzierter und mit steinernen Kugeln ausgestatteter Gedenkstein für die im I. Weltkrieg gefallenen Neuhardenberger gesetzt, ein Gedenken, auf das kein deutscher Ort verzichtet hat. Die Namen der Gefallenen sind auf hölzernen Tafeln in der Kirche zu lesen, die Tafeln mußten zu DDR-Zeiten aus dem Blickfeld genommen werden. Nach 1945 soll auf dem Kriegerdenkmal ein eiserner Pflug angebracht worden sein, eine erste rabiate und zudem geschmacklose Drohgebärde der neuen Macht. Pflug und Stein verschwanden dann bald.

An der Stelle des alten Obelisken sprudelte in den 50er Jahren ein Springbrunnen, für das kleine, damals nicht einmal 2000 Einwohner zählende Dorf eine Besonderheit eigener Art. Wegen steigender Betriebskosten wurde der Brunnen später abgerissen.

Dieser alte Obelisk war in der Form ein Obelisk wie viele andere auch. Seine Besonderheit: ihn krönte ein Adler. So hoch wie die Spitze des Schloßdach-Giebels und etwas niedriger als die Kirchturmspitze, damit die dritthöchste Spitze des Ortes.

Glaubt man der Überlieferung, so hatte das granitene Gebilde 1843 Karl Adolph Christian von Hardenberg errichten lassen, ein Nachkomme des Staatskanzlers, „zur Erinnerung an die Übergabe der Standesherrschaft an die Familie des Staatskanzlers", 21 Jahre nach dessen Tod, 29 Jahre nach dieser Auszeichnung durch den preußischen König: Ein sichtbares materialisiertes Zeichen des Stolzes und Selbstbewußtseins. Dieses Zeichens bedurften die Dorfbewohner kaum. Für deren Leben und Arbeit hatte die Errichtung der Standesherrschaft zunächst nichts wesentlich Greifbares gebracht. Die Metapher vom König der Vögel, dem Adler, galt ihnen vor allem als Symbol der preußischen Obrigkeit, als Wappentier ihres Staates Preußen und seines Königs, Zeichen nationaler Gesinnung. Das Majestätische, Exklusive dieses Tieres unterband stillschweigend jede Frage und jede Diskussion. Die Plastik ging wohl beim Wegräumen verloren.

Unweit neben diesem Ort befand sich das fürstliche Rentamt. Obwohl Carl-Hans Graf Hardenberg den Fürstentitel abgelegt hatte, mußte seine besitzinterne Verwaltung diesen Beinamen führen, eine Art Behörde, die die wirtschaftlichen, finanziellen und personellen Abläufe des großen Betriebes koordinierte, wie man weiß – zum Nutzen für alle auf den Besitzungen des Grafen Beschäftigten.

Die Rechtwinkligkeit der Anlage und die merklich flache Ebene des Areals fördern den Gesamteindruck von Offenheit, allseitiger Zugänglichkeit, Begehbarkeit, Weitläufigkeit. Fast könnte man meinen, ein demokratischer Impetus lade hier zu Kommunikation und lockerem Miteinander-Umgehen ein.

Solch Eindruck zielt freilich auch auf einen touristischen Ansatz: umhergehen, ansehen, besichtigen. Daß der heutzutage in den Vordergrund tritt, bleibt wohl den Zeitläuften geschuldet und sollte bei der Zukunftsgestaltung nicht unbemerkt bleiben. Denn früher war der Ort durchweg ein Ort der Arbeit, des Schaffens, der Mühen. Auch Carl-Hans Graf Hardenberg hat gerade diesen Charakter des Ortes immer wieder im Sinn gehabt und für sich selbst in Anspruch genommen. Den Bewohnern, den Bauern und Landarbeitern, brachte die Geometrie des Ortes eine Erleichterung: die Straßen und Landwege ermöglichten beispielsweise rationell-kurze Wege zu den Feldern. Zudem hat sich mit Sicherheit der edle Anblick des Areals dem täglichen Benutzer, der in schwerer Arbeit stand, schnell abgenutzt, verschlissen, wurde ihm zur Gewohnheit wie der Anblick des Obelisken auch. Andererseits bot freilich die Anlage auch gute Örtlichkeit für Dorffeste, für Maienbaum, Ehrenpforten, Tribünen und Tanz im Freien wie für kommandierte, organisierte Zusammenkünfte oder Kundgebungen: strahlenförmig strömte alles auf sie zu. Die Schmäh-Demonstration gegen die Attentäter des 20. Juli 1944, die das Dorf absolvieren mußte und an die sich Gräfin Hardenberg bitter erinnert, fand hier statt.

3.

Diejenigen, die den neuen Obelisken mit den roten Sternen in die Hauptachse und Zufahrt zum Schloß bauten, müssen den Geist der alten Struktur erfaßt haben. Sonst hätten sie nicht derart ostentativ diese Flucht unterbrochen, gebremst, gestört haben wollen – einmal mit dem groben Bauwerk selbst, zum anderen mit seiner Krönung, den roten Sternen. Obelisken dieser Art findet man viel auf Friedhöfen, die gefallenen Sowjetsoldaten gewidmet sind. Kurz, gedrungen, aus Ziegelsteinen schnell errichtet. Der in Neuhardenberg/Marxwalde mußte alle paar Jahre neu verputzt und angestrichen, seine Mauerfugen saniert werden.

Vom Schloß aus sah keiner der bisherigen Besitzer mehr auf den Rote-Sterne-Obelisken: als der gemauert wurde, waren Hardenbergs lange ein zweites Mal enteignet – diesmal durch die Bodenreform 1946 – und hatten das Land und ihre Heimat verlassen: Wenn der Graf später von Neuhardenberg spricht oder schreibt, schreibt er immer „alte Heimat“. Seine und seiner Familie Zuflucht, die jahrhundertealte Stammesburg des Geschlechts in Nörten-Hardenberg, war zwar dem Wesen nach die „eigentliche“ Heimat, aber im Herzen behielten sie Neuhardenberg, nun Marxwalde genannt.

Das Schloß beherbergte einige Jahrzehnte eine Zentralschule, gegenüber der früheren Einklassenschule, von der Hardenbergs Hauslehrerin „Schaudine“ berichtet, gewiß ein Fortschritt. Am Gebäude dieser alten Schule war der Spruch „Ora et labora“ eingemeißelt. „Ora et“ wurde nach dem Krieg übertüncht, dann abgeschlagen, so daß der Sinn des alten Doppel-Befehls-Spruches amputiert wurde: lange war nur „labora“ zu lesen – merkwürdige Aufforderung für Leute und deren Kinder, die eh ihr Leben lang arbeiteten. Schließlich wurde auch dies ebenso getilgt wie die alte Inschrift am Schloß „Gratia regis“. Diese dankte dem Preußenkönig für die Dotation des Besitzes.

Trotz der Beschädigung könnte man mit sehr viel gutem Willen in dieser Tilgung noch einen Sinn für die Marxwalder Jahre erkennen. Barbarisch aber war die Nutzung der kostbaren, reich ausgeschmückten Schloßräume im Parterre, z. B. des Gartensaals für den Sportunterricht. Barren, Pferd und Reck vor Stuckleisten, historischen Öfen und Vasen, ungeschützt, pietätlos sowieso. Die ahnungslosen Kinder machten sich einen Spaß daraus, mit dem Ball nach den Stuckornamenten zu werfen. Keiner und nichts hinderte sie, es war ja ihre „Turnhalle“. Die verordnete und dann geduldete Schändung wurde erst beendet, als die Denkmalspfleger das Gebäude unter ihre Aufsicht und Arbeit nahmen und die Schule auszog.

Die Schüler der Zentralschule, solange sie im Schloß untergebracht war, wuchsen mit dem Rote-Sterne-Obelisken auf, für sie war er gewohnt, nichts Fremdes oder Störendes. Erst seine Entfernung fiel auf.

Der Obelisk aber „störte“ objektiv in jeder Hinsicht. Wer Schinkels Schloß fotografieren wollte, bekam ihn unweigerlich ins Bild. Es gab keinen öffentlich zugänglichen Foto-Standpunkt, bei dem der Obelisk nicht „im Wege“, im Blick, im Bild war.

Als in den 80er Jahren das Ensemble rekonstruiert werden sollte, bestanden die Denkmalspfleger als erstes auf der Beseitigung dieses Gemäuers. Mit Erfolg, wie man sieht, und zum Gewinn des gesamten Anblicks, der der alte Anblick war und jetzt wieder wurde. Nun fügt sich auch die Grabstelle davor, sauber und gepflegt, harmonisch ein und setzt einen stillen Akzent eigener Art: russische Opfer der Schlacht um Berlin, die auf den Seelower Höhen eröffnet wurde und deren Beginn Gräfin Renate aus nächster Nähe erlebt hat. Knapp hundert Tote liegen hier, ein Bruchteil der Opfer dieser Schlacht, erstaunlicherweise auf den Grabplatten nach dem Alphabet verzeichnet und nicht – wie anderswo sonst – nach der Hierarchie der Dienstgrade, nur ein 26jähriger Held der Sowjetunion hat einen Extra-Platz bekommen.

Die Opfer der „anderen Seite“, deutsche Soldaten, in der gleichen Schlacht gefallen, lagen lange und wenig beachtet am Rande des streng bewachten militärischen

Geländes und waren ergo durch Vergessen gefährdet. Sie haben seit 1992 einen neuen, nun kenntlichen, gepflegten Ort und einen Stein, ein Denkmal eher der bescheidenen Art, finanziert von Spenden aus dem Ort, und einen schlichten, wenngleich anonymen Text: den Toten zur Ehre, den Lebenden zur Mahnung.

4.

Durchaus im ideellen Einvernehmen mit jenen Kräften, die den Rote-Sterne-Obelisken als demonstrative Trotz-Gebärde gegen Schloß und Herrschaft und deren historische Dimension mauerten, wurde der Ort 1948 in Marxwalde umbenannt. Die genaueren Umstände der Namensentscheidung in der betreffenden Gemeindevertretersitzung sind noch nicht völlig aufgeklärt, jedoch ist Druck von außen erkennbar.

Die Namensgebung 1948 hat mit den holzhackerisch-rabiaten, folgenreichen, öffentlichen Gesten zu tun, die wie auslaufende Wellen von Personenkult-gebundener Devotion erkennbar waren: ohne Rücksicht und ohne sachgemäße Differenzierungen von historisch und inhaltlich Gewachsenem wurde eine Ikone zur Namensgebung gesetzt, um der Obrigkeit sicht- und lesbar vorauseilende Gesten „guten" Willens und ostentatives Bekenntnis zur neuen Ordnung zu zeigen. Auch Bismarck war nie in Bitterfeld, Ernst Thälmann nie in Bansin, Marx nie in Neuhardenberg. Ebenbild und schriftlicher Ausdruck der gleichen Haltung überliefert ein Briefwechsel: Gräfin Renate schreibt an den Bürgermeister von Marxwalde, ihr Mann liege im Sterben und seine Gedanken kreisten immer um die alte Heimat, ob es eine Möglichkeit gäbe, seine Asche im Familiengrab an der Kirche – ohne Öffentlichkeit, versteht sich – beizusetzen. Die Antwort: Man habe hier die Junker von dannen gejagt und wolle weder sie noch ihre Asche

Das alte Schloß der Familie von Prittwitz und Schinkels Umbau (um 1820)

Das Ensemble von Schloß, Kavaliershäusern und Park 1933: beeinträchtigt durch Plattenbauten aus den 60er Jahren (r. u.)

Das wiederhergestellte Ensemble 2003: Die Wohnhäuser wurden abgerissen. Deren Bewohner leben seither in Neubauten am Ortsrand.

Wiederhergestellt: die Adlergruppe über dem Portal und die alte Widmung

Der wiederhergestellte Blickwechsel zwischen den krönenden Adlern auf dem Schloßgiebel mit den Obelisken in der Dorfmitte

Zeitweilig befanden sich ein Springbrunnen vor der Kirche und ein Obelisk mit roten Sternen über den Gräbern gefallener Sowjetsoldaten vor dem Schloß (50er Jahre)

Figurengruppe als Denkmal für Friedrich II.

Das Denkmal für Friedrich II. blickt zur Gartenseite des Schlosses

Das Denkmal für die im I. Weltkrieg gefallenen Neuhardenberger auf dem Dorfanger (20er Jahre)

Gedenkstein für im II. Weltkrieg gefallene deutsche Soldaten

Karl Marx-Denkmal vor der Orangerie (50er Jahre)

Die rekonstruierte Orangerie

Der klassizistische Gartensaal als Turnhalle (60er Jahre)

Blick in den Gartensaal nach der Rekonstruktion

Der Park mit Denkmal Friedrich II.

Das Hotel Schloss Neuhardenberg; links ehemalige Remise

In die Distanz gerückt: Denkmäler von Karl Marx und Friedrich Engels, den zeitweiligen Namensgebern des Ortes und der Oberschule

Blick vom Kirchturm auf das Schloßensemble

Handwerkerkunst: das hölzerne Glockengestühl

Der Kirchturm der Schinkelkirche und das Grabmal des Staatskanzlers Hardenberg

Die Schinkel-Kirche

Gideon Kremer und die Kremerata Baltica musizieren am 4. Dezember 2001 in der Schinkel-Kirche

wiederhaben. Erst zur Wendezeit wurden diese Texte öffentlich. Und erst 1991 wurde sein Wunsch erfüllt.

Alsbald nach der Umbenennung sollte auch ein Abbild des unfreiwilligen Namensgebers her: 1953 wurde eine Karl-Marx-Büste im Rosengarten, zwischen Orangerie und Schloß, aufgestellt. Der Hauptweg, der „schönere“ Ort für den neuen Patron, war schon besetzt durch den Rote-Sterne-Obelisken.

Wäre dies Denkmal stehengeblieben, so hätte Marx von seinem Sockel aus in den 60er Jahren mitansehen können, wie etwas zerstört wurde, was zum Schloß-Ensemble unlösbar gehörte und dieses zu einem funktionierenden und ästhetisch geschlossenen Gesamtgebilde gestaltete. Hinter jenem Kavalierhaus standen und stehen noch Remisen, Stallungen und Wirtschaftsgebäude aus der Schinkelzeit. Sie verweisen zurück auf das Schloß: eine Einheit von Repräsentanz und Arbeit. Die Zerstörung dieses Areals erfolgte weder durch Bilderstürmerei noch durch Zerschlagung, sondern durch Vollstellen und Zubauen: Betonplatten-Bauten, mehrgeschossige Wohnhäuser, wurden hinein- und davorgestellt. Einige steinerne Poller an heutigen Ecken bezeugen alte Markierungen.

Die Neubauten sollten beitragen, dem Wohnungsmangel abzuhelfen. Aus Mangel wurde Not, weil der Flugplatz am Ortsrand zur Zentrale der DDR-Regierungsstaffel avancierte und demzufolge viele NVA-Militärs in Marxwalde stationiert wurden, Bevölkerungszahl und -struktur verschoben sich erheblich. Ist die Luftwaffe in jeder Armee ohnehin die Elite, so war es die Regierungsstaffel in Marxwalde um so mehr. Für sie wurden Wohnungen gebaut – schnell, sachlich, funktionell, ohne nennenswerten architektonischen Anspruch und ohne Angleichung an historisch Gewachsenes im Ort. Die Mehrzahl dieser Gebäude, obwohl an den Dorfrand geschoben, veränderte den Ort noch mehr. Der Bruch ist noch heute mehr als sichtbar. Eine Assimilation der beiden Bevölkerungsgruppen hat nicht stattgefunden in all diesen Jahren. Durch die Veränderungen seit der Wende 1989/90 jedoch scheinen die Feindschaften und schroffsten Gegensätze, die es früher sichtlich gab, mindestens etwas relativiert zu sein. Marx und seine Lehre von der Entwicklung, die aus der Einheit und der Gegensätzlichkeit von Widersprüchen entstehe, hat auf dieses soziale Phänomen ganz offensichtlich keinen nennenswerten Einfluß gehabt und die merkliche Spaltung nicht überwinden helfen. Man wird auch weiter miteinander leben und auskommen müssen. Die sozialen Differenzierungen der Neuzeit, die auch manche Krise und oft nicht die besten Lösungen in Neuhardenberger Familien brachten, werden das Ihre dazu tun.

Apropos Flugplatz: er entstand schon in den 30er Jahren, von ihm starteten 1936/37 Flugzeuge der Legion Condor nach Spanien, 1945 war er heftig umkämpft, zu DDR-Zeiten allerstrengstens bewacht, heutzutage ein schwer wirklich nutzbares Gelände, das in seiner Dimension und mit seinen gähnend leeren Hangars einen gespenstischen Eindruck macht.

5.

Marxens erstes Bildnis im Ort war auf einfache, naive Porträtähnlichkeit aus. Das Material, grob gebrannter Ton, hielt Wetter und Frost nicht stand und zerfiel rasch, will man der Überlieferung glauben. Also mußte eine neue, nun dauerhaftere Büste her, denn der Namensgeber sollte im Ort sichtbar bleiben. Der neue Kopf, diesmal aus Stein, von Heinrich Bolduan, einem kaum bekannten Künstler, war auch eher bieder in der Linienführung und stand im Rosengarten, neben dem Schloß. Beide Büsten waren auf leicht überhöhte Sockel gestellt, der Porträtierte blickte allemal über die Köpfe seiner Betrachter hinweg.

Die Marx-Büste und der Rote-Sterne-Obelisk dominierten etliche Jahre das Areal am Schloß. Der Widerspruch zwischen ihnen und dem klassizistischen Ensemble blieb unlösbar, bis ihn die Denkmalspfleger auf ihre Weise beseitigten.

Zum 170. Geburtstag Marx' 1988 wurde eine neue Büste aufgestellt, diesmal von Fritz Cremer geschaffen, einem renommierten, eigenwilligen Bildhauer auch internationalen Formats, dessen NS-KZ-Denkmale für Dachau und Buchenwald den DDR-Oberen nicht eben glatt und geläufig waren, sie eher ärgerten, weil Cremer häufig nicht die harmonisierenden und heroisierenden Denkmals-Vorstellungen bediente, die die DDR-Führung so gern realisiert sah und kräftig förderte. Cremers dunkelbronzener Marx-Kopf hält sich natürlich an Porträtähnlichkeit, macht das Gesicht aber streng und scharf in den Linien um Augen und Mund, damit geistiger, zwingender. Natürlich vermag auch Cremer nicht, per Büste einen sinnvoll-inhaltlichen Bezug Marxens zu dem Ort zu modellieren.

Dieser Kopf steht auf einem schnörkellosen gemauerten Sockel in Augenhöhe zum Betrachter. Und: Der Standort wurde erheblich verändert und nun „bedachter“ ausgewählt. Das Denkmal ist weit vom Orts-Mittelpunkt entfernt, abgerückt, Marx auf Distanz quasi, und steht vor zwei mächtigen Bäumen im abschließenden Halbrund jenes sehr langen Ovals, das der Dorfanger, nur von der Straßenkreuzung zerschnitten, bildet.

3 Jahre stand Marx dort. Zur Wendezeit wurde der Kopf nächtens vom Sockel geschlagen, lag ein paar Tage herum, wurde weggetragen und irgendwo versteckt, und eines Tages war er wieder auf dem Sockel befestigt, solide angeschraubt nun und verschweißt, haltbar. Da

steht er nun...Vielleicht halten manche das Denkmal und seinen Standort für etwas Subversives.

Zöge man Luftlinien, so könnte man sich amüsieren: Friedrich II. im Park und Marx am Abschlußoval des Dorfangers gucken strikt und parallel aneinander vorbei. Ein Schalk, wer Ironisches dabei denkt.

Auch Marxens Dioskuren-Bruder Friedrich Engels hat in Neuhardenberg, als es noch Marxwalde hieß, ein Denkmal bekommen, eher bescheiden und mit einem rasch erkennbaren Zweck. Die Friedrich-Engels-Oberschule in Neuhardenberg, auch einer jener funktionellen Betonplatten-Zweckbauten und am Ortsrand gelegen, stiftete sich gewissermaßen als Namensschild eine Engels-Büste, direkt vor der Schule aufgestellt, in Augenhöhe mit dem Betrachter, auch porträtähnlich, physiognomisch klar gegliedert.

Zwei historisch beachtliche Bauten sind unbedingt noch zu nennen. An der Ostseite der Kirche hat Schinkel dem Staatskanzler eine Erinnerungs- und Begräbnisstelle geschaffen, ein Portal mit wuchtigen Säulen, streng klassizistisch und besonders eindrucksvoll, wenn man sich den Dorfanger entlang darauf zubewegt. Davor die Gräber der Familie Hardenberg. 1991 wurden die Urnen von Carl-Hans und Renate von Hardenberg hierher überführt. Die Portalgestaltung findet man auch im Park. Dort bildet das – ebenfalls streng klassizistische – Ambiente nur die schöne Fassade, dem Schloß zugewandt. Der Anbau dahinter – heute schwer verunstaltet – barg den Eiskeller, in dem die im Winter aus den gefrorenen Teichen des Gutes geschlagenen Eisbarren aufbewahrt wurden.

Und schließlich merkwürdig noch dies: vor allem die Entdeckung Graf Hardenbergs als aktiver Teilnehmer des Widerstands gegen Hitler brachte überregionale Aufmerksamkeit nach Neuhardenberg zurück. Nur dem

Wissenden erschließt sich derzeit ein Zusammenhang, wenn er die Grabstellen auf dem Familienfriedhof betrachtet oder die Erinnerungstafel im Kirchenvorraum liest. Für Graf Hardenbergs seinerzeitige Haltung gibt es kein Denkmal – noch nicht. Vielleicht braucht er auch keines, aber einen öffentlichen Hinweis mehr auf jeden Fall.

In dem kleinen geschichtsträchtigen Dorf im Oderbruch schlagen Denkmäler beziehungsreiche Verbindungen vor, zwar in räumlich erheblicher Distanz voneinander, aber bedeutungsvoll und zum Ort und seiner Geschichte gehörend: der Preußenkönig Friedrich II., der Philosoph Karl Marx, die Grabsteine für deutsche und russische unbekannte Soldaten. Neben Gedenken und Mahnung markieren sie alle über zwei Jahrhunderte hinweg deutsche Geschichte voller Hoffnung, Illusion, Verlust und Gewinn. Carl-Hans Graf Hardenbergs Persönlichkeit und Schicksal kann diese Markierungen wohl gut bündeln und weiterreichen.

Betrachtungen 2004

Bernd Kauffmann
Gewußtes neu gedacht
Neuhardenberg heute

„Weder sie noch ihre Asche" wolle man je wiedersehen, hatte Karl Linse, der Bürgermeister von Marxwalde, 1958 der Familie Hardenberg erklärt, konfrontiert mit deren Ansinnen, die sterblichen Überreste Carl-Hans von Hardenbergs auf der Familienbegräbnisstätte beizusetzen.

Die Geschichte wollte es anders. Mit der Bestattung des letzten Standesherren von Neuhardenberg in der alten Heimaterde schließt sich ein Kreis, den offenzuhalten die Kräfte derer von Marxwalde auf Dauer scheinbar überforderte – immerhin galt es, den *Neuen Menschen* zu schaffen, ohne den das Wunder Kommunismus nicht zustande zu bringen war. Der *Neue Mensch* aber entwickelt sich nicht unter Repressalien und Restriktionen, trotz oder nicht zuletzt wegen anderslautender Postulate.

Ein halbes Jahrhundert später, 1996, erhält die Familie das von den Nationalsozialisten enteignete Schloß zurück. Die einst unwillkommene Urne war bereits fünf Jahre zuvor nach Brandenburg überführt und auf dem von Karl Friedrich Schinkel auf der Rückseite der Neuhardenberger Kirche geschaffenen Begräbnisplatz, neben der ebenfalls umgebetteten Urne seiner Frau Renate, beigesetzt. Damit endet das Exil eines Toten, das in vielerlei Hinsicht jüngere deutsche Geschichte mit den sie prägenden Ideologien spiegelt und, wie es Spiegel eben tun, vexiert.

Bis zum heutigen Tage ist das Bild, das die Welt von dem Deutschen hegt, mit dem Begriff des Preußentums verbunden, denn mit diesem insbesondere wird die Fähigkeit der Deutschen verknüpft, die nationalsozialistische Tötungsmaschinerie mit so akribischer Präzision und erschöpfender Umfassendheit zu betreiben. Dabei spielen verschiedene Kategorien eine Rolle, die unter dem Oberbegriff des Preußentums zusammengefaßt werden können. Mit fasziniertem Abscheu wird immer wieder die straffe Organisation, die Effizienz, die buchhalterische Pedanz und die Amtsroutine zitiert, mit der Krieg und Völkermord abgewickelt wurden. Diesem Umstand korrespondiert das Bild von einem präzis durchorganisierten, streng hierarchischen preußischen Staatswesen, in dem jeder wie das Rad eines Uhrwerks funktioniert, ganz gleich, was ihm da auf seinem Schreibtisch unterkommt.

Gefragt nach etwaigen Zweifeln ob des menschenunwürdigen Charakters ihres Tuns haben nicht nur die Mörder selbst, sondern auch viele der sogenannten Schreibtischtäter geantwortet, sie hätten schließlich gehorchen müssen. Warum? Diese Frage mit Ratlosigkeit zu quittieren gehört gleichfalls zu den Stereotypen über das preußische Staatswesen, dessen Diener eben „blind" gehorcht hätten und nicht Herr über ihre Entscheidungen gewesen seien.

Dabei beruht die Gleichsetzung dieser Eigenschaften mit dem Preußentum auf einem Mißverständnis, das nicht die einstigen Kriegsgegner Deutschlands, sondern die Nationalsozialisten in die Welt gesetzt haben. Es beruht auf einer grundsätzlich falschen Gewichtung verschiedener Komponenten des preußischen Staatswesens. Neben die Kategorien Effizienz, Ehre, Gehorsam, Untertanengeist und die klare Trennung von Dienen und Herrschen tritt nicht etwa nur gleichberechtigt, sondern geradezu konstituierend der Begriff der Treue hinzu. Treue ist durchaus eine Sache der Gegenseitigkeit, d. h. nicht nur der preußische Staatsbeamte war seinem König treu, sondern dieser auch war der (erste) Diener seines Staates. Treue aber als eine (in diesem Fall) das Verhältnis zwischen Gemeinwesen und Individuum definierende Grundhaltung ist bedingt durch den verwandten Begriff des Vertrauens. Eine der wichtigsten Grund*tugenden* des preußischen Staatsprinzips ist die Gewähr seiner grundsätzlich auf das Gemeinwohl abzielenden Intentionen. Darauf beruht die Zumutung, im Dienste des Staates unerschütterlich auf seinem Platze zu stehen und auch solche Dinge zu tun, deren Nutzen dem, der sie tun soll, nicht einsichtig ist. Insofern ist mit dem Gehorsam aufs engste die Erwartung verbunden, daß die Segnungen des Staates auch dem zuteil werden, der sie zu verwirklichen hilft.

Es ist ein langer Weg vom Großen Kurfürsten über die Reformen des Freiherrn von Stein und des Staatskanzlers von Hardenberg über das zweite deutsche Kaiserreich und die Weimarer Republik bis zum „Tag von Potsdam", ein Weg, auf dem die Grundzüge des Preußentums zahlreiche Modifizierungen erfuhren, aber auch Mutationen erlitten. Ein Weg auch, auf dem sich Grundzüge zu Grundsätzen verfestigten, zu Glaubenssätzen eher, die zu hinterfragen Häresie bedeutete. Wiewohl diese Haltung den ursprünglichen Intentionen der preußischen Staatstugenden, die ja auf einer vernunftgegründeten Ordnung beruhen, widerspricht, wurde sie doch zu einem ihrer Wesensmerkmale. Und zwar nicht, wie vielfach behauptet, durch Hitlers Staatsstreich und die paßgenaue Überstülpung seiner neurotischen Ideologie über ein „an sich gutes" Staatswesen gleichsam von heute auf morgen, sondern durch eine bereits lange sich abzeichnende und vollziehende Andienung dessen, was mittlerweile als preußischer Geist insbesondere gegen die demokratische Verfassung der Weimarer Republik ins Feld geführt wurde, an eine wohlfeile Weltanschauung, die geeignet schien, mittels rabiater Methoden den prädemokratischen Kräften Deutschlands die Macht zurückzugewinnen, um dann buchstäblich vom Hof gejagt zu werden. Welch fatale Naivität.

Denn offenkundig war der Vertrauensbruch der Nationalsozialisten kein heimtückisch-verlogener. Vielmehr fand von Anfang an ein Spiel mit weitgehend offenen Karten statt. Es gehört zu den Lebens- und Erinnerungslügen der jüngeren deutschen Geschichte, daß der „Geist von Potsdam" lediglich in einer Art feindlicher Übernahme von der braunen Ideologie okkupiert worden sei und nach deren Untergang wieder vergleichsweise rein zum Vorschein komme.

Es hat lange gedauert, ehe aus dem mokierten Naserümpfen der preußischen Generalität über den „österreichischen Gefreiten" auch nur in Ansätzen so etwas wie Widerstand erwuchs, meist gar noch über den Umweg der Bewunderung und weitestgehend nicht ohne versündigend in den Dienst der üblen Sache geraten zu sein.

Der letzte Standesherr in Neuhardenberg war ein Exponent des preußischen Landadels und übertriebener demokratischer Gesinnung unverdächtig. Doch war es für den überzeugten Monarchisten nicht zuerst eine Frage der Staatsform, sondern der Moral, wie eine Gesellschaft verfaßt zu sein hatte. Unter diesem Aspekt ließ die ihm sich zeigende demokratische Ordnung der Weimarer Republik einiges zu wünschen übrig. „Vaterländische Gesinnung" ist heute keine unschuldige, gar moralisch unbedenkliche Denkungsart mehr. Aus der Perspektive der Zwischenkriegszeit, in der sich die neue Ordnung mit Mühe zu etablieren suchte und nicht frei von dem Verdacht war, sich doch noch in Richtung Bolschewismus zu entwickeln, konnte einem von der Kaiserzeit geprägten Standesherren ausgedehnter märkischer Güter, dem noch die landesväterliche Sorgfaltspflicht über seine „Sassen" am Herzen lag, das Vaterland durchaus bedroht erscheinen, und in dem Maße, wie die Frage der Konstitution eben die Frage einer vertrauenswürdigen Ordnung war, mochte die monarchistische Gesinnung eben in erster Linie eine vaterländische sein.

Andererseits hat Carl-Hans Graf von Hardenberg manche Abwege nicht betreten und ist sich „gesinnungsmäßig" treu geblieben auch angesichts der Versuchung, die nationalsozialistische Machtergreifung als „Rückkehr", als Beendigung einer (verkehrten) demokratischen Periode und Fortsetzung des alten Reiches anzusehen. Daß sie dies nicht war, kann zur Ehrenrettung dieses Reiches nur betont werden, und es bestand bei näherem Hinsehen auch nie ein Zweifel darüber. Graf Hardenberg hat es an diesem näheren Hinsehen nicht fehlen lassen, und das hat in dem Konflikt zwischen den erwähnten zu Glaubenssätzen geronnenen preußischen Verhaltensweisen und einer fälligen Gewissensentscheidung letztlich den Ausschlag gegeben. Gerade die dem preußischen Geist innewohnenden Werte des Vertrauens und der Treue lösten in dem tief vom Christentum geprägten Hardenberg die Entscheidung aus, daß ein Vertrauens*bruch* letztlich von der Treuepflicht entbindet, eine aus heutiger Sicht plausible Konsequenz, die damals gleichwohl schwer zu ziehen war. Hardenberg wurde zum Umstürzler. Für den enthielt der preußische Verhaltenskodex keine Regeln.

Durch seine Beteiligung an den Vorbereitungen zum Attentat auf Hitler am 20. Juli 1944 vollzog Carl-Hans von Hardenberg, der ohnehin Distanz zum Reich gehalten hatte, endgültig den Bruch mit dem Nazi-Regime und entging nur knapp dem Tode. Was einst als gratia regis dem Staatskanzler zuteil geworden war, holten sich des Königs unwürdige Rechtsnachfolger zurück – gerade als die einst ehrend gewürdigte Gesinnung des Vorfahren im Urenkel noch einmal sehr radikal zum Ausdruck kam, konnte sie im inzwischen dramatisch gewandelten preußischen Staatswesen nicht mehr mit Anerkennung rechnen, ja geriet zum Verrat an eben demselben.

Das Dritte Reich war, nach dem Scheitern des Attentats, dazu verdammt, *mit* Hitler dem Untergang entgegenzutreiben, der dadurch um so gründlicher ausfiel. Es riß auch die vorvergangene Ordnung mit sich und ließ keinen Platz mehr für preußische Refugien, schon gar nicht im Osten. Daß die Familie ihren Besitz auch von den neuen Machthabern nicht zurückbekam, kann nicht verwundern, auch wenn es gerade in diesem besonderen Fall eine verdiente Wiedergutmachung gewesen wäre. Daß allerdings der eingangs zitierte Kommunist Karl Linse nicht einmal die Asche der alten Herrschaft vor seinen Augen ertrug, mutet an wie die Angst vor den Göttern einer fremden Religion, an die nicht zu glauben man vorgibt, die man aber immerhin für existent genug hält, um sie zu fürchten.

Karl Linse sollte nicht recht behalten. Seine Ablehnung sollte den „feindlichen Geist" Hardenbergs von seinem Marxwalde fernhalten; inzwischen zeigt sich längst, wie ein differenziert ehrender Umgang mit den sehr verschiedenen Verdiensten um den Widerstand gegen Hitler stattfinden kann, ohne damit gleich die Geister einer untergegangenen Ordnung heraufzubeschwören. Die Gesellschaft, die diesen Umgang mit Geschichte auszuhalten imstande ist, erweist sich letztlich stärker als jene, die alles Inadäquate um sie herum mit Bannfluch belegen muß, um sich ideologisch zu behaupten.

Wohl kamen die sterblichen Überreste des letzten Standesherren „heim“ nach Neuhardenberg, jedoch verhinderten ökonomische Gründe eine Rückkehr der heute lebenden Familie von Hardenberg in die Mark Brandenburg. Schloß und Park verkauften die Nachkommen an den Deutschen Sparkassen- und Giroverband. Das Schloß wurde sensibel und sorgfältig saniert, einige Plattenbauten auf dem Schloßareal wurden abgerissen, statt dessen entstanden Veranstaltungs- und Ausstellungsbereiche, Hotel, Gastronomie und Konferenzräume, teilweise in der alten Bausubstanz, teils in dezent ins Ensemble eingegliederten Neubauten, die sich dem Vorgefundenen stilistisch beiordnen.

Als Unternehmen des DSGV wurde die Stiftung Schloß Neuhardenberg GmbH gegründet; das Areal wurde zum „Zentrum für Kunst und Kultur, Wissenschaft und Wirtschaftsethik“. Zu den weiteren Aufgaben der Stiftung gehören der Betrieb des Hotels, die Pflege des Parks, die Ausrichtung der hier ebenfalls stattfindenden Strategiegespräche der Unternehmen der Sparkassen-Finanzgruppe sowie nicht zuletzt ein anspruchsvolles Kulturprogramm.

Dieses Kulturprogramm ist der besonderen Situation Neuhardenbergs und seiner Geschichte verpflichtet. Neuhardenberg liegt an der Peripherie, aber die Peripherie ist bekanntlich in kulturellen Dingen der schlechteste Standort nicht gewesen, ob man dabei an Weimar, Königsberg oder Mainz denkt. Und doch liegt Neuhardenberg auch an einer Stelle, wo einst die Mitte des Königreichs war und heute die Mitte Europas liegt. Aber dieser Ort, diese Region ist jenseits oder diesseits Hardenbergscher Staats- und Familiengeschichte noch weitaus tiefer historisch kontaminiert. Vor dem Schloß steht ein russisches Ehrendenkmal, das an die letzte große Schlacht vor Berlin im Jahre 1945 gemahnt. Und unweit dieses Schlosses liegen nicht nur russische, sondern auch deutsche Kriegstote. Nein, dieser kleine Ort Neuhardenberg, in dem man – als er noch Marxwalde hieß – die Höhenflüge der sozialistischen Allerkundung durch den hier stationierten Siegmund Jähn im Orbit vor- und nachbereitete, war nie ein Ort der Revolution. Eher war er einer des Evolutionären, der stillen, unbestechlichen moralischen Haltung – ein Ort, an dem sich etwas entwickeln konnte.

Deshalb ist es Ziel und Anliegen der Stiftung, hier einen Raum zu schaffen, in dem Gewußtes neu gedacht, schon einmal Gehörtes wieder zur Sprache gebracht, Gesehenes erneut betrachtet und Empfundenes berührbar gemacht werden kann. Dies braucht Raum, und dies braucht Zeit. Deshalb sind „Konzentration, Entschleunigung und der Blick nach Osten" für die Stiftung Leitbegriffe, an denen sie ihr Handeln orientiert. Neuhardenberg versteht sich nicht als Experiment, sondern als einen sehr nachhaltigen Versuch, Raum und Ruhe dafür zu geben, Wissen zu Erkenntnis, Empfindung zu Erfahrung werden zu lassen. Wenn Nietzsche sagt, das Wenigste, das Leiseste mache die Art des besten Glücks aus, dann wäre die Arbeit der Stiftung damit nicht auf das Schlechteste umschrieben. Und nochmals Nietzsche, bei dem es weiter heißt, „aller große Lärm mache, daß wir das Glück in die Stille und Ferne setzen".

Schloß Neuhardenberg will weder ein Museum noch ein Theater, weder ein Konzertsaal noch eine Ausstellungshalle, weder eine Universität noch ein Wissenschaftskolleg sein – sondern von allem etwas, und im Ganzen etwas Neues. Ihre vorrangige Aufgabe sieht die Stiftung, in einer Zeit der immer kurzfristigeren Gastspiele, darin, Menschen zum Verweilen anzuregen, um hier, in der Provinz, an der Peripherie, selbst etwas zu produzieren. Schließlich bietet die besondere geographische Situation Gewähr für Konzentration, ist das geduldig vollendete Reformwerk eine schlechte Aufgabe für die hektische

Metropole. Hier in der Abgeschiedenheit kann den Schwierigkeiten und Herausforderungen nachgegangen werden, die sich in der Verfaßtheit einer Gesellschaft zeigen; hier kann an einer wirkungsvollen Form gearbeitet werden, diese überzeugend und initiierend zur Sprache zu bringen.

Die buchstäbliche Orientierung der Stiftungsarbeit, d.h. die Ausrichtung ihres Blickes nach Osten, kann dazu beitragen, mehr Luft durch das beschauliche Brandenburg wehen zu lassen und den regionalen Horizont weiter zu öffnen. Dazu gehört eine sensibel angebahnte Zusammenarbeit mit der Islamischen Republik Iran ebenso wie die enge Kooperation mit dem polnischen sowie dem russischen Kulturministerium.

Das Wirken des Staatskanzlers in der Zeit der Napoleonischen Kriege, die mit ihm verbundenen Reformen des preußischen Staates auf der einen, der Widerstand als Gebot der Stunde in Zeiten größter Staatsverrohung auf der anderen Seite der mit dem Namen Hardenberg verbundenen Geschichte des Ortes – in diesem Spannungsbogen ist die Arbeit der Stiftung angesiedelt; er beschreibt zugleich den Aufstieg eines auf Vertrauen gegründeten Staatswesens und seinen Niedergang, wenn dieses Vertrauen mißbraucht und verspielt wird. Die so vorgegebenen Themen werden in unterschiedlichen Ausdrucksformen und von unterschiedlichen Standpunkten her näher beschrieben und befragt, so unter anderem im Rahmen einer Konferenzserie unter dem Titel: „Vertrauen – eine Chiffre im Zentrum der zeitgenössischen Verlegenheiten".

Am Ende der Katastrophe stand die furchtbare Schlacht auf den Seelower Höhen in unmittelbarer Nähe Neuhardenbergs. Eine ganz eigene Spurensuche führte den großen Schauspieler Martin Wuttke nicht zufällig auf den ehemaligen, von der Reichswehr wie von der NVA genutzten Militärflugplatz unweit des Schlosses, um hier in einer spektakulären Theaterinszenierung „Die Perser" des Aischylos aufzuführen. Das älteste Drama der Weltliteratur um die Maßlosigkeit der Schlachtenlenker und ihren Untergang aufgeführt in einer Region, in der die letzte große Schlacht des Zweiten Weltkrieges tobte – dies ist eine gewollte Koinzidenz, sie kann beziehungsvoller kaum sein.

Da es die einfachen Antworten im historischen Kontext nicht geben kann, ist das inhaltliche Wirken der Stiftung auch immer verbunden mit denen, die sich den Ordnungen entzogen, Grenzgängern zwischen den Welten und Blöcken, denen die Erstarrungen vermeintlich festgefügter Systeme unerträglich waren. Heiner Müller und Joseph Beuys sind zwei von ihnen; in einer Ausstellung unter dem Titel „Partisanen der Utopie" geht die Stiftung dem Aspekt der sie verbindenden Nichtverortbarkeit auf den Grund. Ein anderer ist Einar Schleef, an dessen Biographie und künstlerischem Schaffen die Teilung Deutschlands prägenden Anteil hatte. Lange weigerte er sich, einem Land abzuschwören, das ihn nicht arbeiten ließ. Er war ein Verstörer, den der ‚Gang der Dinge' beunruhigte, dem dieser Gang immer suspekt war. Die „Deutsche Szenen" betitelte Hommage versammelte im Jahr 2002 erstmals Gemälde und Dokumente aus dem Nachlaß.

Dem wohl höchst besetzten Symbol überhaupt, dem Herzen, ist die kunst- und kulturhistorische Ausstellung „Von ganzem Herzen" gewidmet. Anstoß zu diesem Ausstellungsplan hat das zugleich Merkwürdigste wie Auratischste gegeben, das sich in Neuhardenberg finden läßt: das im Altar der Schinkelkirche bestattete Herz des Staatskanzlers.

Zugegeben wenige Beispiele, sie sollen nicht die Arbeit der Stiftung Schloss Neuhardenberg darstellen. Doch sie stehen stellvertretend für die Herangehensweise an ein Programm, das gerade im Aktuellen immer wieder zurückblickt und dem Ort, an dem es stattfindet, eine inhaltlich prägende Rolle zubilligt.

Nach bisher zwei Jahren konzentrierter Arbeit bestätigt sich die Hoffnung auf den Erfolg dieses Konzeptes. Das Programm wird angenommen von einem Publikum aus der Region, aus Berlin wie aus der ganzen Republik, das nicht nur zahlreich, sondern auch kritisch aufgeschlossen Anteil nimmt an den unterschiedlichsten Angeboten, von der Ausstellung und der großen Theaterproduktion über Konzerte, Workshops, Lesungen, Vorträge und Tagungen bis zum bloßen Ausspannen, Fallenlassen und Genießen in einer der schönsten Landstriche Deutschlands.

Mit der EU-Osterweiterung wird diese Gegend von der Peripherie ins Zentrum eines größeren Europa (zurück)versetzt. Sie wird deshalb kaum industrialisiert oder von Autobahnen durchzogen werden. Es wird auf längere Sicht ihre Stärke bleiben, Refugium und Ort der landschaftlichen Reize, der Konzentration und der Stille zu sein. Dennoch werden sich hier mehr Wege kreuzen als noch zu Karl Linses Zeiten, und der Blick wird weiter reichen als bis zur „Oder-Neiße-Friedensgrenze“ vergangener Jahrzehnte. Bereits jetzt erweist sich dieses Schloß Neuhardenberg tatsächlich als Scharnier zwischen Ost und West, und bereits jetzt endet der Westen nicht an den Pyrenäen, der Osten ebensowenig am Ural.

Gebhard Graf von Hardenberg
Zehn Jahre – Wanderungen zwischen den Welten …

Vor 10 Jahren, am 1. Mai 1993, übernahm ich als Neffe meines Onkels Friedrich-Carl von Hardenberg, genannt Fritze, die Komturei Lietzen aus den Händen der Treuhand. Da Fritze kinderlos ist, hat er mich als seinen Nachfolger adoptiert.

Neben Neuhardenberg als Hauptwohnsitz bildete Lietzen bis 1944 das landwirtschaftliche Herzstück des alten Besitzes der Familie.

Seit zehn Jahren leben wir, meine Frau Amelie, unsere fünf Kinder und ich, dort. Über diese Zeit und ihre Vorgeschichte möchte ich im Folgenden berichten.

Ein lange geplanter Ausflug führte Wonte und Fritze, einige andere und mich im Mai 1986 nach Neuhardenberg und seine Umgebung. Für mich war das die erste Begegnung mit der alten Heimat meines Onkels und seiner Schwester. Keinen Augenblick dieser Reise habe ich vergessen, zu stark waren die Eindrücke.

Als wir an diesem herrlichen Maitag in den Hof der Komturei einbogen, bekam ich einen ungeheuren Schreck angesichts der Schweinezuchtanlage, die man dort gebaut hatte und die den Charakter des historischen Geländes beschädigte. Eine Besichtigung des Herrenhauses und der Kirche wurde uns mit groben Worten verwehrt.

In Lietzen hatte man ganze Sache gemacht und den mittelalterlichen Komtureihof vollkommen zugebaut. Nur einer unglaublichen Fügung ist zu verdanken, daß die meisten alten Gebäude diese Jahre überdauert haben. Offensichtlich fanden sich immer wieder schützende Hände, die in den sozialistischen Zeiten dafür gesorgt haben, diesen Ort zu bewahren. Nicht viele Güter in der Nachbarschaft haben dieses Glück gehabt.

Eine Fahrt um den Küchensee, der hinter der Komturei liegt, und ein ausgiebiges Picknick ließen unser aller Herzen höher schlagen. Aus den vielen Erzählungen meines Onkels und seiner Schwester hatte ich nur eine vage Vorstellung von diesem Land. Hier offenbarte sich mir zum ersten Mal sein großer Reiz. Die kleinen Geschichten und Anekdoten, die in der Familie erzählt wurden, bekamen plötzlich ein Gewand.

In Neuhardenberg wurde auf dieser Reise sehr deutlich, daß man uns ständig überwachte. Wahrscheinlich hatte man unser Fahrzeug in unserem Nachtquartier mit einem Peilsender versehen, der sich geräuschvoll bemerkbar machte. Noch heute spüre ich Unbehagen, wenn ich an diesen Eindruck zurückdenke.

1987 wurde die Familie nach Neuhardenberg eingeladen, da man aus Anlaß der Arbeiterfestspiele das Schloß restauriert hatte und nun die Meinung der alten Besitzer wissen wollte. Vor allem der Verbleib des Inventars interessierte die neuen »Besitzer« wohl sehr. Wieder durfte ich bei dieser Reise dabeisein.

Als wir dieses Mal auf das Schloß zutraten, öffnete sich die große Tür, als wenn das Haus uns willkommen heißen wollte. Wie anders waren die Eindrücke als ein Jahr zuvor: Die Innenräume waren vollkommen restauriert worden und gaben zum ersten Mal nach all den letzten düsteren und grauen Zeiten ein Gefühl der Wohnlichkeit wieder. Erst jetzt konnte ich mir die Kindheit meiner Verwandten in dieser Umgebung vorstellen. Wie schön muß das alles mit den alten Bildern und Möbeln gewesen sein! Auch der Park machte einen gepflegten Eindruck.

Fritze und Wonte, die wie alle Neuhardenberger Geschwister im allgemeinen sehr beherrscht sind, verloren an diesem Tag immer wieder leicht die Fassung, wenn auch nur für uns wenige sichtbar. Wonte hat mir dann eine unvergeßliche Erklärung gegeben: Bei ihren vielen Besuchen der Heimat in den vorherigen Jahren war Neuhardenberg nicht mehr das Elternhaus ihrer Kindheit und Jugend. Das graue mißhandelte Haus hatte nichts mit der Vergangenheit zu tun, weil es seelenlos wirkte. In diesem neuen gepflegten Zustand des ganzen Hofes tauchten plötzlich wieder alte Geister auf, die wir vergessen glaubten.

Damals ahnte niemand von uns, daß in wenigen Jahren alles anders werden würde.

Mit der Wende tat sich auch für uns eine neue Welt auf. Die Euphorie, die allgemein vorherrschte, war unvergleichlich. Gerade für uns, die bis dahin in der Nähe von Göttingen auf einem Familiengut in Wolbrechtshausen lebten und arbeiteten, war diese Zeit besonders spürbar. Die Öffnung der nahen Grenze in Duderstadt ließ unseren Landstrich vom vernachlässigten Grenzgebiet wieder zur Mitte Deutschlands werden. Viele Menschen in Ost und West nutzten damals jede Gelegenheit für Besuche in jenem Teil des Landes, den sie bisher nicht kannten. Wir machten viele Ausflüge in das nahegelegene Eichsfeld oder nach Sachsen-Anhalt.

Aber in kürzester Zeit rückte vor allem Neuhardenberg in unser aller geistige Nähe.

Fritze und Wonte Hardenberg, die beide in Düsseldorf leben, konnten nicht immer den weiten Weg bis dorthin auf sich nehmen. Unsere Verwandtschaft und Freundschaft machte aus unserem Haus zwischen Düsseldorf und Neuhardenberg ganz selbstverständlich einen Treffpunkt für sie mit den alten und neuen Freunden. Viele

Neuhardenberger – damals waren es noch Marxwalder – kamen und gingen, manchmal nur für Stunden. Meine Frau und ich fanden diese Begegnungen sehr spannend und bewegend, man spürte einfach die Einmaligkeit der Situation.

Schon damals wurden Pläne geschmiedet für den Fall einer Rückgabe des Eigentums an meinen Onkel, was noch gänzlich in den Sternen stand. Mit einem Mal jedoch überschlugen sich die Ereignisse – im Januar 1992 wurde die Rückgabe von Teilen des alten Besitzes an die Familie aufgrund der Beschlagnahme durch die Nazis im Jahre 1944 entschieden. Keiner konnte glauben, daß Fritze zu den Wenigen gehören sollte, die ihr Eigentum zurückerhalten.

Als mein Onkel mich dann überraschend fragte, ob ich seine Nachfolge antreten wolle, da er ohne Kinder sei, standen meine Frau und ich zunächst unter Schock. Ich wußte dieses unglaubliche Angebot sehr zu schätzen, wußte aber auch ob der großen Verantwortung und natürlich finanziellen Belastung für meinen elterlichen Betrieb. Einmal gefragt, konnte ich gar nicht mehr zurück.

Schnell wurde mir klar, daß das »Unternehmen Ost« ohne unsere Übersiedlung ins Land Brandenburg keine große Chance haben würde. Nach einem kurzen Familienrat wurde die Entscheidung für einen Umzug getroffen. Unsere Kinder waren klein und gingen noch nicht zur Schule. Der Zeitpunkt war also passend.

An dieser Stelle möchte ich meine Frau erwähnen, stellvertretend für alle Frauen, die damals mit ihren Männern den Weg in den Osten Deutschlands gegangen sind. Ohne sie hätte ich diese Anfangszeit, wenn überhaupt nur mit großen Problemen ausgehalten. Wie viele sind hier an der Trennung von ihren Familien gescheitert und wie viele konnten später unseren Umzug nicht verstehen.

Zunächst wurde im Mai 1993, genau sieben Jahre seit meiner ersten Begegnung mit diesem Ort, der Lietzener Betrieb zurückgegeben. Von nun an begann für uns eine Zeit des Pendelns zwischen Ost und West.

Auch wenn es heute nur noch schwer zu glauben ist, so bereitete mir anfangs die gegenseitige sprachliche Verständigung große Probleme. Auf einer Versammlung nach der Übergabe des Betriebes habe ich mich den Bewohnern der Komturei vorgestellt und meine Pläne und Ziele erläutert. Nachdem ich den Raum verlassen hatte, kamen einige Anwesende auf den damaligen Verwalter zu. Sie fragten, was ich eigentlich gesagt hätte, weil sie mich inhaltlich nicht verstanden hatten. Dies hat sich inzwischen völlig normalisiert.

Unser neues Zuhause mußte entstehen, und es begann eine mühsame Renovierung des Lietzener Herrenhauses, das glücklicher Weise genutzt worden und nicht dem Verfall preisgegeben war. Immerhin fanden wir herrliche, zu DDR-Zeiten restaurierte (!) Stuckdecken vor, und Teile der Fußböden waren repariert. Das Dach war Gott sei Dank dicht. Bei näherem Besehen mußte aber doch eine Grundsanierung erfolgen, die diesem Haus Badezimmer und – zum ersten Mal nach 800jähriger Geschichte – eine Heizung bescherte. Die Sanierung des Anbaus entwickelte sich nach und nach zu einem Neubau, ein Umstand, der uns in den folgenden Jahren bei vielen anderen Gebäuden begegnen sollte.

Im heißen Sommer 1994 haben meine Frau und ich unsere Kinder und drei Hunde verladen und sind nach Lietzen gefahren.

Von nun an nahm uns auch Astrid Gräfin von Hardenberg, genannt Atti, die jüngste Neuhardenberger Schwester, unter ihren Schirm. Nach einem arbeitsreichen Leben als Protokollchefin bei der EU in Brüssel war Atti nach Berlin gezogen. Heute verwaltet sie eine von ihr ins Leben gerufene Stiftung, die Kinder und Jugendprojekte im Kreis Seelow unterstützt.

Atti haben wir »Umsiedler« auch unsere ersten Verbindungen nach Berlin zu verdanken.

Eine intensive, schnell entstandene Freundschaft zu unseren Nachbarn, der Pfarrersfamilie Krüger, und den Marwitzens in Friedersdorf ließ die ersten Schwierigkeiten vergessen.

Inzwischen sind wir angekommen und betrachten Lietzen als unser Zuhause.

Die letzten Jahre waren erfüllt vom Aufbau eines leistungsfähigen Betriebes und vom geistigen Austausch mit vielen Menschen.

Keine Erfahrung aus dieser Zeit möchte ich missen. Die Offenheit und Ehrlichkeit gerade in dieser Anfangszeit, mit der wir hier von so vielen Menschen aufgenommen wurden, auch die manchmal offene oder versteckte Ablehnung und manche Kritik an uns als sogenannten »Junkerheimkehrern« oder »Wessis« haben uns sehr bereichert. Sie haben zu Auseinandersetzungen geführt, wie man sie im Westen nicht kennt und doch so sehr bräuchte.

Immer wieder begegnete uns im geistigen Sinn Carl-Hans Hardenberg, Onkel Hanni: er hat dort einfach keinen Ruf als »böser Junker. Dieser Umstand hat uns den Anfang sehr erleichtert.

Als 1959er Jahrgang kannte ich bisher nur den vom Wirtschaftswunder geprägten Westen mit all seinen Vorzügen. Seine Nachteile sind mir erst in Brandenburg deutlich geworden. Schnell mußten wir begreifen, daß der letzte Krieg und seine Auswirkungen in diesem Land noch wesentlich nachwirken. Die Nähe zu den Seelower Höhen ist jedem Lietzener Bewohner und auch allen anderen Nachbarn bis heute bewußt, zumindest bei den regelmäßig stattfindenden Beerdigungen von Soldaten des letzten Krieges, die dort immer noch gefunden werden. Onkel Hanni wäre sicher einverstanden, wenn er wüßte, daß sich auf seinem Ackerland heute einer der großen Zubettungsfriedhöfe befindet.

Erst in unserer Zeit in Lietzen habe ich seine Silvesteraufzeichnungen aus dem Jahr 1945 und die Erinnerungen seiner Frau Renate gelesen. Die unglaubliche Haltung dieses Onkels haben wir von jeher bewundert. Hier – in seiner geliebten Heimat – ist mir sehr viel klarer geworden, was er alles für diese Haltung aufs Spiel gesetzt hatte. Sehr geholfen beim Verständnis der Zeit haben uns auch die Lebenserinnerungen, die Wonte inzwischen veröffentlicht hat. Ihre persönlichen Worte runden für mich das Bild dieses Vaters ganz wesentlich ab.

Eigentlich ist es für uns nicht möglich, daran anzuknüpfen. Die Fußstapfen, die Carl-Hans Hardenberg hinterlassen hat, sind zu groß für uns Nachkommen, um sie zu füllen. Wir können nur versuchen, regelmäßig an ihn zu erinnern, z. B. zu den Familientagen, an denen sich unsere große Gesamtfamilie zum Austausch trifft.

Schweren Herzens mußten meine Frau und ich uns im letzten Jahr entschließen, unsere Kinder in Göttingen einzuschulen. Die Schulwege waren einfach zu weit, vor allem für die jüngeren Kinder. Die Schulzeit gehört nun dem Westen.

Wieder ist für mich eine Zeit des Pendelns zwischen Ost und West angebrochen, die wir aber nur als Übergangszeit betrachten. Inzwischen kommen wir gut damit zurecht, und die Familie freut sich auf die Ferien und viele Wochenenden in Lietzen.

Was die Zukunft für den wiedererstandenen Land- und Forstbetrieb bietet, wird sich in der nächsten Zeit zeigen. Die schon jetzt schwierigen Bedingungen für deutsche Landwirte lassen zunächst keine großen Hoffnungen aufsteigen. Auf jeden Fall aber gehört Jammern nicht zur Tradition in unserer Familie. Ich glaube fest daran, daß die nächste Generation den aus dieser Tradition heraus christlich orientierten Weg fortsetzen wird. Dank Menschen wie Hanni Hardenberg wird es für die Hardenbergs eine Zukunft in Brandenburg geben.

Dezember 2003

Anhang

Zur Edition der Texte

Die Texte der Dokumente werden komplett gedruckt. Auslassungen aus persönlichkeitsrechtlichen Gründen hat der Hrsg. mit <....> gekennzeichnet. Zum besseren Verständnis hat der Hrsg. eigene Überschriften jeweils aus den Texten entnommen und Fußnoten mit sachlichen Erklärungen hinzugefügt. In allen Texten wurden eine behutsame Angleichung an moderne Schreibweisen angestrebt und orthographische und andere Fehler stillschweigend getilgt. Für Personalia wird auf das kommentierte Personenverzeichnis im Anhang verwiesen.

Die Texte von Carl-Hans Graf von Hardenberg „Personalien" und „Lebenslauf und Ergänzungen zum Fragebogen ..." folgen den Originalen in Privatbesitz, Kopien in der Gedenkstätte Deutscher Widerstand Berlin. Der Text von Carl-Hans Graf von Hardenberg „Erinnerungen an den 20. Juli 1944" folgt der Fassung, die Horst Mühleisen in den Vierteljahresheften für Zeitgeschichte, Heft 3/1993, S. 444 ff. erstmals veröffentlicht hat. Diese ihrerseits basiert auf dem handschriftlichen Original, das Horst Mühleisen transkribiert hat und das im Institut für Zeitgeschichte München aufbewahrt wird.

Der Text der Erinnerungen von Renate Gräfin von Hardenberg wird hier erstmals publiziert. Die Textfassung folgt einer Fotokopie des Typoskripts, die sich im Besitz der Familie Hardenberg befindet. Das Original ist verschollen. Änderungen der Autorin hat der Hrsg. jeweils angemerkt.

Die Briefe von Renate und Carl-Hans von Hardenberg an Ingeborg Schaudig, gen. Schaudine, allesamt Originale mit jeweils eigenhändiger Unterschrift, befinden sich im Besitz von Ingeborg Geisendörfer, geb. Schaudig, München. Die Briefe von Renate und Carl-Hans von Hardenberg an Eduard Spranger befinden sich im Bundesarchiv Koblenz, Nachlaß Spranger (182/185).

Alle Texte von Renate und Carl-Hans von Hardenberg werden im Einverständnis mit der Familie Hardenberg veröffentlicht.

Die Texte von Ingeborg Geisendörfer, Gottfried von Bismarck und Albrecht Schönherr wurden original für diese Ausgabe geschrieben. Die Texte von Reinhild Gräfin von Hardenberg, Ludwig von Hammerstein und Martin von Essen wurden nach Tonbandinterviews für diese Ausgabe erarbeitet, von den Interviewten redigiert und autorisiert. Mit Reinhild Gräfin von Hardenberg sprach Kurt Seehafer, mit Ludwig von Hammerstein und Martin von Essen der Hrsg.

Der Text von Paul Hoffmann folgt einer Kopie, die sich im Besitz der Familie Hardenberg befindet. Der Text von Fritz Perlitz (als Auszug) ist dem Vortrag „Im Kampf gegen den Faschismus erstarkte der Wille zur Herstellung der Einheit und wuchs die antifaschistische Volksfront", Wissenschaftliche Zeitschrift der Pädagogischen Hochschule Potsdam, Heft 3/1966, S. 430 ff. entnommen.

Kommentiertes Personenverzeichnis

Aegidi, Landrat in der Provinzialverwaltung Potsdam, weitere Angaben nicht ermittelt 157

Aischylos, griechischer Dichter, 525–456 v. u. Z., gilt als Begründer der Tragödie als literarischer Kunstform, »Die Perser«, »Sieben gegen Theben« 272

Albrecht, Michael, Generalintendant des Deutschen Fernsehfunks Berlin 1991/92 171

Albrecht von Bayern 199 ff.

Alvensleben, Familie von, Freunde der Hardenbergs in Neugattersleben/Altmark, weitere Angaben nicht ermittelt 135

Arndt, Ernst Moritz, 1769–1860, Professor für Geschichte, Mitglied der Deutschen Nationalversammlung 1848, Mitstreiter des Freiherrn vom Stein für die Befreiung Deutschlands von ausländischer Besatzung 13, 142

Arnim, Frau von, auf Rittgarten, weitere Angaben nicht ermittelt 84

Arnim, Wolf Werner Graf von, geb. 1906, gen. Wolfi, Schwiegersohn Hardenbergs, vorheiratet mit Tochter Gisela 82, 114

Barth, Karl, 1886–1968, evangelischer Theologe, 1921–1925 Professor in Göttingen, 1925 in Münster, 1930 in Bonn, 1935 Entlassung, 1935–1962 in Basel. Mitbegründer und Wortführer der Bekennenden Kirche 230 ff.

Bartoll, Felix, geb.1911, SS-Obersturmführer in der Gestapoleitstelle Berlin, Sonderkommission „20. Juli", weitere Angaben nicht ermittelt 58, 60, 76 ff.,

Baudissin, Wolf Graf von, 1907–1993, 1929–1935 Infanterie-Regiment 9 in Potsdam, Major, nach 1945 mitbeteiligt am Aufbau der Bundeswehr, Professor und Direktor des Instituts für Friedensforschung und Sicherheitspolitik Hamburg 198

Autorenverzeichnis

Bismarck, Gottfried von, 1921–2001, Dipl.-Bergbau-Ingenieur

Essen, Martin von, geb. 1957, Pfarrer, lebt in Berlin

Geisendörfer, Ingeborg, geb. 1907, bis 1940 Lehrerin im bayerischen Staatsdienst, 1953–1972 MdB (CSU), danach Präsidentin der deutschen UNESCO-Kommission, lebt bei München

Hammerstein-Equord, Ludwig Freiherr von, 1919 bis 1996 , Journalist, Intendant i. R. des RIAS Berlin

Hardenberg, Gebhard Graf von, geb. 1959, Landwirt, lebt in Lietzen und Wolbrechtshausen

Hofmann, Paul, 1907–1995, Textilarbeiter

Kauffmann, Bernd Jurist, 1976–1989 Leiter des Ministerbüros und Abteilungsleiter im Niedersächsischen Kultusministerium, 1989–1992 Generalsekretär der Stiftung Niedersachsen, 1992–2001 Präsident der Stiftung Weimarer Klassik, 1993–2001 Intendant des »Kunstfestes Weimar«, 1996–2000 Generalbeauftragter der »Weimar 1999 – Kulturstadt Europas GmbH«, Vorsitzender des Kulturrates der Weltausstellung Expo 2000 in Hannover, seit Juni 2001 Generalbevollmächtigter der Stiftung Schloss Neuhardenberg GmbH.

Reinhild Gräfin Hardenberg, geb. 1923, lebt in Düsseldorf

Schönherr, Albrecht, geb. 1911, D. Dr. h.c., Bischof im Ruhestand, zuletzt „... aber die Zeit war nicht verloren“, Erinnerungen eines Altbischofs, Aufbau-Verlag Berlin 1993, lebt in Berlin

Seehafer, Kurt, geb. 1934, Dr. rer. pol., Journalist, zuletzt Autor des Fernseh-Dokumentarfilms „Beck kontra Hitler. Ein Generalstabschef gegen den Krieg“ (1991), lebt in Berlin

Abbildungsnachweis

Archiv der Familie Hardenberg (Düsseldorf, Bonn) Gaby Gräfin Arnim, Kai Bienert, Edition Hentrich Berlin/ Gerbeth Dresden, Bundesarchiv/Zwischennachweisstelle Aachen, Fotoatelier Reuter/Neuhardenberg, von Essen/ Fulda, Geisendörfer/München, privat, Archiv des Herausgebers, Stiftung Schloss Neuhardenberg (Fotos: Toma Babovic).

Danksagung

Für das Zustandekommen dieses Buches dankt der Hrsg. an erster Stelle und von ganzem Herzen der Familie Hardenberg, den Kindern von Renate und Carl-Hans von Hardenberg, die mit lebhafter Anteilnahme, kritischen Einwendungen, Fragen, Hinweisen und vielen Vorschlägen die Entstehung und nun vorliegende Fassung dieses Buches begleitet haben. Insbesondere gilt mein Dank Reinhild Gräfin Hardenberg für ihre unermüdliche Aktivität, energische Zuwendung und Gastfreundschaft. Herzlicher Dank für Hinweise, Genehmigungen und Beratung geht auch an:

Rosemarie Behnke/Neuhardenberg,
Ingeborg Geisendörfer/München,
Klaus Gerbeth/Dresden,
Ludwig Freiherr von Hammerstein-Equord/Berlin,
Alexandra Gräfin von Hardenberg/Nörten-Hardenberg,
Horst Mühleisen/Trier,
Manfred Rommel/Stuttgart,
Hans Walter Schleicher/Oberried,
Regina Schwab/Neuhardenberg,
Kurt Seehafer/Berlin,
J. F. von Strantz/Bremen,
Johannes Tuchel/Gedenkstätte Deutscher Widerstand Berlin,
Dietmar Zimmermann/Neuhardenberg,
Elisabeth- Diakonissen- und Krankenhaus Berlin,
Redaktion „Vierteljahreshefte für Zeitgeschichte“ München,
Stiftung „Hilfswerk 20. Juli“/ Frankfurt/M,
Bundesarchiv Koblenz

Hans Fallada: »Alles in meinem Leben endet in einem Buch.«

Wolf unter Wölfen
Der Roman vereint alle die Eigenschaften, die Fallada als grandiosen Erzähler populär machen: innere und äußere Spannung, Atmosphäre, Genauigkeit im Milieu, unverwechselbare Schicksale und lebensvolle Gestalten, bei denen die ganze deutsche Gesellschaft Modell stand – ostelbischer Landadel, Berliner Kleinbürger, Offiziere, Prostituierte, Spieler, Süchtige, Schieber. Er ist der Roman über die Inflation, ein Panorama der außer Rand und Band geratenen Zeit und im besten Sinne unterhaltende Literatur.
Roman. 2 Bände. 1180 Seiten. AtV 5303

Kleiner Mann – was nun?
Als Lämmchen und der Verkäufer Johannes Pinneberg heiraten, zeichnen sich böse Zeiten ab: die Weltwirtschaftskrise. Dennoch glauben die beiden an ihr Glück und an ihre Liebe. Als Pinneberg sich schließlich in das Millionenheer der Stempelbrüder einreihen muß, ist es Lämmchen, diese liebenswerte, sanfte und tapfere junge Frau, die das Leben ihres verzweifelten kleinen Mannes in ihre Hände nimmt.
Roman. 372 Seiten. AtV 5302

Der eiserne Gustav
Gustav Hackendahl, genannt der eiserne Gustav, ist Herr über einen florierenden Droschkenbetrieb, über dreißig Pferde, eine Frau und fünf Kinder. Während seine Welt zusammenfällt, bleibt Gustav Hackendahl eisern. Spät dämmert ihm, der Kinderstube mit Kasernenhof verwechselte, daß vieles falsch gelaufen ist in seinem Leben. Auch die Droschkenfahrt von Berlin nach Paris, die ihm kurzen Ruhm einbringt, kann nichts mehr verändern.
Roman. 702 Seiten. AtV 5308

Wer einmal aus dem Blechnapf frißt
Der Häftling Kufalt kann sein fünfjähriges Gefängnisleben nicht mit der Gefängniskluft abstreifen. Es bleibt an ihm haften. Sein Leidensweg ins bürgerliche Dasein ist von den Vorurteilen seiner Umwelt begleitet. Es platzt die Verlobung und sein Traum von der ehrbaren Existenz. Er, der ewige Pechvogel, bleibt ein Versager für die Bürger und für die Ganoven. Erleichtert geht er zurück ins Gefängnis: Nun hat er Ruhe – er ist zu Hause.
Roman. 556 Seiten. AtV 5317

AtV

Verschüttete Erinnerungen: Zeitgeschichte bei AtV

LORE WALB
Ich, die Alte – Ich, die Junge
Konfrontation mit meinen Tagebüchern 1933–1945
»Was die Auseinandersetzung der ehemaligen Journalistin ... so wertvoll macht, ist nicht nur die Offenlegung der nationalsozialistischen Propagandamaschinerie. Vielmehr interessiert die Konfrontation eines Menschen mit seinem Gewissen – generations- und zeitübergreifend.«
HAMBURGER ABENDBLATT
370 Seiten. AtV 1397

REGINA SCHEER
Es gingen Wasser wild über unsere Seelen
Ein Frauenleben
Als junge Zionistin gehörte Hanni Ullmann zu den ersten deutschen Einwanderern in Palästina. Am Rande der Negev-Wüste gründete sie ein Kinderheim. Hierher kamen entwurzelte Kinder, die NS-Terror und Lager hinter sich hatten. Alle ihre Geschichten sind verwoben in Hanni Ullmanns Leben. Wie ein Mosaik setzt es sich aus vielen Schicksalen zusammen, aus den Brüchen des 20. Jahrhunderts und den Erfahrungen mit einer selbstgewählten Heimat. »Ein Frauenleben, das von den Utopien und den Verbrechen des Jahrhunderts bestimmt ist.« FREITAG
287 Seiten. Mit 24 Abbildungen. AtV 8092

ILSE SCHMIDT
Die Mitläuferin
Erinnerungen einer Wehrmachtsangehörigen
»Naivität, Lebenshunger, Schweigen, Pflichtbewußtsein, Angst – es ist diese Widersprüchlichkeit, die verstört. Ilse Schmidt hilft uns, zu begreifen, wie ethnische Säuberungen vor unseren Augen möglich sind, wie wir unser Ich abspalten und vergraben.«
MÄRKISCHE ALLGEMEINE
Mit einem Vorwort von Annette Kuhn und einem Nachwort von Gaby Zipfel. Mit 45 Abbildungen. 191 Seiten. AtV 8086

HELLMUT STERN
Saitensprünge
Erinnerungen eines Kosmopoliten wider Willen
Als 1938 mit seiner Flucht nach China für Hellmut Stern eine lebenslange Odyssee beginnt, nimmt der damals Zehnjährige auch seine Geige mit. Mit musikalischen Gelegenheitsjobs bringt er sich und seine Eltern über die Zeit bitterer Armut. Nach Stationen in Tel Aviv, St. Louis und New York kehrt Stern 1961 als Erster Geiger des Berliner Philharmonischen Orchesters in seine Heimat zurück. »Diesen Rahmen eines abenteuerlichen Lebenslaufs füllt Stern prall mit gefährlichen, beglückenden oder rührenden Ereignissen.« FAZ
304 Seiten. AtV 1684

AtV